북아프리카 문화의 이해

국제지역문화연구총서 XVI

전 완 경 · 이 규 철 · 하 병 주 공저

부산외국어대학교 출판부

국제지역문화연구총서 XVI

북아프리카 문화의 이해

2006년 2월 28일 1판 1쇄 발행
2010년 8월 31일 2판 1쇄 발행

저 자/ 전 완 경, 이 규 철, 하 병 주
발행인/ 유 선 규
발행처/ **부산외국어대학교 출판부**
등 록/ 제 카7-53호 (1988. 9. 1.)
주 소/ 608-738 부산광역시 남구 석포로 15
전 화/ 051)640-3439, 3440 팩스/ 051)640-3580
인터넷/ **http://press.pufs.ac.kr**
편 집/ 주간 · 서상범, 디자인 · 배영수
인쇄처/ 세종문화사 (051)463-5898
공급처/ 한국출판협동조합 (02)716-5616~9

ISBN 978-89-8312-336-7 04300

값 10,000원

머리말

북아프리카는 일반적으로 지리적 위치를 고려하여 사하라 사막의 이북을 가리키며 이집트 · 리비아 · 튀니지 · 알제리 · 모로코 · 모리타니가 여기에 속한다. 그러나 북아프리카는 아랍권의 일부이면서 지중해와 접하고 있고 아프리카대륙에 위치하여 있다. 따라서 이 지역은 실로 아랍 · 지중해 · 유럽 · 아프리카의 여러 문화가 공존하는 지역으로 중요한 역할을 담당하고 있으나 그에 관한 개관서나 입문서가 거의 없는 실정이다.

이에 따라 저자들은 이 지역을 개관할 수 있는 도서 자료의 개발이 시급하다고 보고, 상대적으로 중요성이 덜한 모리타니를 제외한 이 지역의 역사는 물론 언어 · 문화 · 사회 · 정치 · 경제 · 국제관계 등을 종합적으로 연구하게 된 것이다.

본서는 그 내용을 참작하여 세 명의 교수가 각자의 전공에 따라 작업을 나누어 엮어가기로 결정하였다. 제1장의 개요와 자연 및 제2장의 주민과 언어는 이규철 교수가, 제3장의 역사 및 제4장의 문화는 전완경 교수가, 제5장의 정치 및 제6장의 경제는 하병주 교수가 각각 분담하여 집필하였다. 제4장의 문화의 경우에는 어느 특정지역의 문화를 다루지 않고 아랍이슬람세계에서 보편적으로 통용되고 이해되는 부분을 다뤘다. 그러나 자료의 부족과 저자의 능력 부족으로 많은 점에서 미흡하다고 생각되며 앞으로 계속 보완하고 수정할 것을 약속드린다.

끝으로, 이 책이 나오기까지 애써주신 부산외국어대학교 출판부장 및 관계자 여러분께 심심한 감사의 말씀을 드린다.

2006년 2월

공저자 일동

목 차

제1장 개요와 자연

제2장 주민과 언어

제3장 역 사

제4장 문 화

제5장 정 치

제6장 경 제

제 1 장

개요와 자연

제1절 개 요

1. 마그립 국가

대륙으로서 아프리카라는 이름으로 불린 것은 16·17세기 네덜란드의 항해자들이 그곳이 독립된 대륙이라는 사실을 알고 난 뒤부터이다. 아프리카의 어원은 고대 그리스인들이 리비아라고 부른 지중해 남안에서 원주민이 사용한 지명에서 비롯된다.

포에니전쟁 무렵의 로마인들은 지중해 대안에 있었던 카르타고의 시민을 아프리라고 부르고 카르타고 정복 후에 이 지방을 아프리카(Africa)주라고 하였다. 아랍인들이 진출한 뒤부터 아랍어로 이프리키아(Ifriqiya)라는 지명은 보다 넓은 지역(지금의 서북 아프리카)을 가리켰다. 이와 같이 아프리카로 불리는 지역은 역사와 함께 확대되어 왔다.

북아프리카는 일반적으로 현대의 모로코·알제리·튀니지·리비아를 포함하는 지역이다.

지리학적 실제로서의 북아프리카가 한 개념으로 정의된 것은 없다. 어떤 이는 서쪽으로는 모로코의 대서양 해안에서 시작하여 동쪽으로는 수에즈운하와 홍해까지를 이르는데, 이를 일반적으로는 북부 아프리카라고 한다. 다른 이는 모로코·알제리·튀니지의 나라로 한정하는데, 이는 식민지 시대에 프랑스인들이 북아프리카(Afrique du Nord)라고 부르던 곳이다. 더 일반적인 정의는 위의 세 나라와 리비아를 포함하지만 이집트는 제외하는 것이다. 두번째와 세번째 정의에 있는 지역은 서북아프리카(North-west Africa)라고도 불리고 있다. 이 책에서는 첫번째 정의에 따른 지역을 다루기로 한다. 다만, 제1장 개요와 자연에서는 이집트를 별도로 다루기로 한다.

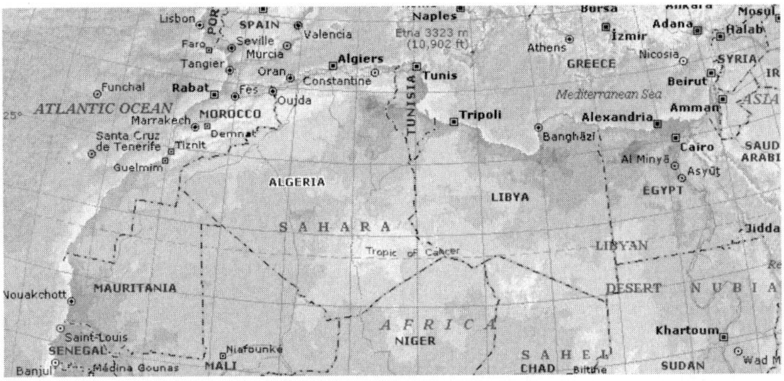

〈북아프리카〉

유럽쪽의 지중해에서 보면 지브롤타 해협에서는 불과 13km, 시칠리아 해협에서는 138km가 떨어져 있을 뿐인 북아프리카는 흔히 토착 베르베르인의 이름을 따서 바르바리 제국(The Barbary States)이라고 불리었다. 그러나 지금은 아랍인과 아랍화한 베르베르인이 더 많다. 흔히 모로코·알제리·튀니지는 또한 이들의 북부 연안을 차지하고 있는 긴 산맥의 이름을 따서 아틀라스 국가(The Atlas Lands)라고도 불리는데, 이들 세 나라, 특히 알제리는 사하라 사막의 상당한 부분을 점하고 있다. 동쪽으로 더 나아간 리비아에서는 각각 트리폴리타니아(Tripolitania)와 키레나이카(Cyrenaica)라고 알려진 서북 및 동북 지역만이 사막에서 벗어나 있다.

동쪽의 아랍인의 입장에서 보면 북아프리카는 '마그립(Maghrib)'(해지는 곳, 서쪽)으로 알려져 있다. 이 광활한 지역은 흔히 리비아와 튀니지를 포함하는 '마그립 알아드나(al-Maghrib al-Adna)'(가까운 서쪽), 알제리를 포함하는 '마그립 알아우사트(al-Maghrib al-Awsat)'(가운데 서쪽), 모로코와 가끔 서부사하라와 모리타니를 포함하는 '마그립 알악사(al-Maghrib al-Aqsa)'(먼 서쪽)로 더 세분할 수 있다. 아틀라스 국가는 흔히 문자 그대로 '자지라트 알마그립((Jazirat al-Maghrib)'(서쪽 섬)이라고 불리는데, 이것은 텅빈 사하라와 지중해에 고립되어 있는 그 위치를 나타내는 것이다.

이집트를 제외한 북아프리카는 서경 13°에서 25°에 이르고, 북위 19°에서 거의 38°에 이른다. 면적은 475만㎢에 이르지만, 전체의 5분의 4는 사막이다.

북아프리카는 색다른 발전, 독특한 지리적 상황, 격리의 결과로 사실상 전적으로 아프리카도, 유럽도, 중동도 아닌 그것만의 특이한 독자성과 내부적 다양성을 지니고 있다. 지중해와 사하라의 과도적인 위치로 인해 유럽과 아프리카, 서양과 동양의 사이에서 그 독창성을 크게 부각시키고 있다.

아틀라스 산맥은 지질학적으로 남부 유럽 대부분의 특성이라고 할 수 있는, 약 6640만년에서 160만년 전에 형성된 제3기층 산맥의 부분을 이루고 있다. 반면에 사하라의 대부분은 39억 6천만년에서 5억 7천만년 전으로 올라가는 선캄브리아기의 수정암이 깔려 있거나, 광활한 아프리카 고원 표면의 특징인 수평의 석회암 층상을 이루고 있다. 마그립은 기후적으로 겨울에는 지중해성의, 여름에는 사하라성의 영향을 크게 받는다. 그 결과로 남북 기후와 식물 경사도는 지중해에서 스텝과 사막 쪽으로 두드러지며, 경작활동과 인구밀도의 경사와 대체로 일치하고 있다.

북아프리카는 문화적으로 천 년 이상 유럽과 끊임없이 교류해 온 아프리카의 일부일 뿐이다. 이 교류는 고대에는 그리스와 로마의 흔적으로, 19~20세기에는 프랑스・이탈리아・에스파냐의 식민지 흔적으로 각각 그 절정에 달했다. 이 중 에스파냐의 세우타와 멜리야 지역만이 아직 남아있다. 사하라 남부 아프리카와의 상대적인 고립은 위험한 사하라 횡단 대상무역을 통해서만 해소되었다. 사하라 횡단 무역으로 인해 물자뿐만 아니라 노예를 이 지역으로 데려옴으로써 북아프리카의 일반적인 백인 주민과 흑인이 섞이는 결과를 낳기도 했다. 중동에서부터의 문화적 영향은 훨씬 심한데, 이는 언어의 아랍화, 도시의 발전, 이 지역 종교의 대부분 이슬람

일색화 등이다. 그러나 특히 검은 아프리카와의 접촉 등에서의 높은 수준의 문화적 일치는 잘사는 북아프리카가 경험하지 못한 정치적 통합을 가져올 정도까지는 아니다. 지금은 대부분 터키인들과 유럽인들이 사막을 가로질러 기하학적 선으로 그어놓은 정치적 경계선으로 나뉘어 있지만, 이 주요 네 나라는 독특한 정치적 동질성과 경제를 발전시키고 있다.

지중해·스텝·사막 지대 사이의 생태학적 대조는 북부의 정주민 경작과 스텝 및 사막의 다양한 형태의 반유목과 유목민의 목농주의의 전통적인 대조를 가져왔다. 지역적 대조는 식민 통치기에 더 심화되었는데, 이 충격은 수출 농업·채광·항구도시의 발전으로 지중해 지역에서 가장 컸다. 이 상황은 1950년대 이후 리비아와 알제리에서의 석유 채굴과 수출로 인해 더 커지고 있다. 오늘날 대도시들은 도농 대조가 더 높은데, 점증적으로 지역의 인구 분포를 양극화하고 있다. 주요 도시는 모로코의 카사블랑카·알제리의 알제·튀니지의 튀니스·리비아의 트리폴리이다.

다음에 마그립 국가를 개요한다.

모로코는 아프리카 서북단에 있는 나라로서, 45.4만㎢의 면적에 인구는 3220.9만명(2004년 추정)[1)]이며, 인구밀도는 71명/㎢이다. 모로코의 정식명칭은 모로코 왕국(Kingdom of Morocco)이며, 아랍어로는 마그립(Maghrib)이라고 한다. 수도는 라바트(Rabat)이며, 공용어로는 아랍어를 사용한다. 지브롤터 해협을 사이에 두고 유럽의 이베리아 반도와 접하고, 북쪽으로는 지중해, 북서쪽으로는 대서양에 면한다. 동쪽과 동남쪽으로 알제리와 접경하며, 서남단은 서부사하라와 국경을 접한다. 지중해 연안에는 에스파냐의 속령인 세우타와 멜리야가 있다.

알제리는 아프리카 대륙의 서북부와 지중해에 면한 아랍계의 나라로서, 238.2만㎢의 면적에 인구는 3335.7만명(2004년 추정)이며, 인구밀도는

1) 모로코가 1979년부터 점령하고 있는 서부사하라는 25.2만㎢의 면적에 인구는 25.6만명(2002년 추정)이며, 인구밀도는 1명/㎢이다.

14명/㎢이다.

알제리의 정식명칭은 알제리민주인민공화국(Democratic and Popular Republic of Algeria)이며, 아랍어로는 알-자자이르(Al-Jumhuriyah al-Jaza'iriyah ad-Dimuqratiyah ash-Sha'biyah)라고 한다. 수도는 알제(Alger)이고 아랍어를 공용어로 사용하고 있다. 동쪽은 튀니지와 리비아, 남쪽은 니제르 · 말리 · 모리타니, 서쪽은 모로코와 각각 국경을 접하고, 북쪽은 지중해에 접한다.

튀니지는 아프리카 북부 지중해 연안에 있는 나라로서, 16.4만㎢의 면적에 인구는 1003.2만명(2004년 추정)이며, 인구밀도는 61명/㎢이다. 정식명칭은 튀니지 공화국(Republic of Tunisia)이며, 아랍어로는 투니스(Tunis)라고 한다. 수도는 튀니스(Tunis)이고 공용어로는 아랍어를 사용하고 있다. 북쪽과 동쪽은 지중해에 면하고, 서쪽은 알제리, 동남쪽은 리비아와 국경을 접하였다.

리비아는 북아프리카에 있는 나라로서, 175.7만㎢의 면적에 인구는 563.2만명(2004년 추정)이며, 인구밀도는 3.2명/㎢이다. 수도는 트리폴리(Tripoli)이며 공식용어는 아랍어를 사용한다. 정식명칭은 대리비아 사회주의 인민 아랍 자마히리야(The Great Socialist People's Libyan Arab Jamahiriya)이며, 아랍어로는 리비야(Libiya)라고 한다. 동쪽으로 이집트 · 남수단, 서쪽으로 튀니지 · 알제리, 남쪽으로 차드 · 니제르와 국경을 접하고 북쪽으로는 지중해에 면한다.

리비아는 사하라사막의 일부인 리비아사막이 전국토에 펼쳐져, 농경지는 해안과 내륙 오아시스를 합쳐 총면적의 1.42%이고, 사람이 거주할 수 있는 땅은 총면적의 6.8%에 불과하다. 시드라만에 면하는 서부의 트리폴리타니아 지방과 자발 · 아흐다르 산맥이 있는 동부의 키레나이카 지방은 지형상 상당한 차이를 보인다.

2. 이집트

이집트는 공식적으로 이집트아랍공화국(Arab Republic of Egypt, 아랍어로는 미스르(Misr) 또는 Jumhuriyat Misr al-'Arabiyah)이며, 아프리카 동북쪽에 위치해 있는 나라이다. 99.8만㎢[2]의 면적에 인구는 7611.7만명(2004년 추정)이며, 인구밀도는 77명/㎢이다. 서쪽으로는 리비아, 남쪽으로는 수단, 동북쪽으로는 이스라엘과 각각 국경을 마주하고 있다. (이스라엘군은 1967년 아랍-이스라엘 전쟁 이후 동부 이집트의 시나이 반도와 가자 지구를 점령했는데, 시나이는 1982년에 이집트에 반환되었다.) 북쪽에는 지중해 연안이 1000km 정도 있으며, 동쪽에는 해안이 홍해와 아까바만으로 2000km에 걸쳐있다. 수도는 카이로(Cairo)이다.

이집트는 메소포타미아와 함께 매우 일찍부터 도시와 개화된 사회가 있었던, 고대 중동의 한 주요한 문명의 고향이다. 그 문화는 고대 이스라엘과 고대 그리스에 중요한 영향을 끼쳤으며, 이 둘은 다시 현대 서양 문화의 형성을 도왔다. 이집트는 또한 아프리카에 초기 문명을 제공했으며, 다른 아프리카 문화의 발전에 상당한 영향력을 끼쳤다.

3000년이 넘는 기간의 고대 이집트 문명에서 알 수 있는 특성은 이 나라가 처음으로 통일을 이룩했을 때에 빠르게 발전했다. 이 커다란 사건은 기원전 3100년경에 일어났는데, 이 시대 이전에 이집트 문화의 일부 씨앗은 이미 싹이 텄다. 제1왕조의 시작이 국가와 그 문명으로서의 이집트의 실질적인 시작이라는 것은 일반적으로 받아들여지는 타당한 견해이다.

아마도 이 문명을 상징하는 첫째이며 가장 중요한 자질은 연속성일 것이다. 이집트 생활의 모든 면과 그 문화의 모든 현상에서 깊은 보수성을 볼 수 있다. 이러한 전통과 초기 세대의 방식에 대한 집착이 이집트인의 특별한 강점이다. 이것이 약점으로 간주될 수도 있지만, 비교적 원시문화

2) 다른 자료에는 100.2만㎢로 되어 있다.

로서는 과거에 집착해서 잃는 것보다는 얻는 것이 더 많았다. 규칙성은 이집트의 뿌리 깊은 특성이다. 나일 계곡에서의 생활은 강 자체의 움직임에 크게 한정되었다. 고지 및 저지 나일강의 범람과 낙수의 형태는 이집트의 한 해를 결정지었고, 이집트 농민의 삶을 지배했는데, 대부분의 이집트인들은 대대로 나면서 죽을 때까지 토지에 매이는 삶을 살아왔다. 나일강이 규칙적으로 움직이면 바로 연속성인 나라의 번영을 구가했다. 이집트 한 해의 세 철은 강이 만들어내는 토지 조건에 따라 '범람'을 뜻하는 '아헷(akhet)', 토지가 홍수에서 벗어난 철인 '페렛(peret)', 물이 줄어든 때인 '쇼무(shomu)' 등으로 불렸다. 대부분의 경우이지만 나일강이 규칙대로 움직이면 삶은 정상대로 되어가지만, 홍수 조절이 실패하거나 넘치게 되면 재해가 뒤따랐다.

이집트는 언제나 서쪽으로는 북아프리카의 해안으로, 서북쪽으로는 유럽으로, 동북쪽으로는 레반트로, 나일강 따라 남쪽으로는 아프리카로, 동남쪽으로는 인도양과 동아시아로 각각 향하는 통로의 중심이었다. 이 자연적인 이점은 1869년 지중해와 홍해를 연결하는 수에즈운하의 개통으로 높아졌다. 전략적이고 상업적인 이유로 수에즈운하를 보호하려는 유럽 열강의 관심은 19세기 이후로 이집트 역사에 영향 준 가장 중요한 단일 요소이었을 것이다. 예를 들면, 냉전기에 미국과 소련의 지중해에서의 점증하는 존재는 이집트가 국제적 주목을 받게 했다. 그러나 세력 균형에 대한 이집트의 전통적인 중요성은 또한 아프리카와 홍해를 따라 인도양으로 가는 통항로에 위치해 있다는 점이다. 냉전기와 그 이후에 아랍어 사용권에서의 이집트의 중심적 역할은 아랍민족주의로서의 그 지정학적인 중요성을 증대하였으며, 아랍간 관계는 중동과 북아프리카에서의 강력하고 감정적인 정치적 힘이 되었다.

제2절 자 연

1. 마그립 국가

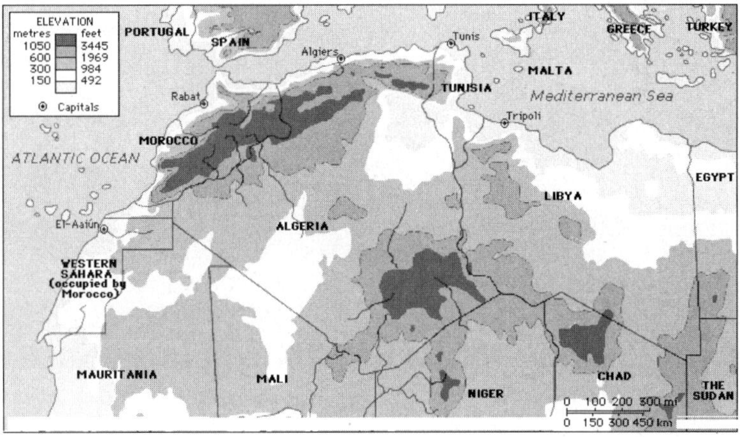

〈마그립의 지형〉

(1) 지형, 하수, 토양

1) 지형과 하수

북아프리카의 지형은 아틀라스 지대와 사하라의 크게 두 가지 유형으로 나누인다. 모로코 서남부에서 튀니지 동북부로 2000km 길이로 뻗어있는 관련 산맥들인 아틀라스 산맥(The Atlas Mountains)은 제3기에 나타난 복잡한 조산 작용의 결과이다. 헤르신 시대(약 3억 7400만-2억 8600만 년)의 옛 표층에 침전된 석회암과 사암은 아프리카 플레이트의 북부로 향한 운동으로 위로 솟았고 습곡과 단층이 생겼다. 이것은 압력을 견디고 오늘날 산맥 사이에 낀 고원을 만든 더 오래된 바위가 합치는 과정에서 일어났다.

〈모로코 남부의 눈 덮인 산〉

산맥의 끊임없는 구조적 불안정의 증거는 1960년 모로코의 아가디르를 강타한 것과 같은 주기적인 지진의 발생으로 알 수 있다.

아틀라스 산맥은 대체로 지중해 해안선을 따라 가깝고 평행하게 서남쪽에서 동북쪽으로 뻗어있는 바, 이것이 해안을 따라 난 천연 항구가 적은 이유의 하나이다. 그러나 튀니지 북부의 비제르트(아랍명: 빈자르트)는 예외적으로 두드러진다. 모로코의 북부 해안을 따라 난 서북 지방 끝에는 리프 산맥(The Rif Mountains)이 탕헤르(아랍명: 딴자)에서 물루야 분지까지 활 모양으로 뻗어있는데, 강이 불규칙적으로 지중해로 흘러 들어간다. 리프 산맥 남쪽으로는 세부 강의 평야가 놓여있다. 이 물은 높이 갈라진 중부 아틀라스 산맥에서 내려오는데, 그 수원은 물루야 강뿐만 아니라 서쪽으로 기울어진 모로코 고원에도 쓰인다. 중부 아틀라스(The Middle Atlas)는 서남부로 고지 아틀라스(The High Atlas)까지 뻗어있는데, 이

두 산맥은 모로코의 대서양 주위에 강력한 장벽을 만들어준다. 고지 아틀라스는 마라케시 남쪽으로 3900m가 넘는 눈 덮인 봉우리가 많은 북아프리카에서 가장 높고 가장 장관인 산맥인데, 최고봉은 4165m인 뚭깔 산이다. 약 800km의 길이로 중남부 모로코를 지나는 이 산맥은 북부 경사지가 물기가 많은데 비해, 남부 경사지는 뚜렷이 건조하다. 서남쪽으로 와디 수스의 삼각지 평야는 향사 저지인데, 고지 아틀라스와 평행을 이루는 안티 아틀라스 산맥(Anti-Atlas Range)을 나누고 있다. 후자는 사하라 순상지의 끝자락이다.

동쪽으로 알제리와 튀니지에는 아틀라스 산맥이 그리 높지 않으며, 점차로 한 곳으로 집중된다. 북쪽에 연안의 텔아틀라스 산맥(Tell Atlas Mountains)이 놓여 있는데, 흔히 연해 아틀라스로 알려져 있다. 이곳은 후대의 석회암과 사암으로 이루어져 있으며, 여러 가지의 단층지괴 · 언덕 · 골짜기 · 평야가 많이 있다. 알제 동쪽의 텔아틀라스는 베르베르 문화의 중심지인 육중하게 절단된 대카빌리 단층지괴에서 절정을 이룬다. 튀니지에서 연안의 크루미리와 모곳 산맥은 북부 텔로 알려져 있다.

텔아틀라스 남쪽으로는 단조로운 알제리 고원이 놓여 있는데, 서쪽으로는 물루야 계곡에서 동쪽으로는 아우라스 산맥(The Aures Mountains)까지 약 800km 뻗어있다. 동쪽보다 서쪽이 높으며 해발 750~990m 사이인 이 고원은 내륙의 하수가 여러 개의 닫힌 분지로 이루어져 있는데, '샤뜨(shatt)'라고 알려진 소금 소택지가 많이 있다. 따라서 이 지역은 흔히 샤뜨 고원이라고 불린다.

고원 남쪽 경계에 꾸수르 · 아무르 · 아울라드 나일이라는 작은 산맥들이 있는데, 이를 총칭해서 사하라 아틀라스(The Saharan Atlas)라고 부른다. 심하게 침식되고 암설에 크게 묻혀진 사하라 아틀라스 산맥은 북쪽에서보다는 남쪽에서 더 인상적이다. 이것은 동쪽에서 점점 소멸되어 고원과 합쳐져서 남부의 사막과 북부의 경작지 사이에 자연로를 만든다.

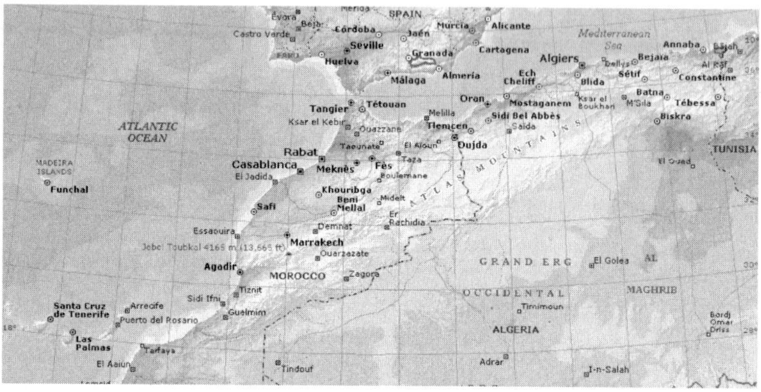

〈아틀라스 산맥〉

더 동쪽으로 튀니지의 고지 텔 산맥(High Tell Mountains) 쪽으로 동북쪽으로 뻗어있는 아우라스 산맥의 풍화된 산마루가 있는데, 일련의 산마루 · 둥근 마루터기 · 분지를 흔히 튀니지의 척추라고 부른다. 고지 텔과 북부 텔 사이에는 고대부터 기름진 농업지역이고 지금은 관개 개발로 많이 변한 비옥한 마자트드다 계곡이 있다. 고지 텔의 남쪽에는 튀니지의 고저 스텝이 놓여있는데, 이것은 아틀라스 산맥의 마지막 끝자락을 나타내는 일부 산마루로 여기저기 갈라진 광대한 평원이다. 저지 스텝의 남쪽은 실질적으로 사막의 가장자리라고 할 수 있는 건조한 함수호인 샤뜨 알자리드이다.

리비아에는 시드라 만의 남쪽 돌출부로 분리되어 있고 각각 트리폴리타니아와 키레나이카라고 알려진 서북부와 동북부만이 사하라 바깥쪽에 있다. 트리폴리타니아의 지중해 연안을 따라 있는 알지파라 평원은 까비스(가베스)의 남쪽 튀니지 평원의 동쪽 연장선이고, 튀니지의 산들처럼 해발 780m 이상에 달하는 초승달형의 석회암 단층애인 나푸사 고원이 그 뒤에 있다. 이 평원은 그곳에 있는 요새화된 풍부한 곡창(꾸수르)으로 주목할 만 하다. 리비아의 동북부 지중해 연안은 석회암으로 된 아흐다르 산맥

(Al-Akhdar Mountains)이 있는데, 내륙으로 32km쯤 뻗어있고, 좁은 골짜기로 깊이 절개되어 있다.

남쪽으로는 광활한 사하라가 펼쳐져 있다. 아프리카 순상지의 수정암이 기저에 있는 사하라는 본질적으로 광활한 대지이다. 이곳은 습곡이 생기고 준평원으로 황폐화되었으며 그뒤에 후대의 침전물, 특히 백악기(1억 4400만~6640만 년 전)의 석회암으로 덮였다. 이곳은 지금은 두드러진 단층애를 이루며, 그 분지는 석유 침전물로 되어 있다.

사막의 심한 건조는 물길이 드물고 그 흐름이 불규칙하다는 것이다. 간헐천을 뜻하는 '와디(wadi)'는 흔히 초창기의 비가 많이 왔던 기후 국면을 반영하는 특징이 있다. 가장 긴 와디는 사우라인데, 고지 아틀라스에서 남쪽으로 960km쯤 사하라 내부로 흘러가서 결국은 말라버린다. 와디는 또한 알제리 남부의 울퉁불퉁한 화산 봉우리인 아학가르 산맥(최고봉은 2918m인 타하트 봉)에서 퍼져있다.

〈사하라 사막(넓이가 910만 ㎢로 한반도의 41배이며, 한국의 91배이다)〉

사하라의 특징인 에르그라고 알려진 광대한 모래사막은 대부분의 지표를 만들어낸 제3기와 제4기(적어도 160만 년 전) 퇴적물의 오랜 풍화와 부식으로 인한 것이다. 알제리의 대서부 및 대동부 에르그는 가장 인상적인데, 모래가 리비아 사막에 이를 정도로 거대하고 광대하다. 사하라에서 광범위하게 발견되는 두 가지의 두드러진 침식 사막 지형은 표석과 노출된 기반으로 덮여있는 드러낸 고원인 함마다와 자갈로 덮인 평원인 레그이다. 이 둘은 사막의 매우 강하고 거의 끊임없는 풍식의 산물이다.

2) 토양

메마른 사하라의 풍경에서 토양 개발은 대단히 제한적이다. 사막에서 불안정하게 바람에 날린 퇴적물에서의 낮은 유기물 내용과 생물학적 활동을 잘 못함으로써 토양 개발을 제대로 할 수 없다. 반건조성 지역에서는 얇고 밝은 색의 한정된 부식토가 나타난다. 또한 아틀라스 산맥의 고지대에서 최소한도로 토양 개발이 있는데, 이곳의 풍화물질은 얇고 쉽게 부식된 비탈이다. 계단식 경사면과 계곡 바닥과 같은 더 안정되고 촉촉한 지역에서만 토양이 깊고 부식토 퇴적물이 감지될 수 있다. 석회암 지지층이 있는 수많은 지역에서 갈색과 불그레한 갈색 토양이 테라로사와 함께 나타난다.

(2) 기후

기후는 북아프리카의 생태환경과 삶의 모든 면에서 중요한 영향을 끼친다. 지중해와 대서양의 온대성 해안에서 고지 아틀라스의 눈 덮인 봉우리까지, 또 사하라의 내부까지 북아프리카는 기후 변화가 극심한 지역이다. 이 지역은 특히 아조레스 고기압단의 계절적 이동에 영향을 받는다. 이것은 여름에는 이베리아 고기압과 합쳐져서 사이클론이 지중해에 들어오는 것을 막고, 겨울에는 북아프리카를 넘어 남쪽으로 이동하여 사이클론이 불어오게 한다. 따라서 여름에 사하라의 기후 상태는 전체 북아프리카를 지배하는데, 사막의 뜨겁고 건조한 바람이 자주 불어온다. 알제리에서는 시로코(sirocco), 튀니지에서는 셰힐리(chehili), 리비아에서는 셰르기(chergui)로 다양하게 알려진 이들 바람으로 사상자수가 기록적으로 증가한다. 대조적으로 겨울에는 북부에 더 습하고 찬 지중해 기후 상태가 되는데, 이것은 남쪽 내부로 갈수록 점점 사라진다.

따라서 북아프리카는 북부의 지중해성 기후와 남부의 사막 기후 사이에서 크게 변화하며 이 중간에 스텝 또는 반건조 지대가 끼여 있다. 지중해성과 스텝 기후를 나누는 선은 일반적으로 40cm의 등강수량선으로 받아들여지는데, 대체로 관개 없는 밀과 보리를 경작할 수 있는 경계선과 일치한다. 스텝과 사막 사이에는 10cm의 등강수량선이 있는데, 이들 경계선은 물론 추정치일 뿐이다.

그러나 일반적으로 강수량의 변화성 · 증발 · 온도 변화 등이 모두 증가해도 평균 강수량은 내륙으로 갈수록 줄어든다. 하지만 북쪽의 지중해에서 더 남쪽의 스텝, 또 사막까지 기후대의 단순한 배열이 연안과 고저의 배열에 따라 복잡해지기도 한다. 예를 들면, 서부 극단에 있고 산맥이 연안에 면한 모로코 대부분이 대서양 해양 조건의 좋아지는 효과를 보는데, 이것은 연중 기온을 낮추고 산악의 강수량을 늘린다. 이보다 덜 하지만 동쪽의 튀니지, 특히 사힐 해안에서는 또한 해양 효과의 덕을 본다. 그러나 더 동쪽의 남쪽으로 돌출한 시드라 만은 사실상 리비아 사막에 지중해 해안을 만들어준다.

온화하고 습기 있는 겨울과 뜨겁고 건조한 여름이 특징인 지중해 기후대는 중부 및 고지 아틀라스의 북부와 서부 경사면을 남부 경계로 한 모로코의 북부 · 튀니지의 지중해 해안 동부 텔 아틀라스 · 트리폴리타니아 북부 · 키레나이카의 아흐다르 산맥을 포함한다. 그러나 이 지역의 다양한 고저는 해양성 · 반대륙성 · 산악성 기후가 여기저기 나타남을 뜻한다. 많은 산악 지역은 80cm 이상의 강수량을 보이는데, 더 고지대에서는 그 두 배 양을 보인다. 대부분의 강수량은 겨울 세 달 동안 내리고, 가을비는 대개 봄비보다 많지만, 이같은 형식은 종종 때와 곳에 따라 변화한다.

등강수량선이 40~10cm 사이에 있는 스텝 기후대는 아틀라스 국가의 3분의 2 가량을 차지하는데, 특히 모로코 고원・중부 아틀라스의 비그늘(rain shadow)에 있는 동부 모로코 평원・알제리의 고원 및 사하라 아틀라스・튀니지와 리비아의 스텝과 알지파라 평원・리비아 동북부 아흐다르 산맥의 비그늘인 남부 경사면이 이에 들어간다. 스텝 지대의 여름 가뭄은 일반적으로 5~6개월 계속되지만, 심할 때는 더 오래 지속된다. 스텝이 해안에 가까이 있는 곳에서만 습기가 높고 이슬이 내림을 느낄 수 있다. 강우 가능성은 일반적으로 남쪽으로 갈수록 적어지는데, 강우는 경우에 따라 흔히 호우성이다. 이것은 가끔 거대한 지역을 황폐화시키는 갑작스러운 홍수를 일으킨다.

사하라의 기후는 사하라에서 따로따로 조사된다. 극단적인 건조성 기후, 믿을 수 없는 강수량, 사하라 내부로 갈수록 높아지는 기온 정도가 있다고만 말해두자.

(3) 식물대

북아프리카의 식물 형태는 크게 기후・고저・토양에 영향 받는다. 지중해 기후대에는 여름 가뭄에 적응하고 대개 봄과 가을에 자라는 서부 지중해 식물대의 전형적인 식물이 있다. 숲은 드문드문 있고, 내건성 떡갈나무와 침엽수가 주류이다. 특히 리프와 텔 아틀라스 산맥의 더 습한 규산암 지역에서는 코르크나무와 너도밤나무가 나타나는데, 더 건조한 지역과 석회암 지역에는 알레포 소나무・바르바리 삼나무・노간주나무가 많이 있다. 삼나무와 노간주나무 숲은 리프와 중부 및 고지 아틀라스 산맥에 있는 모로코의 고지대에서 발견된다. 삼림벌채는 특히 로마 및 식민지 시대에 다양한 개발의 확산 · 가축의 약탈 · 숯을 만들려는 땔감의 채집 등으로 광범위하게 이루어졌다. 그 결과 수풀과 관목이 삼림지대보다 더 일반적으로 되었다. 관목지대의 월계수 · 타임 · 도금양 · 유향수 · 철쭉 · 금작화 · 로즈마리의 수풀은 뾰족한 밀랍성 잎과 가시가 있는 건생식물의 특성을 나타낸다. 가끔은 특히 얇고 바위 많은 토양에서 관목식물은 가리게라고 알려진 히스 같은 초라한 변종으로 퇴화하는데, 가시금작화와 라벤더는 색과 향을 낸다.

스텝에는 식물이 더 빈약하다. 나무 대신 덤불이 있는데, 특히 모로코와 알제리 서부와 같은 와디를 따라서 대추나무와 난쟁이 야자나무가 발견된다. 난쟁이 야자나무는 지방 섬유류의 원료가 되지만, 더 동쪽의 야생 올리브 · 대서양 소나무 · 바르바리 편도는 더 유명하다. 스텝식물의 퇴화는 지지푸스 연꽃이 만발한 가시관목의 제2차 발육으로 나타난다. 이 꽃은 가뭄과 기아 때에는 그 열매가 식량이 되는 내구성 관목이다. 더 남쪽에는 스텝의 건조한 모래 지역에서 알파 풀이 널려있고, 튀니지와 알제리의 고지 스텝에 일반적인 아프리카나래새는 오랫동안 종이 원료로 수출되고 있다. 더 기름진 옥토와 찰흙에는 향쑥과 난쟁이쑥이 이리반적이며, 바르바리 무화과는 와디를 따라 더 나은 토양에서 나타난다. 소금 소택지 근처의 염토에는 소금관목이 일반적으로 발견된다.

사막 식물은 일반적으로 드문드문 있지만, 고지 및 오아시스와 와디를 따라 풀 · 관목 · 나무의 집단이 흩어져 있기도 하다. 내염성 식물인 여러 가지 할로세인은 샤뜨 저지에 나타나며, 가뭄이나 열에 강한 풀과 관목이 건조한 평원이나 고원에서 발견된다.

(4) 동물대

북아프리카는 고극지 동물지리학 지역(Palaearctic Zoogeographic Region)의 일부분을 이룬다. 그 동물군은 중동과 비슷하지만, 조류는 남부 지중해와 더 가깝다. 종류는 사하라 남부 아프리카에 있는 에티오피아와 마다가스카르 동물지리학 지역보다 훨씬 적고 덜 다양하다. 바위에 새겨진 루페스트리아 미술(Rupestrian Art)은 과거의 다우 기후 단계 동안의 더 큰 다양성을 보여준다. 그러나 이 지역 동물군의 퇴화가 기후 때문만은 아니다. 많은 야생동물이 사라지거나 극도로 적어진 것은 수세기 동안, 일부는 아주 최근까지 사람들이 광범위하게 잡아 죽인 데 있다. 코끼리·곰·사자·표범·하이에나·타조·치타는 이름뿐이며 수가 적다. 그러나 멧돼지·바르바리 고라니·자칼·스라소니·바르바리 양·야생양 등은 아직도 숲이 있는 산악지대에서 발견되며, 영양과 오릭스는 아직도 사막에 살고 있다. 파충류와 곤충 또한 아프리카의 다른 곳보다 적은데, 메뚜기 떼는 이따금씩 작물에 무서운 손해를 입힌다. 최근에 이 지역의 야생생물을 관리하고 보존하려는 노력을 더 많이 기울이고 있다.

(5) 거주 양식

북아프리카가 지중해성·스텝·사막 기후에 가까이 나란히 있음으로써 그 지역의 인구 분포와 거주 양식에 깊은 영향을 주었다, 또한 그 지역의 부분들을 수세기 동안 지배해 온 여러 민족의 다양한 전통·역사·우선권에도 영향을 미쳤는바, 이들은 베르베르인·그리스인·페니키아인·로마인·아랍인·투르크인·프랑스인·에스파냐인·이탈리아인이다. 그들은 정복자·식민주의자·약탈자·징세원·지배자·해적·선교사·개종자로서 왔다. 현지인과 기원이 다른 조망을 살펴보면, 그들은 기후를 여러 가지 방법으로 활용했고, 다른 인상을 특히 더 접근하기 좋은 저지대에 조망과 거주에 남겼다. 따라서 로마인과 훨씬 뒤에 온 프랑스인들이 튀니지 동부에 직선의 올리브 농장을 건설한 것에 반해, 목축 유목생활은 그 사이의 수세기 동안 널리 퍼져 있었다. 한편, 산은 여러 전통 생활양식, 특히 베르베르인의 양식을 더 지켜주는 역할을 했다.

지중해 해안 지대는 언제나 거주하기에 더 좋은 환경이었다. 북아프리카인에게는 '텔(tell)'로 알려진 이곳은 더 규칙적으로 추수할 수 있고, 목초지는 아주 시들지는 않았고, 올리브 · 무화과 · 편도는 물대지 않아도 자라는 곳이다. 확실히 선호하는 땅은 정주 경작자 · 마을 사람 · 도시거주자의 매력을 끌었으며, 스텝이나 사하라보다 주민 집중화가 훨씬 더 컸다. 실제로 적어도 알제리인에게는 텔이 아닌 모든 곳이 추수를 제대로 할 수 없고, 경작은 관개에 의존하고, 과거에 목축 유목생활이 우세했던 사하라이다. 텔과 사하라 사이의 이 이중성은 틀림없이 지나치게 단순한 상황만큼 심한 압박을 준다. 그러나 그것은 사회 · 경제 · 정치적 과거를 폭넓게 이해하는데 도움을 준다. 이것은 북아프리카가 오랫동안 사막과 경작 · 유목민과 정주인 사회 사이의 접촉 지역이었기 때문이다.

〈마라케시의 시장(수끄)〉

1) 시골 거주

시골 풍경에서 거주의 유형과 양식은 다른 농사 체계 · 물의 이용도 · 민족의 전통 · 방위의 필요성에 따라 크게 반영된다. 이 영향은 때와 곳에 따라, 특히 유목생활의 영역과 안전의 수준이 변함에 따라 달라진다. 지중해 지대 · 오아시스 · 튀니지의 사힐 해안 같은 곳의 정주 경작자들은 흩어져서 거주하는 것보다는 전통적으로 마을에서 살아왔다. 알제리의 카빌리 지역에서는 작은 마을이 일반적이다. 19-20세기의 유럽의 식민지화로 흩어진 농장 거주가 이루어졌는데, 종종 독자적인 비슷한 양식이 있었다. 그것은 오늘날 더 그림 같은 전통 마을과 현저하게 대조되는데, 이것은 평지붕에 창문이 없고 흙 또는 돌로 만든 집으로 이루어져 있으며, 근처에 모스크와 흔히 목욕탕이 있다. 흔히 경사진 언덕에 계단같이 배열된 마을은 경작지를 아래로 내려다 본다. 가끔은 방어 목적으로 물 공급이 어려워도 언덕 위에 위치해 있다. 리프와 같은 더 습한 지역에서는 용마루와 붉은 기와 지붕이 나타난다.

대조적으로 사하라의 가장자리에 있는 집은 흔히 구르파(ghurfa)라고 하는 둥근 천장이 있는 방으로 지어지고, 다시 특징으로 큰 요새화한 곡창으로 무리를 짓는데, 이 곡창을 튀니지 남부에서는 꾸수르(qusour), 모로코 남부에서는 아가디르(agadir)라고 한다. 이 건조물은 수세기 동안 방어용 요새와 식량 저장고 구실을 해 왔는데, 산에 있는 많은 것은 유기되고 가끔은 평원의 위치물로 쓰인다. 튀니지 남부의 꾸수르 산맥과 리비아 서북부의 나푸사 고원과 같은 사하라의 가장자리에는 또한 부드러운 석회암을 파서 만든 동굴집도 일반적이다.

반건조 지역에서는 천막이 더 일반적으로 유목민의 주요 거주지로 쓰인다. 옛날에는 무리 또는 두아르(douar)를 지어 배열된 천막 거주는 안전이 강화됨에 따라 덜 모이게 되었다. 그러나 모든 유목민이 천막에 사는 것은 아니다. 많은 이들이 구르비(gourbi)라고 하는 임시 숙소를 사용하는

데, 이것은 짚, 디스 풀, 나뭇가지, 야자수 줄기, 돌, 흙 같은 지방의 재료로 만든다. 모로코의 누알라(nouala)라고 하는 병 모양의 짚 오두막은 서부 아프리카의 영향을 받은 것이다. 유목민의 정주화란 지금은 많은 이들이 적어도 일년의 일부분은 고정된 거주지를 가진다는 것이다.

많은 마을에는 매주 장 또는 수끄(suq)가 서는데, 북아프리카를 통틀어 널리 보급되어 있고, 건조 지역에서는 유목민들을 위해 흔히 열린 곳에 위치해 있다. 수끄는 특정 지역에서 다른 요일에 개설되며, 장수들이 주기적으로 이곳저곳으로 움직인다.

〈카사블랑카의 시내〉

2) 도시 거주

북아프리카에서 도시생활은 오랜 전통을 지닌다. 많은 도시 자리는 거의 2500년의 연대를 지니며, 페니키아 · 그리스 · 로마의 도시 유적이 키레네 · 렙티스 마그나 · 사브라타 · 카르타고 · 튀스드루스 · 투가와 같은 곳에 많이 있다. 그러나 중세에 아랍 도시의 창작은 이 지역에 커다란 영향을 미쳤는데, 대부분의 자리가 오늘날 도시 양식의 기본이 되는 것이다. 트리폴리 · 튀니스 · 까이라완 · 틀렘센 · 페스 · 메크네스 · 마라케시와 같은 도시의 원주민 구역인 아랍식 메디나(Medina)는 북아프리카 도시생활의 주요 중심지가 되었다. 벽으로 둘러싸이고 정부 중심지로서 성채 또는 까스바(Casbah)와 대모스크의 미나렛이 중심에 있는 메디나는 매우 빽빽했다. 좁고 꼬불꼬불한 길을 따라 수끄가 있는데, 그 안에는 정교한 체계를 반영하여 각 장사가 특정 거리에서 거래를 했다. 더 귀한 장사는 대모스크 근처에 위치하고, 시끄럽고 냄새나는 것은 문쪽에 자리를 차지했다. 혈통이 다른 사람들은 각자의 구역에서 살았는데, 도시의 팽창과 함께 새로운 구역이 문 근처에 나타났다. 오늘날 이 오랜 메디나는 도시설계자에게 중요한 문제를 제기하는데, 현대의 교통량에 사실상 속수무책인 것이다.

유럽의 식민 활동은 많은 도시 지역의 급속한 팽창을 가져왔다. 유럽인의 5분의 4가 도시에 살고 있고 식민 수출 경제가 빠르게 성장함에 따라 가사블랑가 · 오랑 · 알제 · 안니비(본) · 튀니스 · 시피끄스(스팍스) · 트리폴리 · 벵가지 같은 항구도시는 모두 주요 대도시 중심지로 발전했다. 내륙의 도시는 덜 빠르게 성장했는데, 마라케시 · 페스 · 메크네스 · 콩스탕틴 같은 곳은 예외적으로 중요한 행정 및 사무 중심지가 되었다. 유럽인들은 주요 도시에서 그들만의 구역을 만들었다. 이것이 알제에서는 도시의 옛 메디나를 많이 파괴하게 하였고, 튀니지와 리비아의 도시에서는 트리폴리에서처럼 옛 메디나와 나란히 또는 주위에 새로운 구역을 지었고, 모로코에서는 유럽인 도시가 메디나에서 일정 거리를 두고 지어지는 쌍둥이 도시 정책이 페스와 메크네스에서 채택되었다. 그러나 비슷한 쌍둥이 도시 계획은 설계가 혼란스럽고 빈민가가 급격히 늘어난 카사블랑카 같은 도시에서는 일찍이 빠른 성장으로 덮어 가려졌다. 유럽인 지배 동안 시작된 빠른 도시 성장은 오늘날까지 지속해 오고 있는데, 전쟁 · 가뭄 · 독립 · 석

〈페스〉

유산업 · 산업화 공공 부문의 성장과 같은 여러 가지 요소로 고무되었다. 아프리카의 가장 빨리 성장하는 일부 도시와 함께 북아프리카는 지금 아프리카 대륙에서 가장 도시화된 지역이다. 1960년에 이 지역의 네 나라 중 세 나라가 막 독립(얼마 뒤에 이 중 가장 큰 나라인 알제리가 독립함)했을 때는 약 2800만 인구의 3분의 1 미만이 도시에 살고 있었다. 1990년에는 전체 인구 6500만의 약 절반이 도시거주자이다. 도시 성장률은 석유부국인 리비아에서는 연 5～10%로 특히 높았는데, 다른 나라에서는 평균 3～4%이다.

다른 많은 개발국들처럼 도시 성장은 주요 도시들에서 특히 지방화 되었는데, 1990년에는 북아프리카에 몇몇 인구 백만 이상의 도시가 생겼다. 카사블랑카는 거의 300만의 인구가 있고, 알제는 거의 200만, 튀니스와 트리폴리는 각각 100만씩이었다. 이런 빠른 성장은 독립 이후 거의 전적으로 각국의 수도와 또한 그 주요 공업중심지인 대도시에 초점이 맞춰졌기 때문에 나타난 강한 도농간의 이주 외에도 인구 자연증가율이 높은 데에서 결과한다. 그러한 주요 도시들에 대한 과도한 중앙집중화 활동은 실업과 주택이라는 특수한 문제를 일으켰는데, 이 둘 다 마그립의 다른 세 인구과잉 국가보다는 석유부국이고 정인구국인 리비아에서는 더 쉽게 개선되고 있다.

2. 이집트

(1) 지형

이집트의 지형은 나일강이 큰 영향을 끼친다. 이 나라를 관통해서 1200km를 북쪽으로 흐르는 이 강은 휑뎅그렁한 사막과, 그 주위의 황폐지와는 대조적으로 풍부하게 기름진 아주 좁고 긴 푸른 계곡을 뚫고 물길을 만들어 나아간다. 나일강은 나세르호에서부터 남부 이집트로 들어서서 북부의 카이로까지 흘러가는데, 접경의 낭떠러지가 도랑 같은 계곡을 에워싸고 있다. 그러나 카이로에서는 이러한 것이 없어지고 삼각주까지 부채꼴로 펼쳐지기 시작한다. 이 강은 한때 일곱 지류나 삼각주를 관통해 흘렀는데, 지금은 그 물길이 동쪽의 둠야뜨 지류와 서쪽의 로제타 지류, 두 곳으로 집중한다. 충적층을 통해 이따금씩 튀어나온 언덕에서 떨어져 있는 완전한 평지인데도 삼각주는 특색이 없지는 않아서 미로 같은 운하와 배수로가 엇갈려 있다.

나일강이 관통해 흘러가는 사막 대지는 두 개의 불균등한 구역으로 나뉜다. 하나는 강과 리비아 국경 사이에 있는 서부사막(아랍어로 as-Sahra' al-Gharbiyah)이고, 다른 하나는 수에즈 운하, 수에즈만, 홍해까지 뻗어 있는 동부사막(아랍어로 as-Sahra' ash-Sharqiyah)이다. 이 각 구역에는 이집트의 가장 작은 세번째 사막인 시나이(Sinai)처럼 저 나름의 특징이 있다.

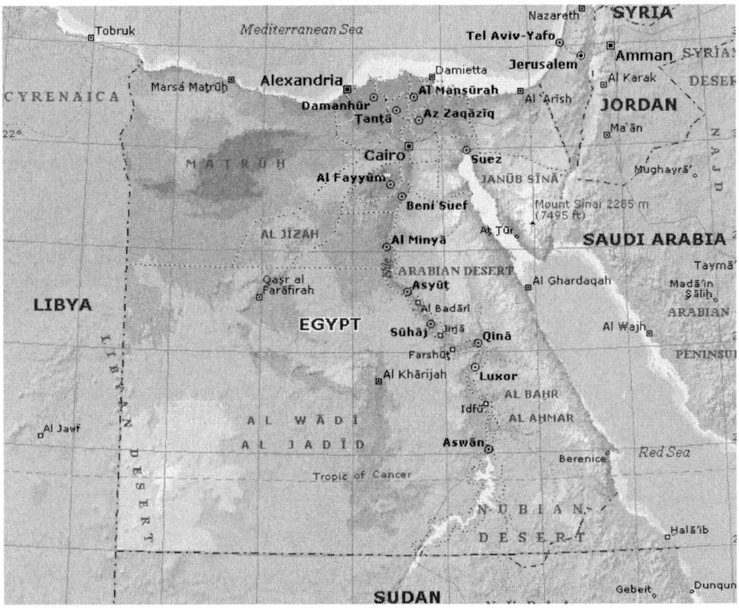

〈이집트〉

서부(또는 리비아)사막은 건조하고 와디(wadi)(계절적인 마른 강바닥)가 없는데 비해, 동부사막은 와디로 넓게 쪼개져 있으며 동부에는 바위투성이의 산이 곳곳에 있다. 중부 시나이의 사막은 고립된 언덕으로 끊어지고 와디 자국으로 금이 나있지만 탁 트인 땅이다. 이집트는 흔히 생각하는 것 같은 단조로운 평평한 땅은 아니다. 산악지역이 서부사막의 서남쪽 극단, 홍해연안을 따라서, 또한 남부 시나이에 있다. 서남부의 고지대는 이집트 영토 바로 바깥에 있는 우와이나트('Uwaynat) 산맥에 이어져 있다. 홍해의 언덕(Itbay)에 있는 많은 봉우리는 1800m 이상이 되며, 최고봉 샤입 알-바나트(Shayib al-Banat)는 2187m에 이른다. 꼭대기가 톱니같이 날카로운 시나이 남부에 있는 산들은 고도가 2400m 이상 되는데, 이집트의 최고봉 카트리나산(Jabal Katrina)은 해발 2642m이다.

이집트의 해안 지방은 삼각주를 제외하고는 모두가 사막이나 산으로 둘러싸여 있는데, 건조하거나 생산력이 매우 제한적이다. 해안의 평원은 북쪽이나 동쪽이나 대체로 좁으며, 폭이 좀처럼 50km를 넘지 못한다. 알렉산드리아 · 부르사이드 · 수에즈 및 일부 작은 항구와 유흥지를 제외한 해안 지방은 인구가 드물고 개발이 되어 있지 않다.

(2) 하수와 토양

나일강 외에 유일한 영속적인 자연적 외양의 하수로는 시나이 남부 산들에 있는 일부 작은 하천으로 되어 있다. 대부분의 동부사막 계곡 물은 서쪽의 나일강으로 빠진다. 그곳은 물에 침식되어 있으나 일반적으로 건조하다. 홍해 언덕에서는 폭풍우가 지나가야 겨우 급류가 흐른다. 홍해 언덕의 동부 측면의 더 짧은 계곡 물은 홍해로 빠지는데, 또한 일반적으로 건조하다. 시나이 산들의 물은 수에즈만과 아까바만으로 빠지는데, 홍해 언덕에서처럼 급류 작용은 깊게 침식되고 일반적으로 건조한 계곡을 만들어낸다. 시나이의 중앙 고원에서는 물이 북쪽 방향으로 사막의 저지인 와디 알 아리슈로 흘러가는데, 이따금씩 지표에 물이 흐른다. 서부사막의 특징 중의 하나는 하수로가 없어서 나타나는 건조성이다. 그러나 서부사막 땅 밑에는 광대한 지하수면이 있다. 지하수면이 지표 가까이 나오면 일부 오아시스에서는 셈이 되어 나온다.

나일강 침니 퇴적물 지역의 밖에 있을 것 같은 경작 가능한 토지 상태는 물의 공급 이용성과 그 지역의 암석 유형에 따른다. 이집트 전체 지표면의 거의 3분의 1은 동부 및 서부사막의 남쪽 부분에 뻗어있는 누비아 사암으로 이루어져 있다. 에오세(3800만~5400만 년전)의 석회암 퇴적물은 시나이 중부와 동부 및 서부사막의 중앙 부분을 포함하여 지표면의 5분의 1 이상을 덮고 있다. 서부사막의 북부는 마이오세(700만~2600만 년전) 석회암으로 이루어져 있다. 전체 면적의 8분의 1 정도, 특히 시나이산 · 홍해 · 서부사막의 서남부분은 고대의 화성암과 변성암으로 이루어져 있다.

오늘날 삼각주와 나일 계곡의 경작지를 이루는 침니는 청나일과 아트바라강으로 이루어지는 나일강의 상류지류 계통이 에티오피아 고지에서 운반해온 것이다. 퇴적물의 깊이는 삼각주 북부의 9m에서 아스완의 6.7m까지 다양하다. 수단의 하르툼에서 청나일과 만나는 백나일은 중요한 화학성분을 공급한다. 토지의 구성은 다양한데, 경작지의 가장자리 쪽으로는 일반적으로 모래가 더 많다. 찰흙이 많이 함유되어 있으면 일하기가 어렵고, 농축된 탄산나트륨이 있으면 가끔 비옥하지 않은 검은 알칼리성 토양이 된다. 삼각주의 북부에서 염화는 바라리 지역이라고 하는 불모지를 만들어낸다.

(3) 기 후

이집트는 북아프리카의 사막 지대 안에 놓여있다. 따라서 일반적인 기후의 특성은 연중 낮은 강수량과 일년 내내 나타나는 햇빛과 함께 무시할 수 없는 계절적이고 일주적인 기온교차이다. 사막에서는 3월에서 6월까지 가장 자주 발생하는 함신(khamsin)이라고 하는 구풍이 모래나 먼지 폭풍을 일으킨다. 이것은 수단의 저기압 기류가 동북쪽으로 확장된 결과로 남쪽에서 북쪽으로 움직이는 열대성 공기가 그 원인이다. 함신으로 기온이 가파르게 8~11°C 올라가고, 상대 습도는 흔히 10%까지 떨어지며, 두터운 먼지가 낀다. 이것은 폭풍으로 발전할 수도 있다.

기후는 기본적으로 두 계절성인데, 11월부터 3월까지 계속되는 겨울과 5월부터 9월까지 계속되는 여름이 있고, 그 사이에 짧은 과도기가 끼어있다. 겨울은 선선하고 온화하며, 여름은 덥다. 1월의 평균 최저 및 최고 기온은 알렉산드리아에서는 9~18°C, 아스완에서는 9~23°C 사이의 변화를 보인다. 여름철에는 전국을 통틀어 더운데, 6월 한낮의 평균 최고 온도는 카이로의 33°C에서 아스완의 41°C까지의 차이를 보인다. 이집트 기후는 햇볕이 잘 드는 날씨인데, 여름철에는 하루 12시간 정도, 겨울철에는 8~10시간 해가 나 있다. 극한 기온이 나타나기도 하는데, 기나긴 겨울 추위의 지속이나 여름 더위의 기복이 드물지 않다.

습도는 북쪽에서 남쪽으로 사막 가장자리에서는 눈에 띄게 줄어든다. 습도는 지중해 연안을 따라 연중 높은데, 여름에 가장 높다. 고습도 수준이 고온과 마주치면 숨막히는 상태가 벌어진다.

이집트의 강수량은 겨울철에 집중되어 있는데, 평균적으로는 미미하지만 대단히 변덕스럽다. 수량은 남쪽으로 갈수록 뚜렷이 줄어들어서, 알렉산드리아의 연평균은 약 178mm, 카이로는 약 25mm, 아스완은 겨우 2.5mm에 이른다. 홍해 연안의 평원과 서부사막은 거의 비가 없다. 시나이 반도는 얼마간 강수가 있는데, 북부 지역은 연평균 약 127mm이다.

(4) 식물대 및 동물대

강수가 부족해도 이집트의 자연 식물은 다양하다. 서부사막의 대부분은 전체적으로 어떤 종류의 식물도 살고 있지 않으나, 물이 얼마간이라도 있으면 일반적인 사막의 다년생과 풀이 자라는 것을 볼 수 있고, 좁은 해안 지대에는 봄에 식물군이 풍부하다. 동부사막은 강수가 드문드문 있는데, 그것으로 매우 다양한 종류의 가시 있는 관목·다장류·향료식물뿐만 아니라 위성류·아카시아·마르흐(잎과 가시가 없는 나무로서 가지가 없고 가느다란 잔가지만 있음)를 포함하는 다양한 식물이 살아간다. 이 성장은 홍해 언덕·시나이·동남부의 엘바산맥에 있는 와디에서 더 두드러지기까지 한다.

나일강과 용수로는 다양한 종류의 수초를 자라게 하는데, 고대의 연꽃은 삼각주의 배수로에서 찾아볼 수 있다. 100여 종의 풀이 있는데, 그중에는 대나무와 할파(물 가까이에서 자라는 거칠고 기다란 풀)가 있다. 에스파냐 갈대와 같은 튼튼한 다년생 갈대와 일반 갈대가 하이집트에 널리 분포되어 있는데, 고대에 재배된 파피루스는 지금은 식물원에서만 볼 수 있다. 재배되거나 반자생적인 대추야자는 삼각주 도처와 나일계곡과 오아시스에서 찾아볼 수 있다. 이집트종려나무(아프리카의 부채야자)는 특히 상이집트와 오아시스에 많은데, 다른 곳에도 그 종류가 드문드문 있다.

〈대추야자〉

토착수목은 별로 많지 않다. 일부 재배되는 침엽수가 있지만, 페니키아 노간주나무가 유일한 토착 침엽수이다. 아카시아 · 유칼리 · 무화과는 널리 분포되어 있다. 이 나라에서 가장 중요한 목재수의 하나인 카수아리나는 19세기에 도입되었다. 자카란다 · 포인시아나(오렌지나 주홍색 꽃이 있는 나무) · 레벡(콩과 식물)과 같은 다른 외래 수입수는 이집트 풍경의 특징이 되었다.

가축에는 물소 · 낙타 · 당나귀 · 양 · 염소가 있는데, 염소는 특히 이집트 시골에서 눈에 띈다. 하마 · 기린 · 타조와 같은 고대 이집트의 소벽에 꽤 많이 그려진 동물은 이집트에는 더 이상 없으며, 악어는 아스완 하이댐의 남쪽에서만 찾아볼 수 있다. 가장 큰 야생동물은 서부사막의 남부 성채에서 살아남은 산양이다. 다른 사막동물은 도르카스 영양 · 꼬마 사막여우 · 산염소 · 이집트산토끼 · 두 종류의 날쥐(뛰기 좋게 뒷다리가 긴 쥐 같은 설치류) 등이다. 이집트자칼은 아직 있으며, 바위너구리(작은 설치류)

는 시나이산에서 찾아볼 수 있다. 육식 포유류는 살쾡이 종류와 이집트줄무늬몽구스의 두 가지가 있다. 큰 도마뱀을 포함한 몇 가지 종류의 도마뱀을 볼 수 있다. 독사에는 한 종류 이상의 북살모사가 있는데, 얼룩뱀은 나일계곡 도처에서, 또 이집트코브라는 농촌에서 볼 수 있다. 전갈은 사막지역에서 일반적이다. 수 많은 종류의 설치류가 있는데, 그 중에는 강한 체력의 파라오쥐가 있다. 이집트메뚜기를 비롯한 많은 종류의 곤충을 찾아볼 수 있다.

이집트에는 새 종류가 많다. 많은 새가 봄과 가을의 이동시에 큰 수로 옮겨 다닌다. 모두 200종 이상의 철새와 150종 이상의 텃새가 있다. 도가머리 까마귀는 낯익은 텃새이고, 검은솔개는 나일계곡과 파이윰의 특징 있는 텃새이다. 맹금류에는 송골매와 황조롱이가 있다. 수염수리와 검둥수리는 동부사막과 시나이의 텃새이다. 백색따오기(긴 부리의 섭금류)는 더 이상 찾아볼 수 없으나, 큰해오라기 · 왜가리 · 후투티(꼿꼿하고 부채 모양의 도가머리 있는 새)는 나일계곡과 파이윰의 텃새이다. 사막의 텃새는 별개의 범주에 속하는데, 약 24종이 있다.

나일강에는 약 190종의 어류가 있는데, 가장 일반적인 것은 불띠(비늘이 거칠고 지느러미가 가시투성이인 물고기)와 나일농어이다. 삼각주 연안의 호수에는 주로 부리(회색 숭어)가 있다. 파이윰 주의 까룬호에는 부리가, 나세르호에는 그 물에서 매우 크게 자라는 불띠가 각각 방류되어 있다.

(5) 거주 양식

이집트는 지형학적으로 일반적으로 나일계곡과 삼각주, 동부사막, 서부사막, 시나이의 네 개의 주요 지역으로 나뉜다. 그러나 자연적 및 문화적 특징을 함께 고려한다면 이 나라는 나일 삼각주 · 카이로에서 아스완 남부까지의 나일계곡 · (나세르호로 채워진 1970년대 초부터) 누비아계곡 · 동부사막과 홍해안 · 시나이 · 서부사막과 그 오아시스의 여섯 개의 소지역으로 나눌 수 있다.

1) 삼각주

나일 삼각주(하이집트)의 면적은 2.5만㎢이다. 카이로에서 지중해까지는 160km 거리이며, 해안선은 알렉산드리아에서 부르사이드까지 250km 뻗어있다. 많은 삼각주 해안이 마르유뜨 · 이드쿠 · 부룰루스 · 만질라 등의 호수의 기수 개펄로 되어있다. 삼각주를 영속성 관개로 바꿈으로써 전체 면적의 반 이상에서 일모작 대신 연2-3모작이 가능하게 되었다. 삼각주 인구의 약 반이 소지주이든 노동자이든 그 땅의 농산물로 살아가는 농부(fallahin)이다. 나머지는 도시에서 사는데, 가장 큰 곳이 카이로이다. 전체적으로 그들은 더 멀리 있는 남부 계곡의 주민보다는 외부 세계, 특히 중동의 다른 국가 및 유럽과 더 많은 접촉을 하고 있고, 일반적으로 덜 전통적이고 덜 보수적이다.

〈대도시의 모습을 보이는 카이로〉

2) 계 곡

카이로와 아스완 사이 나일계곡의 경작 부분은 너비가 8～16km 사이인데, 좁은 곳은 수백 m에서 넓은 곳은 22.5km인 곳도 있다. 1970년 아스완 하이댐(Aswan High Dam)이 완성되고 나서 1만㎢의 계곡이 사철 관개가 가능하게 되었다. 카이로에서 아스완 주(muhafazah)까지의 계곡 주민들은 상이집트인을 뜻하는 사이디(Sa'idi)라고 불리는데, 이들은 삼각주 사람들보다 더 보수적이다. 일부 지역의 여인들은 아직도 공공연히 나닐 때는 베일을 쓰며, 가족명예는 매우 중요하고 피의 복수법이 적용된다. 하이댐이 건설될 때까지 아스완주는 계곡에서 가장 가난한 주의 하나이었으며, 외부 영향력에서 가장 먼 곳이었다.

3) 누비아 계곡(나세르호)(Lake Nasser)

〈아스완 하이댐에서 바라본 나세르호〉

나일강의 누비아 계곡은 하이댐에 물이 채워져서 나세르호가 만들어질 때까지 아스완시에서 수단 국경 사이에 250km 뻗어있었던, 제한적인 재배 가능한 영역이 있는 좁고 그림 같은 골짜기였다. 10만의 주민들은 주로 아스완 북쪽의 카움 움부(콤 옴보)에 정부가 지은 신누비아 마을에 다시 정착했다. 나세르호는 1970년대에 어업과 관광 지역으로 개발되었으며, 근방에 정착이 이루어졌다.

4) 동부사막

동부사막은 이집트 토지 표면의 거의 4분의 1을 차지하고 있으며, 면적이 약 23.3만㎢이다. 북부층은 지중해 해안 평원에서 대충 나일강의 끼나 맞은 편 부분까지 뻗어있는 기복이 진 언덕으로 이루어진 석회암 고원이다. 끼나 가까이에서 고원은 약 480m 높이의 낭떠러지로 끊어지고, 와디로 깊게 선이 나 있어서 가로지르기 어려운 지세이다. 일부 주요 와디의 하구는 깊은 만을 만드는데, 거기에 반유목민이 소수 정착한다. 두번째 층은 끼나에서 남쪽으로 사암 고원을 포함한다. 이 고원은 또한 협곡이 깊게 들쭉날쭉하게 나있지만, 비교적 장애물이 없고 일부는 통로로 쓸 수도 있다. 세번째 층은 홍해 언덕과 홍해 연안 평원으로 이루어져 있다. 언덕은 수에즈 근처에서 수단 국경까지 계속되는데, 연속선상에 있는 것은 아니지만 다소간 일직선상으로 된 일련의 연결조직으로 되어있다. 고대 화성암 및 변성암으로 되어있어서 지질학적으로는 복잡하다. 이것은 아스완 근처에서 나일계곡을 가로질러 뻗어있어서, 이 강의 일련의 급류의 첫번째인 제1폭포를 이루는 화강암을 포함한다. 홍해 언덕의 기슭에서 좁은 연안 평원이 남쪽 방향으로 넓어지고 해안에 평행인데, 거의 연속적인 산호초이다. 대중의 개념과 관례로 홍해 연해지방은 그 자체로 소지역으로 간주될 수 있다.

동부사막의 대다수의 정주민은 해안을 따라 몇몇 도시와 정착지에 살고 있는데, 가장 큰 곳이 라으스 가립(Ra's Gharib)이다. 유목민의 정확한 숫자는 알 수 없지만, 이 지역 총인구의 약 12%를 구성한다고 믿어진다. 이들은 다양한 부족 집단에 속해 있는데, 가장 중요한 것은 북쪽에서 남쪽으로 후와이타트(Huwaytat), 마아자(Ma'azah), 아밥다('Ababdah), 비샤린(Bisharin) 등이다. 서부사막보다는 동부사막에서 목초지와 물을 더 많이 얻을 수 있기 때문에 거기에 더 순수한 유목민이 있다. 이들은 염소 · 양 · 낙타 등을 치거나 주로 탐광촌과 석유촌 또는 해안의 어업 사회와 교역하며 먹고산다.

5) 서부사막

서부사막은 이집트 토지 면적의 3분의 2를 차지하고 있으며, 면적이 약 71.5만㎢이다. 동남부의 알질프 알카비르 고원의 1000m가 넘는 최고 고도에서부터 이 암석고원은 하리자(al-Kharijah) 및 다힐라(al-Dakhilah) 오아시스를 포함하는 서부사막의 특징인 저지의 첫번째까지 동북쪽으로 점차로 경사진다. 더 북쪽으로는 파라피라(al-Farafirah) 및 바흐리야(al-Bahriyah) 오아시스가 있다. 이 고원은 후자에서 서북쪽으로 계속되다가 사람이 살지 않는 깟따라 저지(Munkhafad al-Qattarah) 쪽으로 내려간다. 깟따라 저지의 서쪽이며 리비아 국경 가까이에는 가장 크고 사람이 많은 시와 오아시스가 있다. 이곳은 수천 년 전부터 사람이 살아오고 있는데, 근대 발전에 덜 영향을 받아왔다. 깟따라 저지의 남쪽과 리비아 국경까지 서쪽으로 뻗어있는 서부사막은 불어온 모래의 커다란 산마루로 이루어져 있으며, 돌 지역으로 흩뿌려져 있다. 깟따라 저지 너머 북쪽으로는 고원의 가장자리 앞으로 좁은 해안평야와 지중해가 있다.

〈이집트의 사막〉

오아시스 외에 서부사막에서 주로 해안 근처인 사람이 사는 곳은 아울라드 알리 부족이 차지하고 있다. 남쪽의 작은 집단의 낙타 목자는 차치하고, 이곳의 인구는 더 이상 전체가 유목민은 아니다. 반 약간 못 미친 인구가 반유목 목자이고, 나머지는 정주민이다. 이들은 양과 염소 떼를 유지하는 외에 과일 재배·낚시질·교역·수공예 등의 활동을 한다.

서부사막은 동부사막보다 훨씬 더 많은 인구가 있다. 지중해의 중요한 여름 유흥지인 마뜨루흐(Matruh)는 유일한 도시 중심지이다. 흩어져있는 다른 공동체 사회는 주로 철도역 가까이와 북부의 기다랗고 좁은 경작지를 따라 있다.

오아시스들은 지리적으로는 서부사막의 한 부분일지라도 인종적으로나 문화적으로는 특이하다. 남쪽의 하리자 및 다힐라 오아시스는 지하수 자원 개발에 중점을 둔 개간사업의 일부분으로 어느 정도 발전했다. 다른 오아시스는 파라피라·바흐리야·시와 등이다.

6) 시나이

시나이는 기저가 지중해 해안을 따라 있으며 정점이 수에즈 및 아까바 만과 경계하고 있는, 쐐기 모양의 지역으로 이루어져 있으며, 면적이 약 6.25㎢이다. 남부 지역은 바위투성이에다가 날카롭게 톱니 모양인 산으로 이루어져 있다. 시나이의 중부 지역은 티흐 및 아즈마라는 두 개의 고원으로 이루어져 있으며, 둘 다 와디 알아리슈를 향하여 북쪽으로 깊게 들쭉날쭉하며 내리막이 된다. 지중해 쪽으로 북향한 고원의 경사면은 둥근 천장 모양의 언덕으로 깨어지는데, 이것과 해안 사이에는 일부의 높이가 90m 이상인 긴 평행선의 모래언덕이 있다. 해안 자체의 가장 두드러진 특징은 100km 길이의 소금 석호인 바르다윌 호수이다.

인구의 대다수는 아랍인이며, 중앙고원과 시나이산의 실질적인 수가 유목민이거나 반유목민 생활을 계속해도 많은 수가 아리슈(al-'Arish) 부근과 북부의 해안지대에 정착해 있다. 정주민이 모여 있는 다른 곳은 깐따라와 수에즈 운하의 동부 쪽이다.

7) 시골 거주

이집트의 시골은 북에서 남으로 사소한 변화는 생길지라도 삼각주와 하이댐까지의 나일계곡 도처에서 대체로 비슷한 거주분포를 나타낸다.

시골의 전형적인 거주지는 철저한 경작지로 둘러싸인 밀집한 마을이다. 마을의 주민수는 500에서 1만 남짓이다. 마을은 기본적으로 물리적 외양과 설계에서 비슷하지만, 건축 자재 · 설계 · 장식에서 지방적인 사소한 변화가 있다. 대추야자 · 무화과 · 유칼리 · 카수아리나 등이 경치의 일반적인 특징이다. 비교적 최근까지 유일한 식수원이 나일강이었다. 따라서 많은 마을이 그 수로의 둑을 따라 세워졌다. 일부 오래된 마을은 언덕에 위치해 있는데, 이것은 유역 관개와 연중범람 시기의 유적이다.

삼각주에서 1~2층 높이의 집은 진흙과 짚으로 회반죽한 진흙 벽돌로 만들고, 계곡의 남부에서는 돌이 더 사용된다. 집은 이어진 줄처럼 서로 결합되어 있다. 전형적인 집에서는 창문은 몇몇 둥글거나 네모진 작은 들창으로 구성되어 있어서, 공기나 빛이 간신히 들어올 정도다. 지붕은 납작한데, 대추야자 서까래와 함께 마른 대추야자 잎의 켜로 얽는다. 이것은 연료용 거름뿐만 아니라 옥수수와 목화 줄기를 저장하기 위해 쓰인다. 지붕은 또한 더운 여름밤의 잠자리로 선호된다. 곡물 창고로서 회반죽한 진흙으로 만든 조그만 원뿔꼴의 저장고는 지붕 위에 만들어지며, 다시 곤충이나 설치류의 폐해를 방지하기 위해 봉해둔다.

더 가난한 농부의 집은 보통은 좁은 통로 · 침실 · 안뜰로 이루어져 있으며, 안뜰 부분은 사육동물의 울로 쓰일 수 있다. 세간은 드물게 있다. 가마는 회반죽한 진흙으로 만들고 안뜰의 담 쪽으로나 집 안에 만든다. 더 크고 더 부유한 마을의 집은 콘크리트로 보강한 탄 벽돌로 만드는데, 더 넓고 흔히 대가족을 이룬다. 세간 · 수도 · 화장실 설치 · 전기는 부유하다는 추가적인 표시이다.

삼각주와 계곡 지대의 작은 이집트 마을의 전형적인 특징은 모스크나 교회 · 초등학교 · 장식한 비둘기집 · 정부의 공공건물 · 몇몇 가게 등이다. 대부분의 작은 마을의 주민들은 농업에 종사한다. 큰 마을에서는 더 많은 기술공 · 숙련 노동자 · 가게주인뿐만 아니라 일부 전문적 또는 반전문적 직업인도 있다. 큰 거주지의 밖에는 마을 자체의 진흙집에 현저하게 대조적으로 사회 공공 기관 · 마을 협동조합 · 보건소 · 학교 등을 둘러싸고 있는 현대식 건물로 이루어진 '복합 공공 기관'이 가끔씩 있다.

거주 지역의 인구밀도는 훤히 트인 시골에서도 어디에서나 사람을 찾아볼 수 있을 정도이다. 아침 일찍과 오후 늦게 사육가축을 몰고 여럿이서 들로 오가는 농부들을 길거리에서 볼 수 있다. 허리쯤에 단을 올린 '갈라비야(gallabiyah)'라고 하는 긴 겉옷을 입은 남자들이 하루 내내 괭이(파스, fas)와 낫(민잘, minjal)과 같은 옛날 기구를 갖고 땅을 가는 것을 볼 수 있다. 이따금 현대식 트랙터도 눈에 띈다. 삼각주에서는 길고 검은 겉옷을 입은 나이든 여자 · 더 다채로운 무명옷을 입은 젊은 여자 · 6살 이상의 아이들은 힘이 덜 드는 일을 돕는다. 그러나 일부 계곡 지대에서 16살 이상의 여자들은 들에서 일하지 않고 그 활동이 가사에 한정된다. 이들은 머리와 얼굴을 가리는 검은 모슬린 머리장식을 하지 않고는 좀처럼 공공연히 나다니지 못한다. 어린 아이들은 어디에서나 볼 수 있는데, 이것은 높은 출산율을 보여주는 예이다.

한길에 있지 않으면 마을로 가는 길은 포장되지 않은 먼지 길이다. 마을 안의 길은 주로 좁고 꼬불꼬불한 샛길이다. 그러나 모든 마을에 적어도 찻길 하나는 있다.

서부사막의 오아시스는 밀집한 마을이 아니라 녹색의 경작지로 둘러싸인 흩어져 있는 작은 집합체이다. 이 곳들은 종종 모래 지역으로 서로 분리되어 있다. 예를 들면, 하리자는 따로따로 떨어진 다섯 마을 중에서 가장 크다. 전통적으로 오아시스의 집은 압축 진흙으로 만들고 6층 높이까지로 되어 있는데, 방어를 위해 한데 가까이 모여있다. 현대식 집은 보통은 2층 높이이고 더 멀리 떨어져 있다.

8) 도시 거주

인구조사 의도라도 이집트 읍은 도시 중심지로 간주된다. 이 중 일부는 너무 커진 마을인데, 농부와 농업과 농촌 기업에 관한 일에 종사하는 사람들이 많이 있다. 20세기 후반부에 도시 지위를 얻은 일부 읍은 거기에 공무원, 무역 및 상업에 종사하는 사람들 · 산업 노동자 · 기술자 · 전문 직업인이 살고 있어도, 크게는 계속 시골풍이다. 읍의, 실제로는 대도시의 한 특징은 그 주변의 시골풍이다. 읍과 도시는 벌판 사이에 되는 대로 우후죽순 같이 생긴 주거와 아파트와 함께 농경지의 희생으로 성장했다. 읍이나 도시 계획 · 건축규정의 고수 등과 같은 흔적은 거의 없으며, 마을의 진흙

집이 흔히 도시의 범위 안에 둘러싸여 있다.

읍과 작은 도시의 건물은 일반적으로 2층집이거나, 4~6층 높이의 아파트 단지이다. 더 나은 곳은 회반죽하고 납작한 지붕과 수많은 발코니가 있으며, 다른 집과 건물은 흔히 채색하지 않은 붉은 벽돌과 콘크리트로 되어 있다.

〈지중해에 면해 있는 알렉산드리아〉

이집트의 대부분의 도시는 특징이 많지 않은데 비해, 카이로 · 알렉산드리아 · 아스완과 같은 일부 도시는 그것만의 특별한 성격이 있다. 카이로는 천 년 이상의 역사를 나타내는 건축물이 있는 복합적이고 혼잡한 중심도시이다. 지자(기자)와 다른 교외의 주거지를 포함하는 대카이로와 알렉산드리아는 부르사이드 · 이스마일리야 · 수에즈와 같은 수에즈 운하를 따라 있는 대부분의 중요한 도시와 함께 외양으로 현대적이고 서양식이다. 1967~1973년 사이의 전쟁에서 심각하게 손상된 운하 지대에 있는 도시의 광범위한 재건축이 1979년 이스라엘과의 평화조약 이후에 이루어졌다.

제2장

주민과 언어

제1절 주 민

북아프리카의 인종군의 분류는 학자에 따라 견해차가 있는 데다 아직 정설이 없고, 인종의 명칭도 구구하지만 대략 다음과 같이 나뉘는 점에서는 일치한다. 대체로 함-셈계라고 할 수 있으나 학자에 따라서는 메디테라니데(지중해인) · 베르베리데(베르베르인) · 오리엔탈리데(아랍인) 등으로 분류한다. 고대 이집트인 · 콥트인 · 베르베르족 · 모르인 등이 메디테라니데에 속하며, 특히 베르베르족 중 아틀라스 산중에서 사하라에 걸친 지역에 사는 종족이 베르베리데라고 불린다. 이들은 전체적으로 코카소이드(백인종)의 특색을 지닌다.

1. 마그립 국가

(1) 인종 구성

북아프리카는 사하라 이남 아프리카의 어느 곳보다도 인종적으로 크게 더 단일하다. 여기에는 주로 아랍인과 베르베르인이 거주하고 있는데, 이들은 육체적으로 거의 구별되지 않는다. 베르베르인은 토착민이지만 기원은 알 수 없다. 페니키아인이 무역하러 왔을 때 아시아-아프리카어를 말하는 고대 민족이 북아프리카에 있었다. 그러나 그들의 이름은 로마인 외의 모든 외국인을 뜻하는 라틴어 바르바리(Barbari)에서 유래되었다. 그들은 접촉한 여러 민족 중에서 7~11세기 사이에 침입한 아랍인에게 가장 많은 영향을 받았다. 그들은 이들에게서 결국에는 이슬람과 아랍 문화의 다른 많은 면을 받아들였다. 스스로를 '자유민'을 뜻하는 '이마지겐(Imazighen)'이라고 부르는 베르베르인은 유목부족과 정주부족 둘 다를 포함하는데, 정기적으로 특히 산의 은신처에 집합한다. 시골 사회는 사회 성층의 정교한

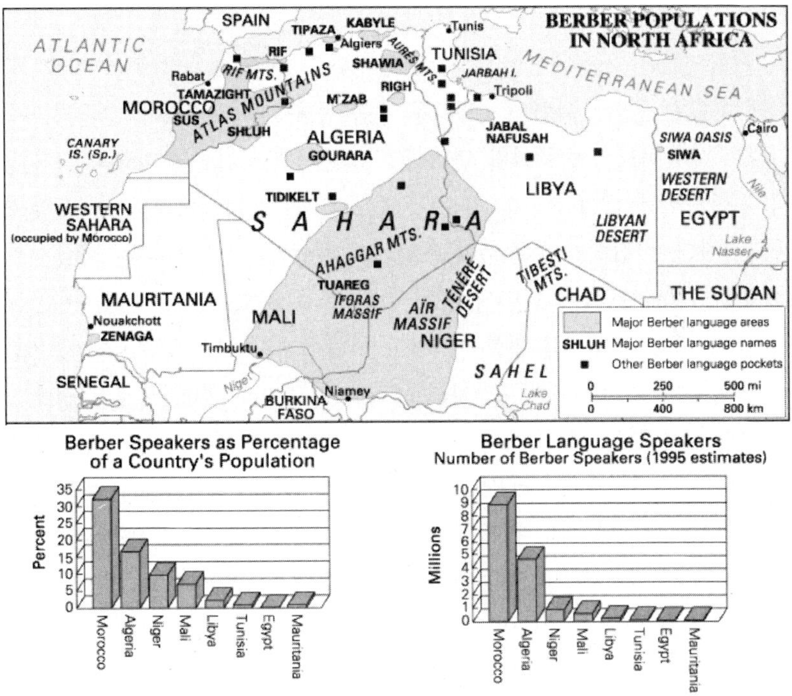

〈북아프리카의 베르베르 인구〉

조직이 있는데, 베르베르 집단은 국가의 정치적 정체성을 확립하기보다는 지방자치권을 간직하는데 주된 관심이 있다. 동쪽에서 온 아랍 침입에 개방되어 리비아와 튀니지에는 지금 언덕 지역에 베르베르인과 아랍화한 베르베르인의 작은 거주지가 있을 뿐이고, 알제리에는 아우라스 산맥과 카빌리 지역에서처럼 베르베르인이 더 일반적이다. 그러나 모로코의 산악 지역에는 가장 많은데, 그 중에서 슐루흐(Shluh) 족은 잘 알려진 상인들이다. 사하라의 모든 베르베르인 중에서 가장 유명한 것은 널리 분포하고 있는 유목민 투아렉(Touareg) 족이다. 베르베르인은 어디에서나 다수의 아랍인에 비해 소수민족으로 있지만, 북아프리카 문화에 강렬하고 널리 미치는 영향을 끼쳤다.

아랍인들은 처음에는 침략자로 왔으나, 나중에는 목자로서 이슬람과 함께 이슬람 문명・아랍어・새로운 관습 등을 가져다주었다. 그들의 유목민들이 아랍어와 아랍문화를 전파하고 그들의 도시가 이슬람교와 그 문명의 중심지로서 구실하면서, 차례로 베르베르인을 자신의 문화로 점점 더 동화시켰다. 아랍인들이 동부 아프리카의 해안지대뿐만 아니라 사힐 지역을 포함한 북아프리카 전역에 걸쳐 널리 퍼져 있으므로, 북아프리카는 유럽 남쪽 문호의 특이한 부분이면서도 아랍세계의 서쪽 끝으로 간주된다.

1950년대 초기에 북아프리카의 유럽인 수는 거의 200만으로 절정에 달했는데, 이는 그 지역 전체 인구의 9%이었다. 그중 반수 이상이 알제리에, 35만이 프랑스령 모로코에, 25만이 튀니지에 각각 살고 있었다. 이들은 대부분 프랑스인이었는데, 특히 에스파냐령 모로코에는 실질적인 에스파냐인이, 1939년 이후에는 리비아의 이탈리아인이 줄었지만 튀니지와 리비아에는 이탈리아인이 각각 있었고, 그리스인과 말타인도 많았다. 대부분의 유럽인들은 도시, 특히 대도시에서 살았지만, 한 예로 알제리 전체 경작지의 5분의 2와 같은 광대한 경작지도 소유하고 있었다. 1950년대 말과 60년대 초의 유럽인들의 극적인 이탈은 탈식민지화가 아프리카의 다른 어디보다도 더 많았다는 것을 보여준다. 이러한 대량이주의 한 중요한 단면은 50만의 유대인이 유럽과 최근의 신생국 이스라엘로 떠난 것이다.

(2) 종 교

북아프리카는 탈식민지화 동안 유럽인과 유대인이 떠나자 거의 한결같이 순나 이슬람으로 되었다. 이곳은 아프리카와 아시아를 거쳐서 인도네시아까지 뻗어있는 이슬람 세계의 서쪽 끝을 이루고 있다. 이슬람교는 역사상의 어느 대종교에 비해서도 생활의 모든 면에 뻗칠 정도로 그 영향이 널리 미쳤다. 이것은 인구학적 특징으로는 결혼과 가족을 고양해서 그것이 사회에서의 여성의 역할에 미치는 영향으로써, 상업에서는 대금업을 비난함으로써, 도시생활에서는 모스크를 짓고 여성을 은둔시킴으로써, 토지 보유에서는 법률 체제를 규정함으로써, 공공사업에서는 지방의 종교 및 자선사업을 하기 위한 종교재단(하부스, habous)을 만드는 중요성을 통해서 이루어졌다.

과거에 이슬람교의 북아프리카에서의 두 가지 특별한 특징은 부족간에 화평케 하는 중요한 영향을 끼치는 것이었다. 첫번째는 대부분의 종교인들이 가입한 종교형제단의 성장이고, 두번째는 마라부티즘(maraboutism)이라고 하는 성인숭배이다. 이것은 경쟁심을 끌면서 그들의 신앙심・금욕주의・가르침을 지방의 종교 집회소인 자위야(zawiyah)에서 실행하는 것인데, 그들의 많은 묘당이 도처에 있다.

(3) 인구 경향

북아프리카는 20세기 후반부를 통하여 인구가 급속도로 성장하였다. 이 급속한 성장의 원인은 주로 사망률의 뚜렷한 감소인데, 이것은 훨씬 더 적절한 생산력의 감소와 함께 개발국들의 평균을 넘는 연 자연증가율을 나타낸다. 이 지역 네 나라의 사망률은 더 나은 의료시설, 개선된 위생시설, 더 나은 영양 공급, 더 높은 생활수준 등으로 인해 아주 낮은 수준으로 떨어졌다. 실제로 사망률은 다른 많은 선진국들보다 낮은데, 이것은 인구의 비교적 젊은 연령 구조 때문이다. 일반적으로 각국 인구의 40% 정도가 15세 이하로서, 이것은 그 지역의 생산력을 높이는 요소이기도 하다. 그러나 아직도 신생아 1000명당 40~80명에 이르는 높은 영아사망률을 줄이는 더 많은 진행이 이루어지고 있다. 이 지역에서의 평균수명은 1950년대부터 64세에서 69세로 꾸준히 올라갔는데, 모로코가 가장 낮고 튀니지가 가장 높다.

북아프리카 국가의 출생률은 더 전통적인 중동의 대부분의 나라에서보다 떨어졌다. 튀니지 여성들은 4명 정도, 모로코 여성은 4-5명, 알제리와 리비아 여성은 5명 이상을 각각 출산한다. 이 차이에는 몇 가지 요인이 있다. 가족계획과 여성 신분의 향상에서 선구자인 이슬람 국가인 튀니지에서는 피임법 사용의 상당한 증가가 있었으며, 모로코에서는 이보다 덜 증가하였다. 튀니지 사회에서는 이혼법 개정 · 결혼연령의 후퇴 · 여성에 대한 교육 기회의 증가 · 노동력에의 여성 등장 등이 진척되었다. 모로코 · 알제리 · 리비아에서는 이러한 변화를 더 천천히 진행시켰지만, 지역 전체를 통해 인구 변동은 시작되었다.

산유부국인 리비아는 장기적인 노동력 부족 때문에 생산력에 대한 그 태도도 영향을 받을 수 있다. 리비아는 다른 북아프리카 국가 · 중동 · 그 밖의 세계 여러 나라에서 오는 수십만의 이주노동자에 의존하는 것이다. 대조적으로 모로코 · 알제리 · 튀니지에서는 오래 전부터 수십만의 노동자들이 이주했는데, 일자리를 찾아서 해외, 특히 프랑스의 도시로, 또 요즘은 이탈리아 · 에스파냐 · 기타 등지로 떠난다.

2. 이집트

(1) 인종 구성

나일계곡과 삼각주의 인구는 이집트의 약 99%를 포함하는데, 꽤 동질 집단을 이루고 있다. 이들의 주된 육체적 특징은 이슬람 이전의 토착 함-아르메니아계 주민과 아랍 혈통의 혼합의 결과이다. 팔라흐(fallah)라고 하는 농부는 인종적으로 도시 주민보다 덜 혼합되었다. 도시, 특히 북부의 삼각주의 도시에서는 페르시아인 · 로마인 · 그리스인 · 십자군 · 투르크인과 같은 외래 침입자가 더 이질적인 혼합을 남겨놓았다. 사이디(Sa'idi)(상이집트인)라고 하는 아스완까지의 중부 나일계곡의 주민들은 삼각주의 주민과 같은 인종이지만, 피부가 더 검고 약간 더 크며 체격이 더 억세다.

아스완 주의 정착민 사회는 자아피라 · 아밥다 · 누비아인(Nubian)과 같은 오랫동안 정착한 유목민들인 사이디의 혼합 경향이 있다.

누비아인은 아랍인의 피가 흐르지만 비아랍인의 인종적 특성을 지니고 있다. 그들은 백인종의 특징과 함께 키가 크고 훌쭉하며, 이집트인의 평균보다 훨씬 더 검은 색이다. 그들은 또한 친척 구성이 혈통을 뛰어넘는다는 점에서 다르며, 씨족과 더 넓은 구분으로 나뉜다. 반면에 혈통의 구성원으로 알려진 계곡과 하이집트의 다른 이집트인들은 친족으로 인정된 유일한 구성원이다.

이집트의 사막에는 유목민 · 반유목민 · 정주민이 있지만, 옛날에는 독특한 인종적 특성이 있는 유목민 집단이었다. 비아랍 혈통의 몇몇 부족 집단과 혼합된 도시 주민과는 별도로 시나이와 동부사막의 북부 지역의 거주민은 모두 꽤 최근에 아라비아에서 이주한 이들이다. 그들은 아라비아 베두인처럼 일반적으로 체격이 가냘프고 갈색 피부에 두드러진 매부리코를 지녔다. 사회조직은 부족중심인데, 각 집단은 스스로를 피의 결속으로 결합되었으며 공동 조상에서 나왔다고 여기고 있다. 원래 천막 거주자이고 유목 목자이지만, 많은 수가 시나이 북부에서처럼 반유목민이나 완전히 정주민화하기도 했다.

동부사막의 남부에는 함족인 베자인(Beja)이 살고 있다. 그들은 아랍의 후손이라고 주장해도 달걀형의 얼굴 · 곧추선 코 · 큰 눈 등으로써 다른 인종이다. 그들은 왕조 이전의 이집트인의 남아있는 묘사와 뚜렷하게 닮아있다. 이집트의 베자인은 아밥다와 비샤린의 두 부족으로 나누어져 있다. 아밥다인은 끼나와 가르다까 사이에 있는 선의 동부사막 남부를 차지하고 있으며, 아스완과 끼나 사이의 나일강을 따라 정착한 일부 집단도 있다. 비샤린인은 일부가 그들의 전통적 기원지인 엘바 산맥 지역에 거주하고 있어도 주로 수단에 살고 있다. 아밥다와 비샤린 부족 둘 다 낙타 · 염소 · 양 떼를 돌보는 유목 목자이다.

오아시스 외의 서부사막의 주민들은 아랍 후손이라고 주장하지만, 아랍인과 베르베르 혈통의 혼합이다. 그들은 사아디와 무라비뗀의 두 집단으로 나누인다. 사아디인은 스스로를 11세기 북아프리카로 이주한 큰 아랍 부족인 바누 힐랄과 바누 술라이만의 후손이라고 여긴다. 사아디인의 가장 중요하고 수가 많은 집단은 아울라드 알리이다. 무라비뗀 씨족은 사아디인에 대해 예속 상태이며, 그 지역의 베르베르 원주민의 후손으로 보인다. 원래 목자이며 천막 거주자인 서부사막의 베두인은 반유목민이 되던가 완전히 정주민으로 되었다. 그들은 씨족별로 현지화하지 않았으며, 단일 집단의 구성원이 널리 분산되었다.

서부사막 오아시스의 원주민들은 베르베르 혈통이다. 하지만 나일계곡의 이집트인 · 아랍인 · 수단인 · 터키인, 특히 하리자의 경우에는 아프리카 흑인 등의 상당한 혼혈이 있어왔는데, 이곳이 다르푸르와 다릅 알아르바인에서 대상들이 이집트로 들어오는 길목이었다.

〈이집트의 유목인인 베두인〉

이집트에는 토착 집단 외에도 소수의 외래 인종 집단이 있다. 19세기에 이집트에 살고 있는 주로 유럽인인 비동화 외국인 사회가 급속도로 성장했으며, 이들은 재정 · 산업 · 정부 등에 지배적인 영향을 끼쳤다. 전성기였던 1920년대에 이집트의 외국인 수는 20만 명을 넘었으며, 그리스인 · 이탈리아인 ·

영국인・프랑스인 사회의 순서로 숫자가 많았다. 이집트가 독립한 뒤로 외국인 사회의 규모는 크게 줄어들었다.

(2) 종 교

이슬람교는 이집트의 공식종교이며, 대다수의 주민이 이슬람의 정통파인 순나파를 따르고 있다. 강한 신앙심은 이집트 무슬림의 특징이다. 예배, 특히 모스크에서의 공공예배는 격식을 차려서 지켜지고, 이슬람력의 아홉번째 달인 라마단(Ramadan) 달 동안의 단식은 엄격히 지켜진다. 자선과 멕카 순례 또한 가능하면 따른다.

이집트의 대다수 기독교인은 콥트교도(Copt)이다. 이들은 언어・옷・생활양식 등에서 무슬림 이집트인과 구별되는데, 그들의 교회 의식과 전통은 7세기의 아랍 정복 이전으로 거슬러 올라간다. 콥트정교회(Coptic Orthodox Church)는 5세기에 동방교회와 갈라선 이래로 자율성을 유지하고 있으며, 그 신앙과 의식은 기본적으로 변하지 않고 내려오고 있다. 콥트인은 전통적으로 일정한 수공예・교역, 또 무엇보다도 회계직・은행업・상업・공무직 등에 관계해 왔다. 콥트인과 무슬림이 혼합된 마을뿐만 아니라 전체가 콥트인인 시골 공동체도 있다. 많은 콥트인은 그들의 공동체 안에서의 거의 배타적인 결혼의 결과, 얼굴과 신체적 특징에서 파라오 이집트인의 특성을 지니고 있다.

콥트인은 중부 나일계곡의 아스유뜨・민야・끼나 등의 주에 가장 많다. 전체 콥트 주민의 4분의 1 가량이 카이로에 살고 있다.

다른 종교 집단에는 콥트 카톨릭교・그리스정교・그리스 카톨릭・아르메니아 정교 및 카톨릭・마론파・시리아 카톨릭・영국국교・신교 등이 있다. 또한 소수의 유대교 사회도 있다.

(3) 인구 경향

대부분의 이집트인은 나일강가를 따라 살고 있으며, 제곱 킬로미터당 1100명 이상으로 추정되는 인구밀도는 세계에서 가장 높은 곳 중의 하나이다. 빠르게 성장하고 있는 인구는 전체의 5분의 2가 15살 이하로서 젊다. 건강관리의 개선에도 불구하고 영아사망률은 매우 높은데, 모든 사망의 반 정도가 5살 이하의 어린이 중에 나타난다. 그러나 평균수명은 1927년의 33세에서 1980년대 중반에는 거의 60세까지 올라갔다. 인구의 거의 절반이 도시 지역에 살고 있다.

제2절 언 어

1. 개 요

북아프리카의 마그립 국가는 전체적으로 아랍어가 일반적이라는 점에서 다른 어느 아프리카 지역보다 훨씬 더 언어적 일치성이 크다고 해도, 생각하는 것 이상으로 변화가 많다. 예를 들어 모로코의 구어체 아랍어는 중동에서 알아듣기 어렵고, 도시와 시골의 방언에는 뚜렷한 차이가 있다. 더욱이 신문의 아랍어는 꾸란(코란)의 언어인 고전아랍어와는 상당히 다르다. 리비아는 끊임없이 침투하는 영어에 대항해서 아랍어를 장려하는 노력을 계속하고 있지만, 모로코 · 알제리 · 튀니지에서는 독특한 아랍-프랑스 문화가 발전되었는데, 이는 학문과 프랑스로 끊임없이 이주하는 노동자의 서로간의 왕래 등으로 뒷받침되고 있다. 베르베르어는 전인구의 5분의 1 이하가 사용하는데, 투아렉어를 제외하고는 일반적으로 문자가 없다.

이집트에서 아랍어는 거의 13세기 동안 문어 및 구어로 쓰여 왔다. 아랍인이 639년에 침입하기 전에는 고대 이집트어에서 유래된 콥트어(Coptic)가 일반대중의 종교와 일상생활의 언어였다. 그러나 이것은 12세기에는 아랍어로 완전히 바뀌었고, 지금은 콥트정교회의 예배어로만 쓰이고 있다. 아랍어는 이집트의 기독교와 무슬림 양쪽의 언어가 되었다.

아랍어의 문어체는 문법과 통사론에서 7세기 이래 본질상 변하지 않고 그대로이다. 그러나 문어는 다른 방법으로 변했는데, 문체의 현대적 형태 · 어순 · 말씨가 고전아랍어보다 더 단순해지고 더 유연해졌으며, 흔히 영어나 불어에서 바로 끌어다 쓴다.

고전 또는 중세 아랍어에서 발전한 이 현대 문어아랍어는 아랍세계를 통틀어 교양 있는 사람이 공유하는 공통어이다. 문어와 나란히 그것과 크게 다르며, 또 서로 다른 아랍어의 여러 가지 지역 방언이 있다. 이집트구어라고 부르는 무정형의 집합 안에서 수 개의 분리된 방언이 구별될 수 있다. 이 각각은 꽤 동질성이지만, 그 집합 안에서는 더한 변화의 층이 있다. 이 중 하나가 동부사막과 시나이의 베두인 방언이며, 서부사막의 베두인은 다른 방언 집단을 이룬다. 상이집트는 저 나름의 방언이 있는데, 카이로방언과는 현저하게 다르다. 카이로방언은 몇 가지 변종이 있는데 삼각주의 도시 전체를 통해 쓰이고, 시골사람은 완전히 저 나름의 지방어가 있다. 오랜 세월 동안 외국인과의 직접 교통으로 카이로 구어아랍어에는 많은 차용어가 들어왔다. 이집트 사회의 다국어성은 외국인과 오랜 교통하고 외국어학교가 있는 것으로써 설명할 수 있다. 대부분의 교양 있는 이집트인들은 아랍어 외에도 영어나 불어 중 하나 또는 둘 다에 유창하다.

다른 제2의 언어 집단이 있다. 동부사막 남부 지역의 함어인 베자어(Beja) 또는 부자어(Bujah)는 베두인이 사용한다. 서부사막의 시와 오아시스에서는 베르베르어에 속하는 언어를 사용한다. 누비아인은 수단어와 함어의 특징이 있는 언어를 쓴다. 다른 소수 언어 집단이 있는데, 특히 그리스어 · 이탈리아어 · 아르메니아어 등이며, 이들은 과거 어느 때보다도 그 수가 훨씬 적다.

2. 아랍어

(1) 개 요

북아프리카는 7세기 아랍인에게 정복된 뒤 여러 세기에 걸쳐서 서서히 아랍화되었다. 따라서 현재 북아프리카의 공용어는 아랍어이다. 아랍어는 셈어족에 속하는 언어로 약 3억 명의 인구가 아라비아반도와 북아프리카에서 사용하고 있다. 이 언어의 가장 오랜 증거는 아라비아 북부 오아시스에서 발견된 비문에서 볼 수 있다. 이것은 기원전 1~기원후 6세기 사이의 것으로 추측되는데, 이것을 원시아랍어라고 한다. 아랍어는 매우 표현력이 뛰어난 언어로서 이슬람교 경전인 «꾸란»의 언어이며, 무함맛의 출현 이후 현재까지 문학의 언어로서 사용되는 아라비아반도의 귀중한 문화적 유산이다. 따라서 아랍어는 셈어족에서 가장 중요한 언어이며, 세계적으로도 중요한 언어이다. 상당히 긴 역사와 넓은 분포를 가진 아랍어는 광범위한 변이형태를 보여주고 있다. 그러나 아랍어는 다른 언어의 변화에 비하면 비교적 보수적이어서 매우 점진적으로 변화해 왔다. 이 언어에는 문어로서 고전 아랍어와 구어로서 많은 방언들을 포함하는데, 고전 아랍어는 문어로서뿐만 아니라 공식적인 담화에도 쓰이는 «꾸란»과 고대문학의 언어이다. 이에 비해 일상적 회화에 쓰이는 아랍어는 그 형태가 매우 다양하며 이것을 회화체 아랍어라 부른다. 그러나 문학의 발달과 고등교육의 보급에 따라 점점 고전 아랍어가 확대되어 가고 있다. 아랍어는 풍부하고 중요한 문학적 유산을 남겼을 뿐만 아니라 그와 인접한 언어들, 즉 페르시아어·터키어·우르두어·말레이어·스와힐리어·하우사어 등 여러 언어에 많은 영향을 끼쳤다. 관습적으로 이 언어는 자신의 고유한 문자로 쓰이는데, 이 문자는 이슬람 세계는 물론 그 밖의 몇몇 나라에서도 현재까지 쓰이고 있다.

아랍어는 모로코에서 이락에 이르기까지 표준어와 글말로 쓰이는 문어체와, 아랍어 사용권 전역에서 지역마다 제각기 독특한 특징을 나타내는

〈아랍어가 공용어로 쓰이는 아랍국가〉

방언의 구어체로 나눌 수 있다. 무슬림에게는 그들의 성전인 꾸란이 계시된 언어로서 신성시된다. 아랍어는 기원 후 622년을 기점으로 이슬람이 아랍인들을 지배하는 종교로 부상한 뒤, 중동 및 북아프리카 지역에서 가장 보편적이고 살아있는 셈어가 되었다. 남중부셈어로 분류되는 아랍어는 이스라엘에서 쓰이는 히브리어와 에티오피아에서 쓰이는 암하라어 및 고대의 여러 셈어와 관련이 있다. 아랍어로 기록된 고대 비문으로는 기원후 4세기초의 것이 아라비아반도에서 발견되고 있다. 오늘날 아랍어는 아랍인들을 결합시키는 연대체이며, 터키 · 이란 · 아프가니스탄 · 파키스탄 · 인도네시아 · 아프리카의 사하라 남부지역 · 카자흐스탄 · 키르기즈스탄 · 타지키스탄 · 투르크메니스탄 · 우즈베키스탄의 무슬림들의 예배어이다.

(2) 구어체아랍어

아랍어라고 하면 글로 쓰이거나 모스크뿐만 아니라 텔레비전이나 라디오에서 들을 수 있는 표준 형태의 언어를 말한다. 아랍어의 다양한 구어체 방언은 밀접한 관계가 있으나 중동 여러 지역의 형태가 상당히 다르다. 이들 방언은 표준아랍어와는 발음, 어휘, 문법에서 차이가 나며, 북아프리카 · 이집트 · 만안 지역 등 지리적 지역에 따라 구분이 된다. 이러한 광범한 분류에서도 도시인 · 시골인 · 유목민들의 일상언어는 또한 뚜렷이 차이를 보인다. 서로 떨어져 있는 아랍세계의 문맹인 화자들은 같은 아랍어의 한 종류를 한다고 해도 서로 알아듣지 못한다.

아랍어의 음운체계는 28개의 자음으로 이루어지는데, 입과 목구멍의 훨씬 뒤에서 만들어지는 셈어의 독특한 후음이 있는 것이 특징이다. 표준아랍어의 3개의 모음은 각각 장음과 단음이 있으며, 장단 음절을 만든다. 이들 장단은 아랍어 시의 운율에 중요하다. 방언에서는 장모음이 유지되고 있어도 단모음과의 대조가 없어져 가고 있다.

(3) 문 법

모든 아랍어 단어 조어는 일반적으로 3개의 자음으로 이루어지는 어근이라는 추상개념에 근거한다. 이 어근의 자음은 다양한 모음 구소와 결합하여 단순명사와 동사를 만든다. 여기에 접사가 붙어서 좀 더 복잡한 파생형을 만들어 낸다. 보기를 들면, bank라는 외래어는 b-n-k, film은 f-l-m이라는 자음 어근으로 간주된다.

아랍어는 매우 규칙적인 동사 변화 체계와 어간 변화로써, 기본 의미에 변형을 나타낸다. 이 체계는 상당히 규칙적이어서 아랍어 사전에서는 이 동사 형태를 번호 체계(I ~ X)로 나타낸다. k-s-r 어간에서 원형(I형)동사 kasar '그가 부쉈다'; II형 kassar '그가 박살냈다'; VII형 inkasar '그것이 부서졌다'가 나온다.

명사와 형용사의 조어는 덜 규칙적이며, 여러 가지 다양한 복수형이 있다. 이중 불규칙('깨어진') 복수형은 단수 명사의 내부적 음절형을 바꾸어서 만든다. 보기를 들면, 외래어 bank와 film의 복수형은 각각 bunūk과 aflām이다.

표준아랍어에서 일반적인 문장의 어순은 동사-주어-목적어이다. 시와 일부 산문에서 이 어순은 바뀔 수 있는데, 이 때 주어와 목적어는 격어미로 알 수 있다. 즉 격접미사로 명사의 문법 기능을 확인할 수 있다. 이 접미사는 학교 문법서나 꾸란 등에서만 완전히 철자 되어 정확히 읽을 수 있게 해 준다. 다른 모든 아랍어 책에서 이들 격어미(보통은 단모음)는 다른 모든 단어 내부 단모음 표시처럼 생략된다. 아랍문자는 이들 모음을 표시하는 문자가 없다. 그 대신 자음 문자의 위아래에 조그만 부호를 붙여서 모음을 나타낸다.

(4) 아랍문자

아랍문자는 아람문자에서 파생되었는데, 오른쪽에서 왼쪽으로 쓴다. 이것은 그 앞뒤의 문자에 따라 18개의 다른 형태의 문자로 쓴다. 이들 형태 중 8개의 위아래에 점을 조합하여 28개의 자음과 3개의 장모음으로 이루어진 문자체계가 만들어진다. 아랍어 자모는 현대페르시아어(파르시어)·우르두어·말레이어 및 하우사어와 같은 일부 서부아프리카 언어와 같은 비셈어에 채택되어 쓰였다. 꾸란 구절을 아랍문자로 장식하여 사용하는 것은 1400년 동안 여러 가지 다양한 서체를 발전시켰다. 서예는 아랍세계에서 고급 예술의 한 형태이다.

아랍어의 긴 역사 동안 수준 높은 문학이 이루어졌다. 중세 문학에 쓰인 아랍어를 고전아랍어라고 한다. 현대표준아랍어는 고전아랍어에서 나온 것인데, 흔히 불어나 영어 문체의 영향이 나타난다. 특히 20세기에 과학·의학·기술 용어는 불어와 영어에서 유래된 것이 많다.

«아랍어 한 마디»

아랍어는 우리말과는 어족이나 단어 구성, 발음 등이 크게 다른 언어이다. 그러나 친족 명사 중 일부는 어느 언어에나 공통적인 것이 있는데, 우리말로 '아버지!', '어머니!'라는 부름말은 아랍어로 각각 'yā abī!', 'yā ummī!'이다. (yā는 부름말, ab과 umm은 각각 '아버지'와 '어머니', -ī는 '나의') 그러나 우리나라에서 각자의 어버이를 이렇게 불렀다가는 혼줄이 날 것이다.

3. 베르베르어

베르베르제어는 아시아-아프리카 제어의 한 분류로서, 알제리·튀니스 지방의 카빌어·남사하라의 타마섹어·투아렉어·남모로코의 쉴레어·세네갈강 북방의 제나가어·알제리의 제나어·카나리아제도의 관슈어 등 여러 방언의 총칭이다. 리비아어와 가까운 관계에 있다. 이 중에서 이집트에서는 서부의 시와 오아시스에서 시와어(사용 인구: 1만 명)가 쓰이고 있다.

시와 오아시스(Wahat Siwah)는 이집트 북서부에 있는 광대한 오아시스로서 남북 15~25km, 동서 약 160km, 면적 약 300㎢이다. 리비아 국경에서 동쪽으로 약 60km, 지중해안에서 남쪽으로 약 260km 지점에 위치한다. 수심은 약 30m에 해당하며 곳곳에 염호가 산재하나 올리브와 대추야자가 재배된다. 고대 이집트의 태양신의 신탁소가 있던 곳으로 프톨레마이오스 왕조 및 로마 시대의 신전과 묘석이 남아 있다. 알렉산드로스 대왕도 이곳에서 신탁을 받았다고 한다.

제3장

역 사

우리나라 국어사전에 북아프리카는 아프리카 대륙 사하라 사막 이북의 지역, 즉 모로코, 알제리, 튀니지, 리비아, 이집트 등의 여러 나라를 포함한다고 되어 있다. 또한 아랍인들은 위에 언급한 다섯 나라 중 이집트를 제외한, 이집트의 서쪽 지역을 마그립이라고 부르고 서양에서는 중동지역에 북아프리카지역에 위치한 이집트를 포함시키고 있는 등 명칭 상의 혼동이 있는 것이 사실이다.

따라서 본서에서는 지역, 문화, 역사적인 관점에서 북아프리카 핵심 국가들인 마그립 4개국과 이집트의 역사를 다음과 같이 나누어 살펴볼 것이다.

첫 째: 초기의 역사
둘 째: 아랍-이슬람시대
셋 째: 베르베르 왕조하의 아랍
넷 째: 오스만 통치하의 아랍
다섯째: 유럽 식민지시대 이후

〈리비아 카다피 국가원수〉

제1절 **초기의 역사**

북아프리카에 인류가 언제부터 거주해 왔는가에 대한 고고학적 증거를 보면 기원전 20만 년으로 거슬러 올라간다.

그 당시 사하라의 대부분이 숲, 관목 그리고 나무가 없는 대초원으로 덮여 동물들이 살기에 좋은 곳이었다고 추측된다.

그러나 기원전 6000년경에는 마지막으로 규칙적인 폭우가 몇 차례 쏟아졌고, 그 이후 초지가 사막화되어 갔다고 추정된다.

북아프리카의 토착민 베르베르족은 신석기 시대의 유목민들로 알려져 있으며, 또 다른 유목민인 투아레그족도 사하라 지역에 거주한 것으로 추정되고 있다.

베르베르인은 코카서스인 계통의 햄족의 일원으로 처음에는 강제로 이슬람에 들어왔고 8세기초 아랍지역에 들어가게 되었다. 이 부족은 이집트 서쪽에서 대서양 연안에 걸쳐 살고 있던 사납고 자존심이 강하며 또한 독립과 자유를 지키기 위해서는 죽음도 두려워하지 않았었다.

북아프리카가 처음으로 역사의 빛을 받기 시작한 때는 기원전 1000년경 페니키아인들이 북아프리카 해안에 도착하면서부터 이다. 이곳에는 베르베르(Berber)인들이 살고 있었는데, 베르베르라는 말은 바바리언(Barbarian)에 상당하는 명칭으로 라틴어에 어원을 두고 있다. 즉 고대 그리스인이나 로마인은 라틴어나 그리스어를 사용하지 않는 미개인을 이렇게 불렀다.

오늘날 베르베르어를 사용하는 지역은 마그립 즉, 리비아, 알제리, 튀니지, 모로코 등지의 산간 지역이나 사막의 외곽지역에 밀집되어 있으나 그 수는 아주 소수인 것으로 알려지고 있다.

왜냐하면 이슬람 하에서 아랍인과 베르베르인 사이에 종족과 문화적 융합을 가져왔기 때문이다. 다시 말해서 베르베르인들은 이슬람과 아랍어를 수용했다.

이슬람의 지배하에서 아랍인과 베르베르인들이 연합되어 마그립 사회의 민족적・문화적 요인을 구성했던 것처럼 수세기 동안 마그립은 다양한 인종과 문화가 만나는 곳이었다. 아랍인의 정복이전에 페니키아인, 그리스인, 로마인, 반달인, 그리고 비잔틴 제국이 마그립을 식민지화하여 민족의 구성원을 이루고 문화를 발전시켰다. 아랍에 정복당한 이후에도 새로운 인종과 문화적 요소의 유입은 줄어들지 않았다.

북아프리카 해안은 해상으로 나가려는 페니키아인들에게는 전략적으로 매우 중요한 곳이었다. 페니키아인들은 기원전 1000년경에 스페인에서 오는 원자재 금속의 수입과정에서 무역기지를 찾고자 북아프리카에 처음으로 답사하러 나왔다. 페니키아인들도 오늘날의 시리아. 레바논 그리고 이스라엘 북부에 속한 해안 마을에 사는 가나안인들이었다. 기원전 마지막 1000년 동안 해상무역을 중심으로 도시 중심지를 이루며 독특한 정체성을 갖게 되었다. 페니기아인들은 서쪽으로 향하는 주요 무역망을 형성했는데 튀니지의 카르타고가 대표적인 도시 국가 형태의 무역항이었다. 카르타고 시는 페니키아 항해인들이 기원전 822년에 세웠던 곳이었다. 기원전 4세기경, 카르타고는 리비아 서쪽에서 대서양에 이르는 북아프리카 해안을 모두 점령했다.

그러나 기원전 200년쯤 로마는 북아프리카의 누미디아인 베르베르 부족들의 도움을 받아 카르타고 세력을 완전히 무너뜨렸다

카르타고인들이 훌륭한 상인이고 무역업자였음에도 불구하고 통치자들은 카르타고의 토착민을 피했다. 그들 토착민은 리비아인, 누미디아인 그리고 마우리인들이었는데, 나중에 이들은 베르베르인으로 불렸다. 베르베르인들은 카르타고인들로부터 선진 농업기술을 배웠으나, 그후 많은 이들이 사막과 산간지역으로 들어가 버렸다.

카르타고가 패하자 로마인들이 아프리카 정착을 시도한 것은 당연한 결과였다. 카르타고 시가 함락된 지 30년 후에 로마인들은 동쪽 트리폴리타니아(리비아 서쪽에 위치)로 진격했다. 기원전 64년쯤 리비아 북부 전체가 로마의 지배하에 들어왔고 남부와 멀리 떨어진 곳에 사는 다른 부족들만이 이들과 불편한 관계를 이어가고 있었다. 그리스 식민지가 로마에게 양도되고 특히 기원전 46년 카이사르 등장 이후의 세력 증강으로 로마국가의 확장이 더욱 조직적으로 이루어졌다. 그리하여 로마가 멸망하는 4세기까지 북아프리카는 로마제국의 요지로서 남게 되었으며 특히 이 지역의 농업이 매우 중요시되었다. 로마는 로마제국이 필요로 하는 곡물과 가축, 금과 올리브 기름, 노예, 상아, 타조 깃털 등을 아프리카에서 수입했다. 아프리카의 북부 전역이 로마 세력권 안에 있었지만 이집트는 이집트 서부지역과는 달랐다. 이집트는 농업을 통해서 풍요를 일구었으며, 로마 지배하에서도 과거와 거의 변함없이 경제가 지속되었다. 반면에 마그립에서는 로마의 정복과 함께 로마의 행정체계가 도입되어 시골이 새롭게 발전했다.

마그립은 기독교가 도시 중심지를 침투해 가던 약 200년까지는 베르베르족과 푼족의 종교를 옛날 그대로 지니고 있었다. 고원의 베르베르어 사용자들과 반 유목민에게는 다소 더 늦게 전파되었다. 이집트는 자신의 색깔을 띤 기독교, 즉 콥트 교회를 지니게 된다. 그러나 예수의 단성론 시비 등 종교적 긴장 등으로 말미암아 로마 제국의 힘은 점점 쇠퇴하고 있었다.

제2절 아랍·이슬람 시대

6세기 비잔틴 문화가 로마세계를 재통합하려다 실패로 끝난 후 기독교 세계는 분열되었으며, 7세기 중반에는 그리스 문화 통합체의 세 번째 상속자로 이슬람이 아라비아에 등장했다.

메카출생의 무함마드가 610년 새로운 종교인 이슬람을 소개하였던 것이다.

무함마드 생애 동안에 무슬림들은 북쪽을 침략하여 비잔틴 제국과 사산 왕조의 옛 땅을 차지했지만 아라비아 반도를 넘어서는 정복은 그의 후계자 즉 칼리프들이 떠맡았다.

무슬림들이 651년까지는 비옥한 초승달 지역을 포함해 이집트에서 페르시아까지 전 중동에 이르는 정복을 끝마쳤다. 이때의 우마이야 왕조는 750년까지 지속되었으며 모든 무슬림을 하나의 국가로 통일시켰다.

641년 이집트를 정복한 이후, 우마위야 왕조를 튀니지 지역을 중심으로 모로코, 스페인에 이르기까지 약 740년까지 이 지역에 파견된 총독으로 하여금 장악케 했다.

비잔틴 제국의 수도인 콘스탄티노플에 대한 공격은 실패했지만 무슬림은 튀니지의 내지로 이동했고 까이라완에 본거지를 건설했다.

까이라완은 비 무슬림인 베르베르인들에 대항하는 방어 거점이었고 기독교인들로부터 안전지대였다. 당시 마그립의 대부분 지역은 베르베르인이 지키고 있었고, 많은 북아프리카의 항구 도시에는 비잔틴 주둔군이 있어 700년 이후에 가서야 무슬림의 진격이 본격화되기 시작했다.

711년까지도 우마위야 군대는 마그립의 대부분 지역에서 전진과 후퇴를 거듭했다. 나중에 알제리와 모로코가 된 정착민 베르베르인 지역은 서로 다른 여러 베르베르인들에 의해 통제되고 있었다. 이 지역은 지배했던 권력층은 로마인, 반달인, 비잔틴인, 무슬림 등으로 바뀌었지만 베르베르인들은 3세기 대부분 시골지역에서 독립을 누리고 있었다. 정착민 베르베르인들이나 후배지의 베르베르인 유목민들은 자신들의 권력을 쉽게 포기하려 들지 않았다. 그들이 표면상으로 우마위야 주권을 수용하거나 심지어 이슬람으로 개종했을지도 모르지만, 실제 이슬람과 무슬림 통치 또는 이슬람 문화에 완전한 영향을 받은 것은 그 뒤 수세기가 지나서야 천천히 이루어졌다.

북아프리카의 첫 정복자는 우끄바 알 피흐리라고 할 수 있는데, 그는 663~664년경에 마그립에 최초로 무슬림 정착촌, 즉 까이라완의 병영을 세운 사람이었다. 710년 무사 누사이르는 마그립이 이웃 나라 스페인을 공격할 수 있을 만큼의 충분한 장악력을 가졌다고 판단했다. 그는 오늘날 모로코의 북쪽 부족 중에서 일시적으로 소집된 베르베르 군대를 이끌고 갔다.

비옥한 초승달 지역이나 이집트에서 한 것처럼 마그립의 기독교인들은 그들 신앙을 지키기 위해 저항하지는 않았다. 그러나 12세기까지 북아프리카에 기독교 공동체가 계속 존재했다는 증거는 많다.

새 정복자들이 마그립에서는 온건 정책을 펴지 않았던 것 같다. 그들의 거만하고 전횡을 일삼는 태도는 740년 이후, 베르베르인들의 반역 폭동을 유발시켰다.

우마위야 왕조 때 아랍인들 사이에 무슬림 교리로 분열되어 발생한 카와리지파는 만인 평등주의를 주장하며 베르베르인들에게 인기를 얻었다.

750년경 북아프리카 전 지역은 카와리지파 일색이었다. 그러나 이것은 일시적인 현상으로 카와리지파가 썰물처럼 빠져나간 10세기에는 많은 추종자들은 빠르게 사라지고 말았다.

그러나 이슬람은 이후 북아프리카에 더 확고하게 뿌리를 내릴 수 있었고 그때까지 거의 접촉이 없었던 지역에까지 전파되었다. 베르베르인들이 실제로 이슬람화한 것은 카와리지파 운동 때부터이다. 그 이전까지의 이슬람화는 피상적인 것이었다. 엄격한 교리적 측면에서 보면 카와리지파는 정통 신앙과 거의 다르지 않았다. 그러면서도 카와리지파는 정통 신앙에 자극을 주는 대상으로서의 역할을 했으며, 9세기에 그토록 찬란하게 빛을 발했던 까이라완 학파를 형성시키는데 기여했다. 카와리지파는 베르베르인이 가진 타고난 극기심 위에 북아프리카 이슬람의 엄격함과 청교도적인 특징을 더해 주었다.

동부의 우마이야 왕조 치하에서는 물론 압바시야 왕조 치하에서도 살 수 없었던 제4대 정통 칼리프인 알리의 여러 추종자들은 마그립으로 피했고, 그 곳에서 크고 작은 정치집단을 이끄는 데 성공했다. 이들 중에 가장 잘 알려진 사람은 8세기말에 모로코에 정착한 이드리스 븐 압둘라이다. 페즈를 건설한 그의 이드리스 왕조는 예언자의 후손들이 시아파 측에서 서서 압바시야조에 대항해 세운 세 번째의 왕조가 되었다. 이드리스 왕조 치하 때 모로코의 이슬람화가 급진전되었다.

첫 번째 왕조는 페르시아인 이주자들이 타하르트 근처에 카와리지파의 국가 루스탐 왕조이다. 베르베르인의 아랍화와 정통 신앙의 중심지가 되었다.

바누 미드라르 왕조는 북서 알제리와 남쪽으로 북동 모로코에 걸쳐 사는 카와리지파 베르베르인의 타필랄트 오아시스로의 이주에서 비롯되어 757년 건설, 976년 멸망한 나라이다.

아글라브 왕조는 동부의 압바스 제국 칼리프 지배에 대한 아랍인들의 반감과 반란으로 이룩된 왕조이다. 797년 튀니스에서 시작된 반란이 성공해 그 지역의 법적 정통성을 확립하여 909년 몰락하기까지 이 지역을 지배했다.

종교적인 건축물과 요새화된 수도원을 많이 건립하였고 농업 부문에서 상당한 발전을 이룩했으며 대외 무역의 요충지 역할을 담당했다.

시아국가인 파띠마 왕조는 우바이둘라가 튀니지에서 건설했고 969년 이집트까지 병합해 버렸다. 915년 튀니지의 동부 해안에 새 도읍지를 건설하기 시작한 이 왕조는 1171년 살라딘에게 무너질 때까지 마그립과 이집트를 통치하였다. 파띠마 왕조는 10세기 후반에 카이로를 건설, 왕조의 수도로 삼았다.

바누 카즈룬이 1001년과 1147년 사이에 독립왕조인 찌리 왕조를 세웠다. 이 왕조는 튀니지와 알제리 동부를 효율적으로 통치했다. 이 기간에는 순니파들의 종교 생활이 크게 발전해 다양한 변화를 가져 왔으며 북아프리카에서 그 전부터 지지를 얻고 있던 이슬람 신비주의가 더 많이 확대되어 마그립의 사회생활과 정치생활에 많은 영향을 끼쳤던 것으로 보인다.

아랍인이 북아프리카에 가져온 새로운 것은 이슬람이다. 이슬람에 정복되기 전 6세기 동안 예수의 가르침은 북아프리카에 널리 알려져 있었다.

14세기까지도 기독교인들은 북아프리카에 흩어져 살고 있었고 사하라의 유목민은 15세기까지 실질적으로는 이슬람화되지 않았다고 한다.

서서히 아랍화, 이슬람화 과정을 거쳤던 것이다.

제3절 베르베르 왕조하의 아랍

10세기 후반기에 파띠마 왕조가 이집트를 정복하여 수도를 카이로로 옮기자 북아프리카 서부에 관한 아랍인의 관심은 줄어들어 결국 통치력을 잃게 되었고 종속국인 찌리 왕조(972~1148)와 함마디 왕조(1015~1152)가 각각 튀니지와 알제리에 나타나 11세기까지 균형을 이루고 있었다.

이 기간 동안에 아프리카 동부에서는 아랍 베두인 부족인 힐랄 부족과 술라임 부족이 상이집트에서 돌연 출현하여 리비아에서 튀니지에 걸쳐 세력을 떨치고 파괴를 일삼았으며 1056~1057년에 까이라완에 있었던 옛 튀니지 수도를 탈취하여 커다란 재앙을 일으켰다.

같은 시기에 이슬람의 개혁운동이 남부 모로코와 세네갈-니제르 지역의 베르베르 부족사이에 크게 보급되었다. 이 운동은 원시 이슬람으로 돌아가자는 구호와 함께 사회개혁과 집권층의 과세를 경감시키는데 그 목적을 두었다. 이 운동의 창시자는 처음에 성공을 거두지 못하였으므로 세네갈 강가의 한 섬에 있는 은둔지로 후퇴했다. 아랍어로 은둔지는 리바트이므로 그들은 은둔자라는 파생어 알-무라비툰(스페인어로 알-모라비드,

al-Moravids)으로 알려졌다.

이들은 1056년경부터 정치 세력을 확립했고 그 지도자인 유수프 이븐 타쉬핀은 모로코의 마라케시에 수도를 정하고 1082년까지 현재의 튀니지 서부 지역을 모두 통합하여 베르베르인의 무라비툰 왕조(1091~1146)를 북아프리카에 등장시켰다.

이 시기에 모로코의 고유 풍토에 스페인 풍의 가장 섬세하고 우아한 건축물이 세워졌다.

무라비툰 왕조의 통치하에서 종교적인 완고파의 등장 때문에 새로운 반대 세력이 광신자 분파인 베르베르족 가운데 형성되었다. 이슬람 사원 관리인의 아들이자 모로코 남서부에 위치한 수스 산악지역 출신인 무함마드 이븐 투마르트는 바그다드의 니자미야 대학에서 아샤리 학파의 신학 원론을 배워, 심취하고 있었다. 당시 북아프리카에서 지배적인 말리키 법학파가 코란 구절을 문자 위주로 해석하는데 반대하여 그는 아샤리파의 이지주의적인 해석을 주장하였다. 글의 추종자는 신의 유일성 즉 타우히드를 공인했으므로 알-무와히둔(즉 유일주의자, 스페인어로 알-모하드)으로 알려졌고 왕조의 이름이 되었다. 그들의 근거지는 모로코의 아틀라스 산맥 지역이었고 수도는 마리케시였다. 그들의 교리는 12세기초부터 점차 세력을 얻어 통치자 알리가 1142년에 사망한 후 4년만에 환락과 종교적 편협성 등으로 기울어간 무라비툰 왕조의 전 영역을 장악하게 되었다.

알-무와히둔 왕조(1146~1269)의 칼리프는 활발한 문명의 발전에 호의를 보였다. 마라케시가 상당히 확장되었고 알-쿠투비야 사원 등 기념물들과 페즈, 튀니스, 알제와 그 밖의 소규모 읍들이 건설되는 이 치하에서 발전됐다.

이븐 뚜파일과 이븐 루쉬드 등 아랍인 대 철학가가 등장한 시기이기도 하다. 특히, 시인, 역사가, 신학자들이 많아서 알-무와히둔조가 마그립 문명의 황금기였음을 확실히 알 수 있다. 알-무와히둔조는 성장속도만큼 빠르게 무너져 내려 40년도 채 못되어 마그립의 영광은 사라지고 나라가 분열되게 되었다.

베르베르인이 구성원들인 합스조, 자이얀조, 마린조가 북 마그립을 나누어 지배하였다.

15세기말에 비교적 소수인 유대 공동체를 제외하고는 마그립이 완전히 이슬람화되었고, 소규모의 베르베르어 사용자가 있었지만, 그들도 철저히 아랍화 하려했다. 베르베르인과 아랍인 힐랄 부족 즉, 이주자들의 융합의 결과로 오늘날의 아랍-베르베르인 인구를 낳게 되었으며 힐랄 부족의 첫 출현 이후에 아랍문명과 아랍문화와 아랍어가 이 지역에서 확고하게 뿌리를 내리게 되었던 것이다.

그러나 표면적으로 세 나라로 통일되어 있었지만, 각 왕국의 내부에는 거창한 불균형이 자리잡는 등 어려움이 도사리고 있었다.

이 들은 새 왕조로 교체되거나 권력이 쇠락해 영토가 나뉘는 등 여러 변화를 겪고 있었다. 그 결과 16세기초에 마그립은 정치적으로 완전히 부패되어 있었다. 이런 상황은 한편으로는 포르투갈과 스페인, 다른 한편으로 오스만 터키에게 북아프리카에 침입을 허용하는 빌미가 되었다.

제4절 오스만 통치하의 아랍

중앙아시아에서 시작한 터키 유목민은 11세기에 바그다드를 손아귀에 넣었다. 오스만 왕조가 지배하는 터키 제국이 14세기에 아나톨리아에 나타났고, 이 왕조는 유럽을 건너 한 때 비잔틴 제국의 통치하에 있었던 지역을 장악하려고 정복 길에 나섰다. 오스만조는 1453년 이전에 콘스탄티노플로 불렸던 이스탄불을 탈취하고, 지중해 해상권을 터키 해군이 장악하고, 레반트 지역과 이집트의 맘룩조를 점령함으로써 아프리카에 대한 중요성을 더욱 강하게 인식하게 되었다. 오스만조는 1550년까지 모로코를 제외한 모든 북아프리카를 지배하게 되었다.

터키인들만이 북아프리카에게 압박의 요인이 되었던 것은 아니었다. 서구 유럽도 11세기부터 놀랄만한 과학기술의 진보에 힘입어 세계의 새로운 중심지로 이동하고 있었다. 15세기에 마그립 해안에는 이미 스페인과 포르투갈의 압력이 가해지기 시작하였다.

마그립의 정치적 형세는 터키와 이베리아 반도사람들의 침입으로 권력이 분산되면서 통일은 와해되고 있었다.

15세기에 알-무와히둔 왕조가 완전히 몰락한 이후 중앙정부는 오직 법적인 허상에 불과했으며, 정치적 실권은 무슬림 성인과 아랍 혈통 보유자, 그리고 분열된 베르베르인 사회와 무슬림 군소국가들의 손에 넘어갔다.

16세기에 모로코 왕조는 터키인과 함께 북에서 내려온 기독교인의 침입에 대해 권력을 더욱 견고히 강화했다.

1490년대 발부터 약 1610년까지 일련의 공격을 통해 스페인 군대는 터키 지배하에 있던 마그립의 바르바리 해안으로 내려왔고 일부 지역을 내주기는 했으나 스페인의 야망은 이탈리아에 두고 있었음으로 1503년 베니스 점령을 위한 장기전에서 오스만 터키가 승리하여 제해권을 가지면서 스페인은 북아프리카에서 저지를 당하고 있었다. 터키 해군은 북아프리카 항구들을 차례차례 점령하면서 마그립의 종주권 지위를 차지했다. 즉, 알제, 튀니스, 트리폴리가 각각 터키의 섭정 통치지역이 되었고 이곳의 책임자도 이스탄불에서 온 파샤가 다스렸는데 이런 구분은 오늘날 각각 알제리, 튀니지, 리비아의 영토로 이어졌다.

파샤들은 멀리 떨어진 술탄과 독립적으로 움직이면서도 지역의 권세가들과는 타협을 해야했고 그 밖의 지역에서는 파샤들이 간접적인 통치를 통해 지배하려 했다.

16세기초 과거 알-무와히둔 제국이 차지했던 여타 지역보다 모로코에서 정치적 분열은 더 심각했다. 그러나 모로코 사람들은 동쪽의 오스만 터키인과 북쪽의 스페인, 포르투갈로부터 그럭저럭 독립을 유지해 갔다. 그렇게 할 수 있었던 것은 부분적으로는 마그립 정부의 구조 때문이었다.

알-무와히둔 왕조처럼 비교적 큰 국가들은 하나로 완전히 통일된 단일 정부가 아니었다.

그렇기 때문에 비교적 큰 국가들이 붕괴되면 모든 정부가 붕괴됨을 의미했다.

모로코는 알제리에 있는 오스만 터키인을 방어하기 위해 더 조직화할 필요를 느끼며 16세기에 사아드 왕조를 탄생시켰다.

사아드 가문은 12세기에 아틀라스 산의 사하라 쪽에 있는 드라아 계곡에 정착하려고 북아프리카 서쪽으로 이주한 무함마드 직계 자손 가문이었다. 사아드 가문은 모로코 전역을 통일했으나 17세기초 사아드 가문 왕세자들에 의해 나라가 분할되면서 몰락하자 힐랄 부족 침입시 함께 왔던 알라위조가 들어서게 되었다. 이 왕조는 페즈의 남쪽에 위치한 타필렐트의 오아시스 지역에 정착한 샤리프가 세운 왕조였으며 18세기 후반까지 중앙집권을 유지했다.

이집트는 마그립보다도 오스만제국에게 훨씬 더 중요했다. 이집트는 오스만 세입원으로서 중시되었으며, 여전히 오스만제국에 대한 중요한 역할을 맡고 있었다. 마그립이 18세기 초에 그랬던 것처럼 19세기가 되어서야 이집트는 사실상 오스만 통제권 밖으로 빠져 나올 수 있었다.

1789년 나폴레옹의 이집트 침략으로 유럽인이 다시 이 지역에 출현하게 되었다. 당시 모로코를 제외한 북아프리카 전 지역이 이스탄불이 통치하는 오스만제국의 속국이었다. 18세기 동안, 통치력이 약화되었음에도 오스만제국은 북아프리카와 무슬림 세계에 위협이 되고 있는 기독교인에 대한 정치적, 군사적인 방어 지역의 역할을 했다.

18세기 중반 이후 오스만 전 제국을 통해 중앙집권이 약화되는 경향이 있었고, 외부 위협이 오스트리아와 러시아의 국경지역에서 맨 처음 일어났다. 오스만제국이 오스트리아와 러시아에서 처음으로 영토적 손실을 입었고 이를 통해 분명해지고 있는 것은 오스만 국가가 더 오랫동안 존속되려면 철저한 자기 개혁이 수반되어야 한다는 것이었다.

서구 유럽의 공격에 대해 오스만제국을 방어하기 위한 첫 번째 중대한 개혁이 1792~1793년에 술탄 셀림 3세에 의해 이루어졌다. 종합적인 행정, 군사적인 제도를 마련한 것이었으나 신질서는 여러 면에서 구질서를 위협했다. 군사적인 현대화는 오스만 국가를 구하는데 필수적이었지만 경제적인 재분배에는 위협적이었다. 1807년 보수주의자들이 개혁에 반대하는 시위를 하면서 술탄을 퇴위시키자 오스만 국가는 자연히 구질서로 복귀하게 되었다. 유럽의 해군력이 강대하긴 했어도 오스만 세력은 1820년 이 후 다시 소생하여 오스만조의 직접 통치가 이루어졌다.

그러나 리비아, 튀니지, 알제리, 모로코는 유럽인들의 팽창에 저항하지 못하고 식민지 시대를 맞게 되었다. 이들 국가들이 현대 세계에 스스로 적응하지 못했으며 과학기술 등으로 인한 현대화와 개혁을 추진하지 못함으로써 경제의 후진성, 사회조직의 침체와 낡은 정치 제도 그리고 국가적 응집력의 부족 등 때문이었다.

경제적인 면에서 볼 때 유럽인의 식민지 확장은 이 지역 경제를 더욱 악화시켰다. 생산 수단과 방법 등 기본적인 상황을 바꾸지 않은 채 무역제도만을 개선하거나 평균 이하의 생산과 대조적인 과도한 경제 착취 때문이었다. 이러한 경제적 식민지화는 국가의 기본 골격을 바꾸어 놓았다.

정치적인 면에서는 유럽 세력들이 행한 압제는 이중성을 보여 주었다. 낡은 지방행정과 권력의 악용을 거부하며 개혁을 권하면서도 동시에 개혁을 방해하기 위해 특권을 남용하려는 저의를 갖고 있었다. 게다가 개혁은 이들 국가들을 와해시키는 하수인이 되었다.

제5절 유럽 식민지 시대 이후

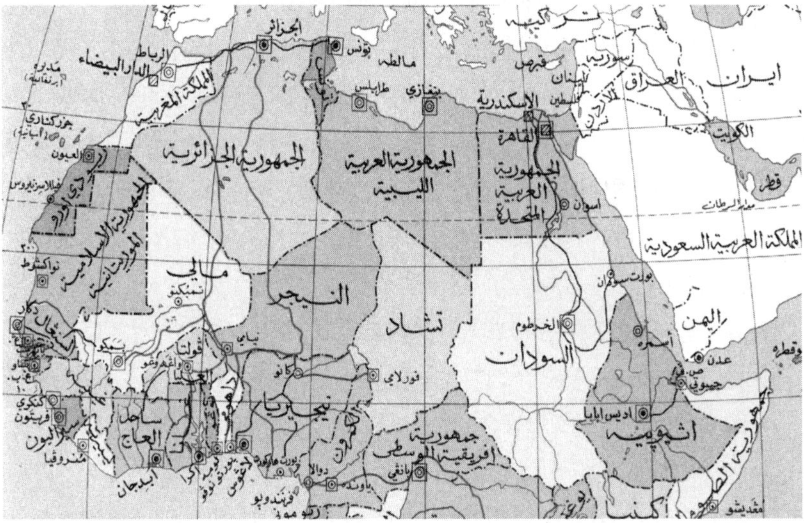

1. 알제리

19세기초에 북아프리카에 대한 유럽의 관심은 카이로, 이스탄불 그리고 튀니스에 있었다. 그러나 아프리카에 대한 유럽인의 본격적인 정복은 1880년 이후에 일어났다.

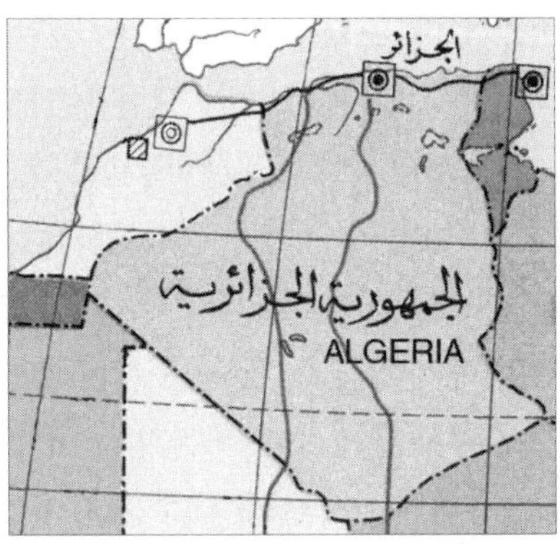

아프리카 대륙의 제2의 대국인 알제리 수도 알제에 대한 프랑스의 공격은 알제의 지도자가 프랑스 영사를 모욕한 것이 발단이 되었다. 프

랑스는 즉각 알제와 두 항구에 대해 군사 개입을 단행하여 알제의 지도자가 소유한 영역을 장악했다.

알제리 사람들은 알제에서 오스만 터키인들에게 부분적으로 부역했던 것처럼 새 정권에도 협력했다. 그러나 가끔은 알제리인들은 프랑스의 침입에 저항하기도 했다. 이런 저항의 움직임은 1830년대 초에 시작되었고, 1830년대 말에는 서부 알제리를 중심으로 새롭게 더 큰 운동으로 바뀌어 1847년까지 계속되었다. 이 운동은 반 프랑스인 운동인 동시에 친 무슬림 운동이었는데, 현대 행정조직과 군대를 갖춘 새로운 국가 창설을 시도하는데 적합했다.

이 운동의 지도자는 압드 알-까디르였고, 그는 무슬림 형제단의 가장 중요한 종단의 우두머리인 까디리야 종정의 아들이었다.

1841년까지 프랑스인들은 압드 알-까디르와 전면전쟁을 감행하지는 않았다.

1841년 이후 제한적인 점령을 하던 프랑스의 대외정책이 노골적인 침략 정책으로 바뀌었다. 이로써 프랑스는 압드 알-까디르의 신질서와 직접 맞부딪치게 되었다. 1847년 결국 압드 알-까디르가 전쟁에서 패함으로써 그의 시대가 끝났지만, 그렇다고 프랑스인의 완전한 통치가 이루어진 것은 아니었다. 프랑스가 지배하는 동안에도 알-까디르가 했던 것처럼 각 지방의 세력가에게 그들의 권한을 인정해줘야 했다.

1870년 전후 20년은 알제리 내 프랑스인의 식민통치 기간에 지속될 사회적, 정치적 질서를 구체화하는 시기였다.

프랑스인의 지배하에 있던 알제리를 통제하는 데 가장 큰 적은 1830년대부터 프랑스 군대와 함께 이주한 유럽인 정착민이였다. 1860년대에 이주자들의 원성이 커지자 군대가 강압적인 권한을 행사했다.

유럽인 이주자의 대부분은 읍내에서 살았고 땅을 사고 관리함으로써 알제리 경제에 주된 영향을 끼쳤는데 그것은 당시까지도 알제리인 대부분이 농업에 종사했기 때문이다.

제1차 세계대전 이후에 알제리 경제는 인력과 생산품이 부족해 물가가 폭등하고 인플레이션이 심했다.

1926~1939년 동안 잠시 회복의 기미를 보이던 알제리 경제도 제2차 세계대전을 맞게 되었으며, 알제리는 어쩔 수 없이 프랑스와 이탈리아. 그리고 독일에 자국의 식료품을 보내야 했다.

1954년에는 은행들과 거의 모든 산업체와 광산이 유럽인의 손아귀에 들어갔으며, 농산물 수확량의 65%도 그들의 것이었다. 1956년 사하라에서 가스와 석유가 발견되어 알제리 전체가 대규모로 석유 산업에 참여했음에도 알제리 경제에 대한 유럽인의 지배는 강화되었다.

1947년 초 민주자유 승리운동이 모체가 되어 비밀조직을 결성한 알제리 민족주의자 세력은 1954년 민족 해방전선이란 이름으로 대 프랑스 테러를 감행했다. 결국 1962년 7월 실시된 알제리 독립에 관한 투표에서 대다수 유권자의 찬성을 얻게 되자 드골은 1962년 7월3일 알제리의 독립을 선언했다.

알제리 공화국이 그 해 9월에 선포되고 임시 정부의 한 인사인 벤 벨라가 수상으로 선출되었다. 그는 알제리식 사회주의를 지향했고 대통령제로 바꾸어 자신이 5년 임기의 대통령으로 선출되어 행정부와 군대를 장악했으나 1965년 부메디엔 대령이 주도한 무혈 쿠데타로 벤 벨라의 독재정치는 끝이 났다.

새 정부는 사회주의 정책을 시행하고 알제리의 주요 고객이자 실질적인 원조 제공자인 프랑스와는 최상의 관계를 유지했다.

미국에 대해서는 비판적이고 적대적인 태도를 보였으며 영국과의 사이도 안 좋았다.

아프리카 문제에 있어서 반 식민주의 정책을 일관되게 추진했기 때문이다. 그러나 마그립지역 내 이웃국가들과의 관계개선에는 심혈을 기울였다.

그러나 국내적으로는 좌익계 학생들, 노동자들이 관료주의적이고 중앙집권화된 형태의 사회주의 정책과 대통령 측은 세력들의 독재정치를 반대하는 등 정세가 불안했다. 따라서 정부는 정부 위상을 강화하고 개혁을 실시함으로써 국내 불안요소를 많이 제거할 수 있었다.

팔레스타인 문제에 관한 부메디엔 정부의 입장은 강경하고 호전적이었으며 1975년 초부터는 스페인령 사하라 영유권 문제로 모로코와 대립하게 되었다. 이 문제에 대한 알제리의 기본 입장은 이 지역에 대한 모로코의 영유권을 인정하지 않으면서 독립국가를 세우는 것이다. 알제리 측에서는 사하라 해방운동, 즉 폴리사리오 전선을 전적으로 지원하고 있다.

그러나 부메디엔 대통령은 그의 전체주의적 통치가 비난받게 되자 민족 해방전선을 강화・확대시키는 조치를 실시했다. 하지만 중병에 걸린 그가 1978년 후임자 없이 사망하자 군사령관 출신인 샤들리가 대통령에 당선됐다. 그는 강도 높은 개혁을 실시하고 자신의 위치도 공고히 했으며 1984년에 실시된 대통령직에 재선됐다. 그는 국가의 이데올로기루서 사회주의와 이슬람간의 균형을 제시했다.

그러나 프랑스어를 아랍어로 대체하는 정책 미진과 각 분야에서의 대체과정이 지지 부진하자 학생들로부터 비난을 받게 되었고, 1980년대 초에는 베르베르 언어와 문화를 억압하는데 대한 항의와 시위가 계속되는 등 소요사태가 발생하여 국내가 불안했다. 더욱이 석유와 가스 가격의 하락으로 알제리의 부채는 증가됐고 늘어나는 생활의 고통과 불평등에 대한 인식이 확산됐다. 따라서 샤들리는 정치. 경제적 개혁을 실시하였고 1989년 2월초 공포되어 그 후 국민투표로 확정된 신 헌법의 주요 내용 중 하나는 국가정책을 사회주의에서 서구 자본주의로 전환하는 것이었다.

1989년 7월에 제정된 법률에 따라 정당설립이 가능하게 되자 신생 정당이 우후죽순처럼 출현했다.

당시 주요 정당 가운데 이슬람 원리주의자들에 의해 설립된 이슬람 구국전선이 주목된다. 이 정당은 도시 빈민층과 청년층의 지지를 받고 있었으며 이 정당만이 억압과 부패로 얼룩진 사회 정의를 바로 잡을 유일한 대안으로 생각하고 있었다. 1980년대 후반 이후 지속된 낮은 유가와 높은 출생률, 그리고 엄격한 통치정책 등은 암울한 재정상태를 초래하였다.

그러나 샤들리 정권은 국제 문제 중재자로 높이 평가받는 등 외교 문제에서 전반적으로 지도적 위상을 발휘하고 있었다. 우리 나라와도 1989년에 외교관계를 수립하는 등 실용주의 노선을 걷고 있었다.

그러나 1990년에 실시된 시의회 의원선거에서 승리한 이슬람 구국전선은 국회를 해산하고 모든 정당이 참여하는 총선거를 실시할 것을 요구했으며 대통령 축출을 희망했고 민주주의는 이슬람의 개념이 아니라고 주장하면서 알제리에 이슬람법 도입을 요구했다.

아랍세계는 이슬람 원리주의자들의 압도적인 자유선거 승리를 우려했다. 이슬람 구국전선의 영향력이 급속히 알제리 전국으로 퍼져갔기 때문이다.

1991년 11월 2차 선거에서도 이슬람 구국전선이 의석의 2/3를 확보할 것으로 보이자 군이 개입함으로서 선거가 중단되었다. 그들은 1992년 1월 이후 정부의 잦은 진압에도 불구하고 새로운 지지자들을 얻게 되었고 정부와 민간 지도자들을 죽였으며 외국인들을 테러로 위협하는 등 정부와 대치하는 가장 큰 세력으로 등장했다.

전 인구의 70% 이상을 차지하는 알제리의 젊은이들은 민주화를 요구했지만 1992년 1월 민선 대통령은 군사위원회로 대체되었고 이 위원회는 곧 자유선거를 중단하고 이슬람 원리주의자들의 정치무대 등장을 봉쇄했다.

알제리는 주로 석유와 천연가스 수출에 기반을 둔, 부분적으로 사유재산이 인정되는 개도국형 중앙계획 경제 체제를 갖추고 있다.

2. 튀니지

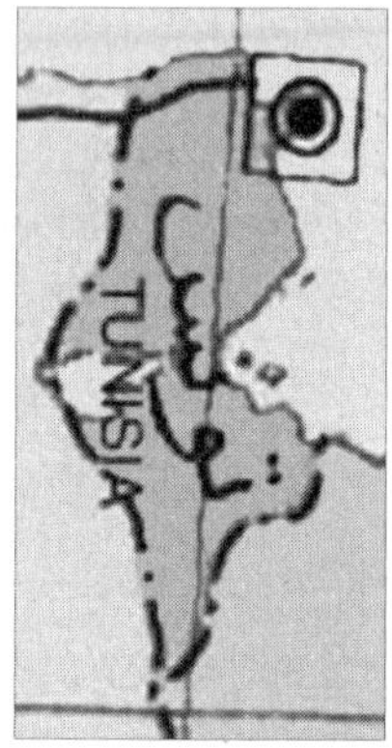

알제리에 프랑스가 침입해 들어가 통치하고 있을 때 튀니지는 오스만제국의 한 지방으로서 후세인조 아래에서 자치를 행하고 있었다. 이 왕조는 코카서스와 동양으로부터 온 노예, 즉 맘룩과 베이라는 터키 관료로 구성되어 1705년부터 튀니지를 통제하고 있었다. 이 때부터 튀니지 공화국이 건설되던 1957년까지의 베이들 중에 아흐마드 베이는 공언하는 서구화주의자였다. 그는 알제리의 무자비한 터키 지도자들이나 모로코의 보수적인 샤리프 술탄들과는 달리 주로 프랑스인들로 구성된 서구의 고문단을 초대해 현대식 군대와 해군, 그리고 관련 산업을 일으키는 데 힘을 기울였다. 그는 맘룩과 터키인이 지배하던 정부에 아랍어를 쓰는 터키인을 채용했다. 프랑스 혁명에 영향을 받은 아흐마드는 노예제도를 폐지하고 튀니지를 유럽과 이어지도록 조치를 취했다.

튀니지를 내적으로 강화하고 유럽의 지배를 막는 중요한 시도를 한 개혁주의자 카이르 알-딘은 19세기 무슬림 세계에서 가장 주목을 받는 정치가였다. 튀니지에 대한 통제권을 얻기 위해서 프랑스는 경쟁국인 영국의 묵인을 받을 필요가 있었다. 이런 기회는 1881년에 왔는데, 몇몇 튀니지 부족이 알제리 지역으로 이동한 것을 핑계로 프랑스는 튀니지에 군대를 주둔시키고 보호령을 설치했다. 19세기에 외국의 지배에 대처할 구조적 능력을 가진 나라는 북아프리카의 어디에도 없었다.

프랑스 군대의 튀니지 입국과 1881년의 바르도 협약으로 튀니지 보호령의 첫 재외 행정사무관이 된 캄봉은 프랑스 정부와 협상하여 프랑스 의회의 간섭을 받지 않고 치외법권을 누릴 수 있는 약속을 받아냈으며 튀니지에서 절대 권력을 행사했다. 1885년에 캄봉은 자신이 상주한 행정총독이 됨으로써 튀니지에 거주하는 유럽인이건 튀니지인이건 모두 행정 권한은 그의 손에 달려 있었다. 그의 승인 없는 베이의 칙령은 효력이 없었다.

유럽인들의 튀니지 정착은 튀니지인들의 강한 반발을 샀다. 프랑스의 식민지화 과정에서 강한 반발을 보인 경우는 1896년 베이 칙령으로 노는 땅과 종교 재단의 재산을 압수해 버린 것을 들 수 있다.

한편 이탈리아와 오스만제국간의 전쟁을 기화로 튀니지인들은 특히 반 이탈리아. 그리고 총체적으로는 반 유럽인 데모를 적극적으로 전개했고 오히려 오스만 사람들에게는 동정심을 가졌다. 1912년에는 튀니지인 지도자에 대한 체포, 구속, 감금 또는 추방이 실시되어 사태가 악화되자 행정부와 튀니지인 사이에 반목이 거세어 갔다.

또한 튀니지 청년들의 정치적 요구가 1914년과 1919년 사이에 반복되었다. 이러한 요구의 배경은 튀니지 남성들이 전쟁에 참가하고 튀니지 돈이 전쟁에 쓰였으며, 오스만제국의 저항과 독일의 승리, 이슬람의 선전, 그리고 튀니지 남부와 리비아에서 이탈리아인과 프랑스인이 철수한 데 있었다.

제 1차 세계대전 이후 동부 아랍국가들이 독립을 달성하고 이집트에서는 민족주의 운동이 활발히 일어나자 이에 자극을 받은 튀니지인들은 보다 큰 민족적 양심을 느끼게 되었다. 결국, 청년 튀니지 운동의 창설자 가운데 한사람이었던 쉐이크 압둘 아지즈 알-사알리비가 영도하는 헌법당이 새로운 힘의 균형을 찾고자 1920년에 결성되었다.

이 헌법당은 프랑스에게 입법의회와 함께 자치정부를 요구했다. 이에 대해 프랑스는 튀니지인들을 대표로 참여시킨 경제위원회를 구성하는 한편, 행정개혁을 통해 여론을 잠재우려는 시도를 했다. 프랑스의 이런 노력에 비해 헌법당은 더욱 급진적인 분파들을 만족시키지도 못하면서 오히려 민족주의 활동을 탄압해 좌초되기에 이르렀다.

1934년에는 변호사인 알 하비브 부르기바의 주도로 신헌법당이 탄생했다. 이 당은 광범위한 정치적 선동방법을 채택했으며, 이 때문에 부르기바는 해외로 추방되고 말았다.

신헌법당은 강력한 조직을 구축해 전국 각 지역에 그 영향력이 미치지 않는 곳이 없었으며, 1938년 총파업을 성공적으로 주도할 정도로 막강한 세력이 되었다. 그러나 경찰과 여기저기서 충돌하면서 계엄령이 선포되어 200여명의 민족주의자들이 체포되고, 헌법당과 신헌법당이 모두 해산되는 운명을 맞았다.

제2차 세계대전이 발발 했을 때 튀니지의 여론은 프랑스를 지지하는 쪽이었다. 이탈리아가 참전하자 튀니지 거주 이탈리아인들이 억류되었다. 그러나 프랑스가 패배하면서 독일과 이탈리아에 의해 리비아에 주둔하는 독일과 이탈리아군의 무기공급 통로로 이용되다가 결국 1943년 추축국이 연합국에 패하면서 프랑스의 영향아래 다시 놓이게 되었다. 1940년 프랑스가 패하자 1942년 무함마드 알-문씨프가 즉위했는데 독일과 이탈리아군의 점령, 그리고 연합군에 의한 해방으로 이어지는 소용돌이 속에서 그의 정치적 활동이 새로이 시작되었다.

한편 프랑스는 정치개혁에 관심을 두었으나 민족주의자들은 튀니지의 완전한 독립을 요구했고 1949년에는 해외로 추방되었던 부르기바가 귀국했다.

튀니지인과 프랑스인 동수의 장관으로 구성된 신 튀니지 정부가 튀니지 주권을 단계별로 회복시키는 조치를 취했으나 그 자치권의 확대과정이 순탄치 못하자 국민들은 파업과 시위로 분노를 표시하면서 소요사태가 전국적으로 확산되었다. 1953년 내전의 상황으로 치닫게 되자 마침내 1955년 프랑스가 튀니지에 내적 자치를 허용했다. 이해 6월, 3년간의 해외 망명생활 끝에 다시 알 하비브 부르기바가 귀국, 11월에 신헌법당의 총재로 재선되었다.

1956년 2월, 부르기바가 이끄는 튀니지 대표단이 파리에서 프랑스 정부와 독립에 관한 협상을 시작해 그해 3월에 서명된 의정서에서 프랑스는 튀니지 독립을 공식으로 인정했다.

한편, 튀니지의 베이는 오랫동안 독립투쟁에 적극적인 의사를 보이지 않았고, 프랑스의 지원에 의존하려는 경향 때문에 민족주의 지도자들로부터 비난의 대상이 되어 왔다. 그 때문에 독립 이후 그의 권력은 점차 축소되어 왔다. 드디어 1957년 7월, 제헌의회는 군주제의 폐지를 결정하고 그 대신 공화국으로 선포하고 부르기바에게 국가원수의 권한을 부여했다.

1959년 튀니지 정부는 대통령제 도입을 위한 조치의 하나로 신 헌법을 공표했는데 이 헌법은 5년 임기에 3선까지 가능한 대통령 선거에 관한 규정을 마련하고 있었다. 이 헌법을 바탕으로 시행된 11월의 대선에서 부르기바가 당선되었고 90석의 국회의원도 모두 신헌법당 출신이 당선되었다.

튀니지 영내 비제르테 지역에서의 튀니지 주권이 회복 된 후 튀니지는 이 비제르테 기지를 반환토록 프랑스에 압력을 계속 행사하자 프랑스와 전투가 벌어지게 되었다.

비제르테의 위기로 튀니지와 다른 아랍국가들과의 친선이 강화된 반면 서구와의 관계는 냉각되었으며, 공산진영과의 관계가 개선되었다.

1964년에는 대선 및 총선이 실시되어 부르기바가 단독 출마해 재선되었고 신헌법당의 새 이름인 헌법사회주의당이 90석 모두 차지했다. 당이 국가를 장악하고 부르기바 대통령의 지도력이 강화되는 등 국내 정치 상황이 안정되면서 정부는 경제개발로 눈을 돌릴 수 있었다.

1974년 선출된 새 국회는 헌법을 개정해 대통령의 후계자로 수상을 지명하고 종신 대통령 임명을 허가했다.

이와 같은 대통령의 권한 강화조치에 맞선 마르크스주의 학생들을 포함한 반대파들이 투옥되었다.

부르기바 대통령의 연령이 70대에 이르고 1977년 건강도 나빠지자 튀니지 국민들 사이에서는 오랫동안 지배해 온 정부조직의 장래에 대한 불안이 가중되고 있었다.

1981년 부르기바 대통령은 국내 불안 제거의 하나로 다당제 허용의사를 밝혔다. 이와 같은 정치적 자유의 확대노력과는 달리, 튀니지 정부는 이슬람 지향운동의 주요 지도자들을 체포해 구금했다. 정부는 비교적 온건한 이슬람 그룹인 이 단체를 계속 위험한 세력으로 간주했다.

1984년 1월, 전국적으로 폭동과 약탈행위가 발생했다. 빵 값이 115퍼센트나 인상되고, 밀과 기타 식료품의 보조금을 폐지한 것이 직접적인 원인이었으나 높은 실업률 등으로 누적된 오랜 불만과 이슬람 원리주의자 단체간의 불안 또한 당시의 소요와 관련이 있었다. 남부 지역에서 시작된 폭동이 북부 지역에까지 확산되자, 비상사태가 선포되고 군이 개입했다. 마침내 부르기바는 가격 인상을 취소했으며, 이로써 질서가 다시 회복되었다. 하지만 국내 불안은 1986년 초에도 계속되었으며 부르기바는 당과 정부에 대한 통제를 강화시키고자 노력했다.

아울러 이슬람 원리주의자들의 활동을 억압하는 조치가 취해졌다.

1987년 부르기바 대통령의 고령을 이유로 헌법에 따라 수상인 자인 벤 알리가 대통령직을 계승하였다. 신임 대통령은 기존의 대외정책과 경제정책을 계속 수행하고, 헌법을 개정해 더욱 많은 정치적 자유를 허용할 계획안을 발표했다. 국민 화해 정책을 즉각적으로 추진하기 시작했으며 정부내 민주제도와 다당제 도입을 국민에게 약속했다. 헌법사회주의당의 명칭도 민주헌법회의로 바꾸고 헌법을 개정해 종신 대통령제 폐지 및 5년 임기의 민선 대통령제 신설, 대통령 후보의 연령제한(70세까지) 조항을 두었다. 그러나 그는 이슬람 원리주의자와는 아랍 및 이슬람 정체성을 강조하는 입장에서 상대하였다. 여러 유화적인 조치가 있었으나 국가의 개혁 및 현대화 요구와 전통적 이슬람가치 사이의 충돌에는 그 어떤 해결책은 있는 것 같지 않았다. 이슬람 원리주의자들은 법적 승인을 얻지 못하자 정치적 선동을 확대시키고 학생들의 지지를 얻어내며 정부와 대결했다. 1991년에는 튀니지 정부와 이슬람 원리주의자 간에 상호 관용을 보이던 시기가 끝나가고 있었다. 알제리와 비교해 볼 때 튀니지는 급진적인 이슬람원리주의의 기를 꺾는데 일단 성공했다고 볼 수 있으나 이슬람 원리주의가 발판을 삼기 시작했다고 볼 수 있다.

튀니지 대외정책은 일반적으로 온건하며 친서방적인 외교정책과 마그립 국가 간 친선을 유지하는 온건한 성향의 아랍국가의 모습을 보여주고 있다.

3. 모로코

16세기부터 현재까지 모로코는 샤리프 왕조가 통치하고 있다. 현재의 왕의 정통성은 그가 무함마드의 후손이라고 주장되는 알라위조에 뿌리를 두고 있다는 점이다.

모로코의 무슬림 인구는 알제리와 비슷하게 아랍인과 이슬람화한 베르베르인으로 구성되었는데 이 두 집단은 오늘날 인종적인 것보다는 언어적으로 더 잘 구별된다. 비록 아랍어에 영향을 받았지만 베르베르어는 산간지역에서 잘 보존되었다.

모로코는 1912년 프랑스-모로코간의 페즈조약과 같은 해 스페인-프랑스 협정으로 넓은 프랑스 보호령 지역과 작은 스페인 보호령 지역으로 나뉘었다. 그러나 나라 전체는 페즈조약을 결코 받아들일 수 없는 분위기였고, 이 협약에 대해 극렬히 저항했다. 1934년에는 압드 알-카림이 지휘하던 저항군이 진압되고 말았다. 카사블랑카, 마라케시, 오즈다, 페즈, 아가디르 등의 아틀라스 산지와 모로코 중부지역이 프랑스 보호령 하에 놓였다. 그리고 탕헤르를 제외한 모로코 북부지역은 스페인 영향권에 놓였다.

수십만 헥타르의 모로코 토지 소유권이 프랑스인들에게 이양되는 등 외국인들이 페즈조약을 통해 경제적 발판을 마련했다.

프랑스는 제 1차 세계대전 기간 중 모로코에 도로망, 철도망 그리고 운송체계를 제공했으며 알제시라스 협약과 보호령에 의해 지원을 받은 외국 기업들이 발전하고 번창했다.

모로코인들도 경제적 어려움 등으로 점차 도시로 이동하였으나 급격한 상황 변화에 잘 대처하지 못했다.

새로 등장한 모로코 지도자가 통치하는 동안 모로코내의 정치적 주장이 시작되고 증가되었다. 즉, 1930년 베르베르인 출신 다히르는 모로코와 이슬람 식 견해를 환기시켰는데 베르베르 지역 내에서 발생한 어떠한 범죄도 지위 고하를 막론하고 프랑스 법의 제재를 받아야 한다는데 반감이 작용한 것이 그 이유였다. 알제리에서 프랑스 점령 100주년 기념 축하나 튀니지에서 카르타고의 성찬식 모임 등을 모로코인들은 아랍주의와 이슬람에 대한 공개적인 공격으로 간주했고 중산층과 까라윈 사원의 울라마에게서 세력을 얻어 여러 모습으로 항거를 표출했다. 민족주의 감정이 꿈틀거리기 시작한 것이다. 보호령의 시한을 요구하는 단체도 있었고 프랑스 지배에 반대하는 민족주의 신진 활동도 계속되었다.

1934년 모로코의 민족주의 지도자들은 총체적인 개혁안을 마련하고 파리와 라바트에 제출, 협상을 벌였으나 프랑스 강경 노선으로의 선회로 실패했다.

모로코의 첫 독립 움직임은 1943년에 일어났다.

이 해에 결성된 독립당은 민족주의 운동을 지원했던 술탄 무함마드 5세가 이끄는 입헌정부를 지지하면서 술탄과 상주 행정부 그리고 독일, 오스트리아, 이탈리아 등의 연합국들에게 모로코의 독립과 민주적인 통치를 요구하는 독립 성명서를 전달했다. 그러나 민족 해방의 프랑스 위원회는 모로코의 독립을 여전히 거부했다. 위원회는 소폭의 개혁만을 허락하면서 민족주의 지도자를 없애려는 공작을 폈다.

무함마드 술탄은 프랑스 행정부와 불화를 일으키기 시작했고 같은 해 여러 명의 지방 파샤들은 술탄의 제거를 프랑스에 요청했다. 베르베르 부족원들은 주요 도시 중심지에 자신의 세력을 집중시키기 시작했다.

마침내 1953년 술탄은 퇴위가 아닌 유럽 망명에 동의하게 되었으나 1955년 다시 술탄의 자리에 앉았다.

1956년, 모로코와 프랑스가 공동 발표한 공동 선언에서 1912년의 보호령에 관한 합의서는 폐기될 것이며 프랑스는 모로코의 독립을 인정한다고 언급했다. 모로코는 이제 술탄이 전권을 갖는 나라가 되었으며 그 때부터 이 신생국가에서는 프랑스의 고위 자문관이 프랑스를 대표하게 되었다. 프랑스는 모로코의 군 조직에 대한 원조를 했으며 스페인의 영향력 하에 있는 지역을 모로코가 통제할 것이라는 모로코의 반복되는 주장을 지지했다. 모로코는 1956년 12월 정식으로 유엔 회원국이 되었다.

1956년 8월, 모로코 독립당은 외제 상품의 범람으로 모로코의 경제생활을 어렵게 만든 알제시라스 협정(1906)을 폐기시키며, 또한 모든 외국 군대를 완전히 철수해야 한다고 주장했다. 1965년에 열린 국제회의를 통해 탕헤르가 다시 모로코로 귀속되었다.

또한 1958년 포르투갈에서 열린 모로코와 스페인간 협상에서 스페인은 보호령 시대부터 스페인의 관할 지역이었던 남부 지역을 모로코에 양도했다. 그러나 스페인은 스페인 사하라로 개칭된 영지들은 계속 소유하게 되었다.

독립 이후의 핵심 정치세력은 독립당으로, 정부 내에서도 독립당 출신이 다수를 차지하고 있었다. 독립당을 지지하고 있던 술탄 무함마드 5세는 이를 계기로 군주의 지위를 강화시켰다. 1957년 7월에는 하산 왕자가 후계자로 임명되었으며 8월에는 술탄 호칭을 왕으로 바꾸었다.

1961년 2월에 무함마드 국왕이 사망하자 하산왕자는 하산 2세의 이름으로 왕위에 올랐다. 이듬해 실시된 국민투표에 의한 새 헌법제정으로 국민의 개인적 자유와 정치적 자유가 보장되는 입헌 군주국이 명문화됐다.

1963년 개각에서 독립당의 지도자들이 쫓겨나 야당의 자리에 가면서 탄압을 받고, 1965년에는 실업과 물가 상승 등으로 도시 근로계층 사이에 불만이 커져 국내 정세가 불안한 상황으로 발전했다.

1971년에도 왕실 행정의 부패와 좌익에 대한 정부의 관대한 처리에 우익 군 장교들이 반기를 들며 국왕 퇴위와 공화국 수립 쿠데타가 발생하였으나 성공하지 못했다.

드디어 하산 국왕은 1973년 경제를 모로코화하는 등 민족주의 정책을 채택했다. 외국인 소유의 토지를 몰수해 농민에게 분배토록 지시함으로써 농촌지역에서의 전통적인 지지기반을 강화시켰다. 자국의 영해를 12해리에서 70해리로 확대한다고 발표해 스페인과도 마찰을 빚었다. 하산이 새로 채택한 민족주의 정책은 아랍-이스라엘 분쟁에도 적용되어 모로코는 과거보다 활발한 역할을 하게 되었다.

프랑스와 관계개선이 이루어지고 프랑스의 대 모로코 원조 제공도 재개되었으나, 스페인과는 여전히 매우 불편한 관계를 유지했다. 모로코가 스페인령 사하라의 영유권을 계속 주장하고 있었기 때문이다. 이 지역에서 인산염 광산의 수가 증가하는 것은 인산염 수출에 의존하는 모로코 국가경제에 큰 위협을 의미하는 것이었다.

1974년 하산은 군 지도자. 장관 및 모든 정당지도자들과 사하라 병합을 위한 국제적인 캠페인 준비에 관해 협의했다. 이 일로 국민들이 하나로 단합하게 되었다.

스페인이 사하라에서 철수할 준비가 되어 있음을 수 차례 밝힌 이후, 해당국가와 사하라 해방 운동 간에 커다란 충돌을 피할 수 없는 것이 분명해졌다.

모로코와 모리타니는 이 지역의 분할에 대해 비밀리에 합의에 도달했으나 알제리가 문제였다. 알제리는 모로코 주장에 정면으로 반대하는 사하라 해방운동의 하나인 해방 인민전선, 즉 폴리사리오를 지원하고 있었다.

1975년 유엔과 국제사법재판소 등이 대다수 사하라 주민들의 민족 자결권을 인정함에 따라 하산은 스페인령 사하라를 점령하기 위해 무려 35만 명의 비무장 민간인들의 푸른 행진(마씨라)을 명령함으로써 이에 대응했다. 모로코가 지원하는 사하라 아랍민주공화국이 1976년 선포되었으나 알제리에서는 사하라 망명정부가 구성됐다. 아프리카 단결기구가 사하라 지역 분쟁을 중재하여 자결권에 관한 국민 투표 실시를 예정했으나 실시되지 않았다.

한편, 국왕은 하원의원 선거를 실시하고 새 내각에 야당인사를 등용하는 등 강력한 왕실의 권위에 민주주의 정치형태를 결합시키려는 노력을 보였으며 어느 정도 성공했다. 모로코 정부도 국내 안보를 위협한다고 판단되는 조직들에 대해 제재 캠페인을 벌이기 시작했다.

좌익 운동단체인 이슬람 청년은 군주제를 폐지하고 이슬람 국가를 수립하려 한다는 음모로 비난을 받았으며, 비밀 원리주의자 단체인 무자히딘 운동도 탄압의 대상이었다.

모로코는 자국의 서부 사하라 지역 정책에 대한 군사적 외교적 지지를 늘리기 위해 미국과 기타 서방국가들의 관계를 개선하려고 열심히 노력했다. 온건한 친 서방 아랍국가임을 천명한 것이다. 1989년에는 모로코의 마라케시에 열린 북아프리카 정상회의에서 모로코, 알제리, 리비아, 모리타니 및 튀니지가 참가하는 아랍 마그립 연맹 창설이 선포되었다.

1988년 8월, 유엔에서 서부 사하라에 대한 세부 평화 안이 작성되어 모로코와 폴리사리오가 이 평화안을 받아들이라고 요청 받았다.

모로코 정부는 유엔이 발표한 휴전조항과 국민투표 실시계획을 골자로 한 세부 평화안을 공식적으로 받아들였다. 이에 따라 유엔은 1990년 국민투표를 위한 기본적 조사를 행하였고 국민투표 유엔 감시단과 투표 진행을 감독할 한국을 비롯한 세계 36개의 유엔 평화유지군을 구성하였다. 국민투표는 1992년 1월에 실시하기로 예정되었으나 인구 집계에 대한 모로코와 폴리사리오간의 명백한 입장차이로 인해 실시가 연기되었고 2000년 7월로 예정된 국민투표가 실시되지 않고 있다. 모로코가 서부 사하라지역을 포기할 수 없는 결정적 이유는 이 지역의 천연자원 잠재가능성 때문이다.

모로코는 전통적으로 유럽과 가깝다. 1996년 6월 더 많은 경협차관과 경제협력을 요청하기 위해 모로코와 유럽연합간 제휴협정을 체결했는데 이는 양 지역간 자유 무역지대화를 추진하는 목적이 있다.

하산 2세가 사망하자 왕세자인 무함마드 6세가 1999년 7월에 즉위하였다.

4. 리비아

나폴레옹 전쟁에 이어 오스만 터키는 리비아를 서둘러 재장악했다. 리비아는 해적의 활동으로 번창했는데 특히 강력한 카라만리조(1711～1835)하에서는 더욱 그러하였다. 유럽인과 미국 함대, 그리고 해적이 자주 맞부딪치게 되자 1830년대에는 해적 행위가 거의 없어지고 노예무역도 유럽세력에 의해 폐지되었다.

유수프 카라만리는 아직도 트리폴리를 장악하고 있었지만 백성들로부터 실질적인 지원은 잃고 있었다. 결국 과세로 폭동이 일어나자 1832년 유수프는 강제로 폐위되고 그의 아들 알리가 집권했으나 단명으로 끝났다.

1835년 나라를 휩쓸고 있는 반란의 초기를 이용해 터키 술탄은 알리를 지원하는 척하면서 그를 체포했고 터키 술탄의 지배하에 트리폴리가 들어갔다. 그러나 술탄의 지배는 트리폴리에 한정되었으며 나머지 내륙지역은 그 지역 부족장의 지배를 받고 있었다.

반란기 이후에 터키인은 안정된 행정체재를 정착시켰으나 가난한 리비아들을 위해 리비아 농업의 잠재력과 인력의 개발을 추진하지 않았다. 교육에도 실질적인 투자를 하지 않았으며 적어도 일반 서민에게는 터키로부터 문화적이 유입이 거의 없었다.

20세기 초 터키 청년운동이 일어나면서 보수주의적인 리비아인들이 터키로부터 소원해지는 현상은 더 심각해져 갔다. 청년 운동이 갖는 현대사회로의 변화와 종교적 개혁에 대한 에너지는 터키 청년들에게 콘스탄티노플을 상기시켰다. 반면에 시레나이카의 동부 지방에서는 새로운 종교운동, 즉 사누시야 운동이 일어났다. 이 운동은 터키인들이 주지 못하는 사회의 하부 구조가 갖는 많은 것들을 제공하면서 사실상의 통치 요인으로서 이 지역을 휩쓸었다.

사누시야 운동은 1837년 알제리인 무함마드 알-사누시(1787~1857)가 메카에서 시작한 것으로, 알-사누시는 페즈에서 수학하고 제자들을 데리고 1841년 튀니지, 트리폴리타니아와 시레나이카 등을 통해 사하라와 마그립을 여행했다. 튀니지의 가비스에 이르렀을 때 그는 자신의 고향에서 프랑스인의 점령이 진행되고 있음을 알았다. 그는 트리폴리로 갔고 두 달 후에 벵가지에 정착했다. 1843년에는 시레나이카를 사누시야 운동의 중심지로 삼고 알-라발 알 아크다르에 있는 알-자위야 알 바이다를 종단의 근거지로 만들었다.

학식이 있고 종교·사회 개혁자였던 알-사누시는 시레나이카 주민들에게 첫 번째 성인이었다. 시레나이카 부족원들이 그가 성인임을 믿고 부족의 생활에 적응한 그의 능력을 신뢰함으로써 그의 영향력은 시레나이카 전 부족 공동체로 확대되었다. 시레나이카 이외의 지역에서도 사누시야 종단의 위력은 상당했다.

사누시야의 가르침은 수피의 틀 속에서 이슬람을 부흥시키고자 한 것이었다. 다시 말해 이슬람의 순수한 모습을 되찾자는 것이었고, 7세기 아라비아의 사회를 재창조하려는 시도였다. 이런 사상은 이미 그가 사회에서 살고 있던 시골 사람들에게 굉장한 호소력이 있었고 사누시야의 영향력은 나라 전체에 대단히 크게 미쳤다. 사누시의 손자는 독립 후 리비아의 왕으로 공포되었다.

사누시야 종단은 사하라에 유럽의 영향력이 확대되는 것을 막고자 했고 오스만 통치도 마지못해 받아들였다. 종단의 창건자는 터키인을 칼리프제의 횡령자로 여겼다. 그러나 사누시야 종단이 프랑스가 사하라에 영향을 끼치는 것을 두고도 싸웠기 때문에 알제리에 대한 프랑스인의 점령도 극렬하게 진행되었다. 그 결과 사누시야의 지도자들은 프랑스의 확장을 저지하기 위해 어쩔 수 없이 터키인의 주둔을 인정해야 했다. 사누시야 종단의 감정을 이해한 터키인들은 칼리프에 대한 그들의 태도를 관대히 보아 넘겼다.

평온하지만은 않았으나 별다른 큰 사건 없이 진행되던 터키인의 리비아 지배는 1911년 리비아에 이탈리아가 침입함으로써 새로운 국면으로 접어들었다.

1911년 9월, 이탈리아는 지극히 사소한 이유 때문에 터키에 선전포고를 했다. 그들은 단 몇 차례의 폭격을 감행한 후 자국의 군대를 터키 지배하의 트리폴리에 상륙시켰다. 그러나 더 이상 내륙으로 진격하지는 못했다. 알 루메일라 전투에서도 이탈리아는 크게 패배했다. 그러나 발칸전쟁에서 패배한 터키가 평화를 원함으로써 마침내 1912년 10월 이탈리아와 평화협정이 이루어졌다.

제 1차 세계대전 발발 당시 이탈리아는 트리폴리, 벵가지, 다르나 및 토브룩 등의 해안도시와 트리폴리 근처 몇몇 해안 마을만을 점령하고 있었다.

1921년 독립문제로 로마에 간 리비아 대표단이 아무런 성과 없이 귀국했고 이탈리아가 새 총독을 임명하면서 트리폴리타니아 행정구역을 관장하고 그 곳 주민들을 무장해제를 시키자, 시레나이카 등지에서 오마르 알-무크타르가 반 이탈리아 투쟁을 계속했다. 1931년 이탈리아는 리비아의 독립 운동가인 오마르 알-무크타르의 독립운동을 진압하기 위해 2만 5000 여명의 대규모 병력을 동원했으며 마침내 그를 체포, 처형했다.

1939년 제2차 세계대전이 발발하자 이탈리아는 리비아 지배를 지속할 수 없었다. 이탈리아, 독일, 일본 등 제2차 세계대전의 주축국은 영, 미, 불의 연합국에게 패했다. 이후 리비아는 프랑스와 영국의 지배로 이어지는 새로운 식민지 시대를 맞는다.

1942년 영국에 의해 시레나이카와 트리폴리타니아가 점령되었으며 페잔이 프랑스에게 얻어간 것이다. 그 후 1950년까지 그들에 의해 경제에 우선권을 둔 통치가 계속되었는데 유엔이 1952년 독립을 인정할 때까지 리비아의 운명을 아무도 예측할 수 없는 상황에 놓여 있었다.

1951년 10월에 공표된 헌법에 따라 리비아는 전에 아미르였으며 저항운동의 영웅인 무함마드 이드리스와 그의 후계자들이 통치하는 연방 군주국이 되었다.

이에 따라 트리폴리타니아, 시레나이카와 페잔의 세 개 주로 구성된 리비아왕국은 1951년 12월 대내외에 정식으로 독립을 선언했다.

그러나 리비아가 완전한 독립에 도달하는데는 심각한 정치적 재정 경제적 문제가 가로놓여 있었다. 당시 국민에게 국민 정체성과 통일감을 불러일으킬 수 있는 과제 부여가 절실했는데, 국민들은 새로운 연방국가보다 아직도 마을과 부족에 충성하고 있었다.

리비아 왕족은 서구의 기술 원조를 받아 자국 내의 경제자원을 증가시키려고 노력했다.

대외문제에 있어서 리비아가 최초로 행한 주요 조치는 1953년 3월에 아랍연맹에 가입한 것이었고, 둘째는 신생국가의 경제적 어려움과 서구와의 밀접한 관계를 반영해 진전을 꾀한 것이었다.

1953년7월, 리비아는 영국과 20년 협정을 체결했다. 영국은 리비아에서 군사기지를 유지시키는 조건으로 경제개발을 위한 자금지원에 합의했는데, 리비아는 미국과도 이와 비슷한 합의를 했다. 미국의 경제원조 약속에 대해 리비아는 다수의 공군기지를 구축할 수 있도록 미국 측에 허용했다. 리비아는 또 프랑스와는 친선협정을, 이탈리아와는 무역 및 재정적 합의에 서명하는 등 서구와의 관계를 강화했다. 그 밖에 리비아는 이집트 등 아랍국가들과도 관계 강화를 시도했다.

한편 공산국가에 대한 리비아 측 입장은 훨씬 유보적이었다.

미국의 회사들에게 석유 탐사권을 허가한 후 마침내 1959년 6월, 시레나이카의 젤텐에서 유전이 처음으로 발견되었다.

1960～1963년에는 국가 수입의 증가로 정부의 수입이 훨씬 복잡해지고 행정의 변화도 연이어 일어나고 있었다. 새로운 내각이 구성되고 리비아는 1963년 4월 왕령에 의해 연방제에서 단일국가로 바뀌게 되었다.

마침내 리비아가 재정자립을 이루게 되자, 대외문제 특히 아프리카에서 자신의 목소리를 내기 시작했다. 또한 모든 마그럽 국가와 보다 밀접한 관계를 갖게 되면서 그 대신 서구 의존도에서 탈피하려는 징후를 보여 주고 있었다. 따라서 리비아 내 외국 군사기지 문제가 표면화되었다. 리비아 정부는 더 이상 영・미와 군사협정을 갱신하거나 연장하지 않으며 제국주의에 대항하는 아랍정부를 지원하겠다는 성명서를 발표하기에 이르렀다.

한편, 병 치료를 위해 이드리스 국왕이 터키에 체류하고 있던 1969년 9월 1일, 트리폴리에서 군사 혁명이 일어났다. 지도자는 당시 27세인 무암마르 알-카다피 대령으로 혁명정부는 리비아 아랍 공화국으로 국명을 개칭했다.

새 정권의 정책기조의 핵심은 아랍민족주의를 바탕으로 한 것이다. 새 정권은 대내적으로는 리비아에서 운영하는 사업은 리비아인들이 통제해야 한다는 왕법을 엄격히 시행했다. 리비아에 남아있던 영국의 군사시설은

1970년에 최종적으로 철거되었으며, 영국보다 규모가 컸던 미군도 같은 해 철수되었다. 유럽과 미국 출신이 차지했던 대부분의 전문직 종사자들은 아랍인, 주로 이집트인으로 교체되었다. 도로의 간판, 게시판, 공시적인 출판물 등에 영어를 쓰는 것이 금지된 대신 오로지 아랍어 사용만이 허락되었다.

이와 더불어 음주 및 서구식 양복 착용에 대한 금지가 부활되었다. 당시 리비아에 거주하는 모든 유대인과 이탈리아인의 재산은 정부가 몰수했으며, 그들은 즉각적인 출국 명령을 받았다. 그러나 유대인 일부는 정부로부터 자료 보상을 제의 받기도 했다. 주요 석유 마케팅 회사인 쉘, 에쏘와 ENI의 유통 설비는 국유화되었다.

카다피 정권 10년이 채 안돼 빈곤과 의존의 나라에서 석유공급 중단을 협상 테이블에 끌어들이는 능력을 과시하는 나라로 바뀐 리비아의 대외정책에서 자주 나타나는 특징은 이웃 나라들에게 통합을 제의하는 것이라 할 수 있다. 그러나 그러한 통합은 거의 성공하지 못했다. 상호 신뢰의 바탕이 결여되었기 때문으로 보인다.

팔레스타인 문제에 대한 카다피의 강경한 태도 때문에 리비아와 아랍 국가들은 오랫동안 불화를 겪었다.

1973년, 리비아의 국가원수 카다피는 한 연설에서 다소 색다른 정치 및 사회철학을 처음으로 발표했다. 그 연설에서 그는 동양에서나 서양에서이건 간에 외부에서 수입된 이데올로기를 파괴시키기 위해 문화혁명의 필요성을 강조하며 코란의 교의에 바탕을 둔 사회건설을 요구했다. 그는 제3국제이론을 발표했는데 이 이론은 자본가와 물질주의 그리고 공산주의자들의 무신론에 대한 대안으로 나온 것으로 실질적으로 이슬람 원리주의로 돌아갈 것을 주장한 것 같았다. 그는 자신이 기존의 이데올로기를 대체시킬 보편성을 띤 이론을 제시했다고 생각했으며 자신의 이론을 공식화하고 그 이론을 선전하는데 최대의 관심을 기울였다. 카다피의 제3국제이론이 코란에 의지하면서 외세의 영향을 거부하는 실례는 여러 형태로 나타났다. 예를 들면 외국인의 여권에 아랍어 사용을 고집한다든 가, 이슬람법에 따라 도둑의 손을 절단하는 경우와 같은 것이다.

카다피는 1977년 3월 제3보편이론을 근거로 한 헌법개정 계획을 발표해 1976년에 신설된 전국 인민회의의 재가를 얻어냈다. 이에 따라 리비아의 정식 국명은 리비아 아랍 인민 사회주의 자마히리야로 바뀌었으며 권력은 전국인민회의를 통해 국민에게 귀속되었다.

리비아와 미국과의 긴장관계는 그 이전부터 시작됐다. 1981년 5월 트리폴리주재 미 대사관이 폐쇄되었으며 리비아가 영해라고 주장하는 시르테만에서 미 공군기가 두 대의 리비아기를 격추시킨 사태가 발생하고, 1983년 수단정부에 대한 쿠데타 음모에 리비아가 연루된 것이 알려지자 양국의 긴장상태는 계속되었다.

1985년, 미국 CIA가 작성한 카다피 정권 전복 계획안이 신문에 공개되고, 리비아가 국제테러를 조장하고 있다고 미국이 점차 확신하게 되자 그 해 말경 양국관계는 심각한 상황에 이르고 있었다.

1988년에는 스코틀랜드 상공 로커비에서 대다수 미국인이 희생된 팬암기가 공중 폭파되자 영국과 미국은 리비아정부가 개입되었다고 주장하고 리비아인 혐의자 인도를 요구했다.

그러나 리비아 정부가 이를 부인하고 거절하자 1992년 미국의 주도하에 로커비사건 연루 혐의로 유엔 경제제재를 받게 되었다. 제재이후 리비아의 경제적 손실이 170억 달러에 이르고 국제적으로 고립되면서 마침내 1999년 4월 팬암기 폭파 용의자가 서방에 인도되어 경제제재가 중단됐다. 1999년 7월에는 영국과 국교를 재개하였고 그 해 9월 54개국이 참가한 아프리카 단결기구 정상회담을 리비아에서 개최했다.

정치적 억압에 대한 점증하는 불만, 악화일로의 경제와 생활 필수품의 부족, 차드에 대한 군사개입 반대, 정부의 대외 이미지 개선 및 자신의 정치적 고립 완화에 대한 압력 등으로 카다피는 1988년 일련의 관대한 정치·경제 개혁에 착수하지 않으면 안되었다. 아울러 1984년부터 시작하여 녹색혁명 기치 아래 사막 북부를 옥토로 바꾸기 위한 리비아 대수로 사업이 완공단계에 이르러 국민들의 기대를 모으고 있다.

대외정책에 있어서 그는 차드에 개입한 것을 실수라고 공개적으로 시인했으며 마그립 틀 안에서의 연합에 대한 야심을 펼치는데 있어, 그리고 아랍 및 아프리카 국가들과의 관계에서 훨씬 실용적인 접근을 채택하였다. 특히 콩고, 수단 내전 등 아프리카 국가들의 내전 종식을 위해 적극적인 중재자역할을 담당하고 있다.

리비아 국가 원수 카다피는 집권 32년째를 맞으며 현존 국가 지도자 중 쿠바의 카스트로에 이은 최장 집권기록을 갖는다.

5. 이집트

1883년부터 1907년까지 이집트는 사실상 영국의 총영사로 파견된 크로머의 영향력에 의해 움직이고 있었다. 1892년에 지도자가 된 압바스 2세는 크로머의 독단과 젊은 변호사인 무스타파 카밀의 주도하에 전개되고 있던 새로운 민족주의 운동에 분개했다.

1914년 11월 터키가 독일 측에 가담해 제1차 세계대전에 개입할 당시 이집트는 아직도 명목상으로 오스만제국의 일부였다. 이 때 영국은 이집트를 보호령으로 선언하고, 고등 판무관을 파견해 스에즈 운하 방어에 대한 책임을 떠맡았다.

제1차 세계대전 중에 이집트에서는 민족주의 운동이 활발하게 일어나고 있었다. 1918년 11월에 민족주의 지도자인 싸아드 자글룰이 영국 고등 판무관에게 자치권을 요구했으나 영국은 이를 거절했다.

영국과 이집트 쌍방간의 협상 결과가 바로 나타나지는 않았다. 영국은 1922년, 보호령을 일방적으로 취소하고 이집트를 독립 주권국가로 인정했으며 그 해 3월에 푸아드는 왕의 칭호를 획득했다.

제2차 세계대전 동안 이집트는 영국에 가장 중요한 전략적 기지를 제공했다. 이 때 이집트 민족주의자들이 설립한 와프드당이 영국에 협력했는데, 그 대가로 영국은 1942년 나하스 파샤가 이끄는 와프드 당이 정부를 구성할 때 왕의 묵시적 동의를 받아냈다.

1948년 5월 이스라엘 건국이 선포되자 이집트는 이라크, 시리아 및 요르단과 합세해 군사행동에 들어갔다. 제1차 중동전쟁이 발발한 것이다. 그러나 결과는 실패로 끝이 났다. 이로 인해 파룩왕이 갖고 있던 초반의 인기는 사라져버렸으며 엄격한 계율을 주장하는 종교단체인 무슬림 형제단이 위협적인 존재로 부상했다. 공산주의도 새로운 추종세력을 얻게 되었다. 이들은 영국군이 스에즈 운하 지대로부터 철수하도록 테러와 경제적 제재를 가했다.

1952년 7월 23일, 오랫동안 쿠데타를 준비해 왔던 자유장교단이 권력을 잡게 되었다. 결국 파룩왕은 해외로 쫓겨나고 말았고 1954년 실질적 지도자였던 나세르가 국가수반의 위치에 오르게 되었다. 1953년 군주제가 공식적으로 폐지되고 공화국이 선포되었다.

나세르 통치하에서 국제문제에 대한 이집트 역할의 중요성이 강조되기 시작했다. 나세르는 세 영역에서 영향력을 행사하려 했다. 즉 이슬람권, 아프리카권, 아랍권을 의미하였으며, 1955년의 반둥회의 참석을 계기로 비동맹권이 추가되었다. 1956년에서 나세르 대령이 강력한 권한을 갖는 대통령으로 선출되기 위한 법적 근거가 마련되었으며, 마침내 나세르는 국민투표를 거쳐 대통령으로 선출되었다. 나세르 대통령이 비동맹 정책을 추구하면서 정부가 야심적으로 추진하는 아스완 하이댐 건설공사에 소요되는 자금을 도입할 수 있는 기회가 훨씬 많아지게 되었다. 미국, 영국, 소련 및 세계은행으로부터 각각 원조제의가 들어왔던 것이다.

나세르는 이 공사가 완공되면 경작지를 늘리고 산업용 전기를 발전시켜 늘어나는 인구문제를 크게 해결할 것으로 판단했다. 그러나 1956년 7월, 공사계획에 대한 이집트의 능력이 의문시된다는 점을 지적하면서 미국과 영국은 하이댐 건설차관 제의를 취소하고 말았다. 나세르는 즉각 스에즈 운하회사의 국유화를 선언하고 운하수입은 하이댐 투자에 이용될 것이라고 말했다. 영국과 프랑스 그리고 미국은 이러한 이집트의 조치에 강력히 항의했다. 그러나 스에즈 운하에 대한 통제수단을 유지하려는 시도가 좌절된 영국과 프랑스는 이스라엘로부터 군사행동과 관련된 비밀양해를 이끌어 냈었다. 이집트, 요르단 및 시리아간에 통합 군사사령부가 구성되었다는 폭로가 있은 후, 이스라엘군은 1956년 10월 29일 시나이를 횡단, 스에즈 운하를 향해 진격했으며 가자지구와 시나이를 점령했다. 결국 유엔의 중재 노력으로 이스라엘은 1957년 3월 철군을 완료해 두 지역은 이집트로 되돌아오게 되었다. 이집트에 의해 봉쇄되어 왔던 스에즈 운하는 유엔의 도움으로 1957년 3월말에 재 개통되었다.

1958년 시리아와 통합이 이루어지는 등 나세르는 아랍세계의 변화에 크게 관심을 갖고 있는 아랍 민족주의자였다. 한편 서구에 대한 나세르의 반감은 곧 소련과의 우호를 의미했고 소련과 밀접한 관계를 갖게 만들었다. 소련으로부터 군사 및 산업 원조를 받았으며, 1958년 12월에는 아스완의 하이댐 건설에 소련의 원조를 다짐하는 양국간의 합의서가 작성되었다.

1960년 중반까지 이집트와 서구와의 관계는 더욱 약화된 반면 이집트가 소련에 더욱 의존하게 되었다. 양국 정상의 상호 방문으로 관계가 돈독해졌다. 1965년 실시된 대통령 선출을 위한 국민투표에서 압도적 지지를 받기는 하였으나 그가 권좌에 오른 이후 그 어느 때보다 국내에서는 불만의 여러 징후들이 나타났다. 자신에 대한 살해 음모에 법적으로 금지된 무슬림 형제단이 연루된 것으로 나세르는 판단했다.

보안제도 강화조치가 실시되었으나 국가 부채부담이 늘어나는 등 재정적 위기에 직면하자 경제 개발 계획이 수정되었다.

1967년 5월, 나세르가 홍해의 티란 해협을 봉쇄하고 이스라엘의 선적을 금지하며 이스라엘의 일라트 항구를 차단하자 아랍세계에서 그의 위신은 최고조에 달했다. 아랍세계가 이집트를 지지하자 이스라엘은 6월 5일 아침 이집트, 요르단, 시리아 및 이라크 공군기지에 대해 대규모 공습을 감행하고 이스라엘 지상군을 신속히 아랍지역에 출동시켜 모든 지역에서 6일만에 신속히 승리했다.

6월 10일, 당시 전쟁에 관련된 당사국들이 유엔의 휴전요청을 받아들였을 때는 스에즈 운하를 포함한 시나이 반도, 요르단 서안, 가자지구 그리고 시리아의 골란고원이 이스라엘 관할 하에 들어가게 되었다. 나세르는 패배에 대한 책임을 느끼고 대통령직 사임서를 제출했으나 국민들의 반대로 철회할 수밖에 없었다. 이집트는 스에즈 운하 수입과 시나이산 원유 및 관광 수입에서 막대한 손실을 입게 되었다. 결국 이집트는 극심한 경제적 어려움과 혼란스런 정치 상황에 직면했다. 긴축 예산이 편성되고 대규모 무역을 국유화하는 등의 사회주의 정책이 계속 추진되었다. 외환 보유고가 계속 감소되자 이집트는 서구와 관계 개선을 추진하지 않을 수 없게 되었으며 전반적인 개혁을 약속했다.

1970년 9월에 일어난 나세르의 급작스런 죽음은 아랍세계에서 대단한 충격을 불러 일으켰으며 중동에서 평화 달성의 기회가 감소하지나 않을까 많은 사람들이 두려워했다. 나세르의 가까운 동료이자 부통령이던 안와르 사다트 대령은 즉시 내각과 당에서 임시 대통령으로 임명을 받았고 그 후 실시된 국민투표에서 정식으로 대통령으로 선출되었다.

이집트는 군사와 경제면에서 소련에 크게 의존하게 되었다.

그러나 서구의 지원이 증가하면서 소련의 군사 고문관 추방사건을 충격적으로 받아들이기도 하였다. 국내적으로 무슬림과 콥트교 신자들간의 충돌이 빈번히 일어나는 것과 학생들의 불만 그리고 사다트가 추진하는 리비아와의 통합안 때문에 사회불안이 야기되었다.

사다트는 1973년 10월, 이집트인 자존심에 상처를 주었던 6일 전쟁의 패배를 만회하기 위해 이집트 군대로 하여금 전격적으로 스에즈 운하를 건너게 하였다.

이집트는 시나이 반도 일부를 재탈환하는데 성공해 사다트 대통령에게 상당한 승리를 안겨준 셈이 됐다.

그러나 시리아의 골란고원 공격은 이스라엘의 우세로 실패했다.

전쟁이 끝난 후 이집트에서는 광범위하고도 대폭적인 변화가 일어났다. 정치범의 사면 조치, 언론 검열의 폐지, 사기업 제도의 도입 등 국가재건에 집중된 경제 및 사회 개혁안이 마련됐다.

그러나 스에즈 운하 횡단이 가져다 준 행복감은 1974년이 지나면서 사라지기 시작했다. 생활비 증가와 경제개혁 진척의 부진 때문에 1975년 1월 카이로에서 폭동이 일어나게 되었다.

한편 사다트는 미국의 중재 하에 이스라엘과 평화협상을 적극적으로 추진했다. 시나이 반도를 완전히 되찾기 위해서였다. 특히 시나이에 위치한 아부 루다이스 유전을 되찾는 것이 중요했다. 사다트는 1977년 전격적으로 이스라엘을 방문하여 키네세트에서 연설했다. 마침내 1978년 9월 미국 캠프데이비드 협정에 서명하고, 1980년에는 이스라엘과 외교 관계를 수립했다. 캠프데이비드 협정과 그 후의 평화조약으로 결국 이집트는 아랍세계로부터 고립되게 되었다. 그러나 이집트는 이전보다 훨씬 더 미국의 재정적, 군사적 원조에 의존하게 되었다.

1981년 여름, 콥트교인과 이슬람 원리주의자들 사이에 충돌이 발생해 많은 사람들이 체포되고 여러 신문들이 문을 닫게 되었다. 사다트는 종교적인 신념이 무엇이든, 정치적인 신조가 무엇이든 간에 반대파 탄압에 노력하고 있었다.

그러나 그는 10월 6일 거행된 군사 퍼레이드 때 칼리드 이슬람 불리가 이끄는 일단의 이슬람 원리주의자들에 의해 피살되고 말았다. 이슬람 불리는 다른 4명의 동료와 함께 1982년 사형 당했다.

저격 직후 아슈트에서 발생한 이슬람 폭동은 재빨리 진압되었으며 무함마드 호스니 무바라크 부통령이 10월에 실시된 국민투표에서 대통령으로 신임을 받았다.

그는 부의 불공평을 시정하는 등 경제 발전을 약속했다.

또한 그는 이스라엘로부터 시나이 반도를 완전히 반환 받았으며 재임 중 이슬람 회의기구와 아랍연맹에 재가입하는 문제를 매듭지었다.

무바라크는 아랍 및 팔레스타인 사태에 이집트가 다시 커다란 영향력을 행사하게 되는 중요한 전기를 마련했다. 이집트가 국제 문제에서 자신의 역할을 강조한 예로는 걸프만 분쟁에서 외교적 해결을 모색하기 위해 그가 보여주었던 능동적인 활동을 들 수 있다. 1979년 이 후 이라크와 외교 단절 상태에 있었음에도 불구하고 무바라크는 1985년 바그다드를 전격적으로 방문했다.

무바라크가 국내에서 안고 있는 문제는 국민들 사이에 조성된 파벌 의식과 생활 필수품에 대해 국가 보조금을 지급함으로써 비롯된 재정 악화였다.

이집트의 법 제도에 샤리아 법의 원칙을 완전히 적용시키자는 무슬림 원리주의자들의 캠페인도 한층 강화되었다. 무바라크는 서적과 필름을 더욱 엄격히 검열하고 여성 해방운동을 제한하는 조치를 취함으로써 이슬람 원리주의자들에게 양보를 했다. 그러나 이슬람 원리주의자들에게 국가를 불안케 하는 어떠한 책동도 허용하지 않는다는 방침에 따라 이슬람 집회를 금지했고 과격 이슬람 지도자를 체포했다. 공공질서를 위협하는 또 다른 요인은 악화일로에 있던 이집트 경제 사정이었다. 대다수 국민들이 빈곤 속에서 살아가는데 비해 소수만이 부를 누리는 빈부의 불균형이 심화되고 있었다. 따라서 무바라크는 국가 경제 개선을 최우선 정책으로 추진할 새 내각을 출범시켰으나 아슈트 등 여러 도시에서 소요가 잇따라 발생하는 것이 문제였다.

집권 여당의 최대 반대 세력으로 무슬림 형제단이 등장하는 등 무바라크가 당면한 가장 위협적인 문제는 무슬림 전사들의 활동이다.

이집트는 팔레스타인 정부와 화해하고 대부분의 아랍국가들과 외교관계를 재개하는 등 이견을 조정했다. 이와 같이 아랍세계 내에서 이집트의 지위가 향상되자 중동 평화협상에서 이집트의 중재자 역할이 크게 기대되었다. 1991년 5월에 단행된 개각 이후 이집트 정부가 추진한 대외정책의 골자가 아랍과의 화해 및 아랍-이스라엘 간 분쟁의 해결이었던 것이다.

1999년 4선 대통령에 당선되어 국제사회에서 아랍의 여론을 온건하게 확고히 주도하는 무바라크의 지도력으로 인해 이집트의 위상이 높아지고 있고 이집트가 아랍세계의 중심국가로 복귀했으나 국내에서는 정치개혁 그리고 IMF가 권장한 경제개혁의 단계별 실시를 원만히 추진하는 난제에 직면해 있다.

한편, 그 동안 북한과 긴밀한 관계에 있던 무바라크 대통령은 1999년 4월 역사적인 방한을 실행함으로써, 1995년 4월 정식으로 국교를 맺은 이래 양국 우호관계는 정치, 경제, 문화적 차원에서 더욱 강화될 것으로 예상된다. 특히 그간의 중동평화 중재 경험을 살려 한반도 평화 정착을 위한 중재자 역할을 자처하고 나서 그의 앞으로의 활동이 주목되며 한국으로서는 대 중동 외교, 비동맹, 제 3 세계 외교의 신장이란 측면에서 큰 의미를 부여할 수 있을 것이란 전망이 나오고 있다.

제4장

문 화

제1절 이슬람

아랍어로 복종이라는 의미의 이슬람은 610년 아라비아의 예언자 무함마드에 의해 주창된 종교의 이름이다. 이슬람을 받아들인 사람들은 무슬림이라고 부른다. 이슬람은 중동지역에서 유대교와 기독교에 뒤이어 세 번째로 등장한 일신교이다.

이슬람의 기본교리는 알라 이외에 신은 없다. 즉 신은 오직 한 분이시며 무함마드가 예언자들의 봉인, 즉 마지막 예언자라는 것이다. 종교 및 종교생활의 주요 기본서는 무함마드가 그의 생애 중에 하나님으로 받은 계시인 코란과 무함마드의 관행, 즉 '순나'이다.

1. 코란

〈17C의 코란사본〉

무슬림들은 코란을 무함마드가 메카에서 그의 나이 40세 때인 서기 610년부터 632년 메디나에서 운명할 때까지 순차적으로 조금씩 조금씩 대 천사 가브리엘로부터 전수 받은 하나님의 말씀으로 간주하고 있다.

코란의 초창기 계시들은 카힌, 즉 이슬람 이전의 점쟁이들이 그들의 초자연적인 묵시에서 그리고 모든 종류의 신비스럽고 비교적(秘教的)인 지식을 일반 대중에게 전달할 때 채택한 특별한 형태의 문체였다. 그러나 메디나 계시들은 무함마드가 메디나에서 통치자로서의 지위에 걸맞도록 무슬림들의 행위를 더 상세히 규정한 것이다.

코란은 교리상 하나님(아랍어로 알라)은 동반자 없는 유일신임을 강조하고 있다. 그 분은 만물의 창조주이며 피조물에 대해 절대전능을 가지고 있다. 인간은 하나님에게 순종과 예배로 그들의 감사함을 표현해야 한다. 왜냐하면 부활의 날에 인간은 하나님에 의해 심판을 받기 때문이다. 다시 말하면 하나님의 지시를 따른 자들은 천국에서의 기쁨으로 보상을 받으며 살아갈 것이다.

하나님은 인간을 창조할 때부터 천국의 보상을 받도록 그에 따른 인도를 하기 위해 여러 예언자들을 보내셨다. 성서에서 나타나는 여러 예언자들, 즉 아브라함, 노아, 모세, 예수, 아론 등은 코란에서도 일치한다.

메카 계시에서 예언자들에 관한 이야기들이 등장하고 있다. 하나님의 예언자들은 하나님의 명령을 백성에게 전하였으나 백성들이 그들을 무시하여 벌을 받았다. 무함마드는 예언자들의 봉인이며 코란은 그의 메시지이다. 예수는 예언자 한 분으로 간주되며 처녀의 몸에서 출생된 점이 인정되고 있으나 코란은 그 분이 십자가에 못 박혀 죽은 것은 받아들이지 않고 있다.

코란의 도덕적 가르침은 사회에서 가난한 자와 불쌍한 사람, 고아에게 관용과 관심을 베푸는 것이다. 그리고 상거래에서의 공정과 정의를 강조하며 결혼, 이혼, 상속과 여러 종교적인 의무에 관하여 아주 상세히 규정하고 있다.

코란은 모두 114장으로 구성되어 있으며 무함마드 이후 구전으로 내려오다가 제 3 대 정통 칼리프인 오스만에 의해 현재의 모습으로 제작되었다.

코란에는 의미가 명확한 구절들이 있으나 불명확한 구절도 있다. 따라서 "탑시르"라는 코란 해설 학문이 발달하게 되었다.

2. 하디스

코란은 무슬림에게 필요한 믿음과 실천의 근간을 제시하고 있으나 모든 설명을 포함하지 않는다. 따라서 대부분의 무슬림들은 예언자의 관행(즉, 순나)과 말씀을 본받고 싶어한다. 무함마드가 생존하여 있을 때는 그의 자문을 구했었고 그의 언행을 따랐지만 그의 사망 이후, 그리고 지역적으로 멀리 떨어진 이슬람 세계에서 그의 관행과 말씀에 시비가 발생하였다.

그리하여 그를 잘 알고 있었던 사람들이 전하는 무함마드의 언행이 보고서(아랍어로 '하디스'라고 한다)의 형태로 수집, 편집되어 현재까지 내려오고 있다.

무슬림들이 지켜야 할 기본 지침은 코란과 하디스에 언급되어 있다고 보는 것은 당연하다.

3. 이슬람의 기둥

이슬람의 신조란 5주와 6신 그리고 덕행을 말한다. 이슬람의 성전인 코란의 가르침에 따라 모든 이슬람교 신자 즉 무슬림이 지켜야 되는 의무로써 여섯 가지 기본적인 믿음을 단련하기 위해서 다섯 가지 수신(기둥)이 필요하며 선행을 실천해야 한다. 따라서 무슬림의 의식 형성에 지대한 영향을 끼치고 있기 때문에 그 내용을 반드시 알아야 한다.

먼저 5주 또는 5행이라고 부르는 이슬람의 기둥에 대하여 알아보자.

신자는 어떻게 신에 복종할 수 있는가? 신의 명령은 무엇인가?

코란과 무함마드의 가르침에는 인간이 할 일과 해서는 안될 일이 있다. 그 가운데에서도 인간이 의무적으로 해야 할 다섯 가지 행동이 제일 중요하다. 이것이 이슬람의 다섯 가지 기둥이다. 믿음의 집을 받혀 주는 기둥이 필요하다. 즉 믿음의 실행을 중요시한다.

신앙 고백

두 구절로 구성되어 있는 첫 번째 의무이다. 즉, "알라 이외에 신은 없고 무함마드는 알라의 사도임을 증언한다"이다. 무슬림이 가장 빈번히 사용하는 말로써 신앙의 내적, 정신적 측면을 가리키는 이슬람 신자의 신앙 고백이다. 즉 하나님의 유일성과 하나님의 사도에게 계시된 메시지의 진실성을 확신하는 믿음의 기본적 선언이다. 이 두 구절만 믿고 공언하면 명목상으로는 누구나 무슬림이 된다. 그러나 알라와 함께 다른 동반 신을 두거나 무함마드가 예언자임을 부정하는 무슬림은 더 이상 무슬림이 아니며 배신자이다. 배신자는 죽음이라는 벌을 면키 어렵다.

이슬람 신학에서는 유일신인 알라와 그의 예언자를 믿고 유일신 알라의 메시지 내용을 믿는 것을 믿음(아랍어로 '이만')이라고 의미한다.

예배

이슬람의 두 번째 기둥이며 절대자인 하나님에 대한 감사의 표현으로 하루에 다섯 번, 정해진 시간에 행하는 무슬림의 기본 의무이다. 예배에 관한 구체적인 사항은 하디스에 언급되어 있다.

이슬람이 처음으로 충만한 세상에 들어가게 되었던 영광의 기억을 잊지 않기 위해서 일정한 시간에 세계의 모든 무슬림들이 카아바를 향해 코란을 낭송하며 기도한다. 기도 시간은 1. 동이 트기 전, 2. 정오 조금 지나서, 3. 2와 4의 중간쯤, 4. 땅거미 질 때, 5. 밤중 취침 전 등이며 예배를 하면 하나님과의 관계를 깨닫게 하고 세상사를 잊게 해 준다.

〈사우디 사원과 아랍인〉

무슬림은 기도하기 전에 얼굴, 손, 발을 씻고 머리를 쓰다듬어야 한다. 이 같은 세정

의식은 손발을 악마로부터 상징적으로 깨끗이 한다는 것을 의미하는 것이다.

무슬림은 혼자 그가 원하는 장소에서 기도한다. 그러나 사원에서의 기도가 권장되며 메카 방향을 가리키는 '미흐랍'을 바라보아야 한다. 무함마드 시대 초기, 메디나에서는 기도 방향이 기독교와 유대교의 성지이기도 한 예루살렘이었으나 후에 메카로 바뀌었다. 독실한 신자가 전면에 나서야 하며 그가 예배를 이끈다. 그를 이맘이라고 부른다. 무함마드 시대에 이맘은 보통 무함마드 자신이었지만 그가 운명한 후 그 지역 지도자가 그 책임을 맡았다. 현재 이맘은 일반적으로 사원에서 고용된 사람이다. 기도 중에 코란 구절이 낭송되며 특히 코란의 7절로 되어 있는 개경장은 반드시 언급되어야 한다.

기독교의 주일 미사나 예배에 해당되는 것으로 무슬림이 금요일 집단 예배에 참가하는 것은 모든 성인 무슬림의 의무이며 보통 날의 예배와는 달리 설교가 추가된다.(코란 62장 9절: 믿는 사람들이여! 금요일 예배의 아잔이 들릴 때면 서둘러 하나님을 염원하고 거래를 그만두리니 너희가 알고 있다면 그것이 너희를 위해 복이 되리라!). 따라서 예배를 근행하기 위해 예배시의 상거래 행위 따위를 멈추어야 한다. 사우디 아라비아나 리비아 등지에서는 종교경찰이 소리치며 가게를 일시 중단하도록 독려하는 장면을 목격할 수 있다.

금요일 집단 예배는 유목민적이고 자유방임적인 아랍 부족에게 절제 있는 질서 의식의 확립에 공헌하며, 혈연적인 연대 의식을 대체하여 교우간의 형제애를 함양하고, 교우간의 형제애와 평등 사상을 고취하는 기초 훈련으로 다음과 같은 중요성을 갖는다.

첫째, 무슬림 간 사랑과 상호 이해 관계를 조성한다.(공동체 의식 발로, 동포애 공고)

둘째, 깊은 형제애를 깨닫게 한다.

셋째, 예배는 평등의 상징임을 보여준다.

넷째, 강한 규율 의식을 깨닫게 하고 선출된 지도자를 따르도록 가르친다. 개인 생활과 단체 생활의 발전을 가능케 한다.

단식

일체의 인간의 본능을 억제하는 금욕 생활이다(코란 2장 183~185절: 믿는 자들이여! 너희 조상들에게 명했듯이 너희들에게도 단식을 명하노라. 그대들은 이를 공경할지어다. 정하여진 날에 단식을 하면 되나 병중에 있거나 여행 중에 있을 때는 다른 날로 대용하되 불쌍한 자를 배불리게 하여 속죄를 할지라. 그러나 스스로 지킬 경우는 더 많은 보상이 있으며 단식을 행함은 너희들에게 더욱 좋으니라. 실로 너희들은 알지니라. 인류의 복음인 코란과 그 복음의 설명과 기준이 내려진 라마단 달이거늘 단식을 실천하라 하셨도다. ...... 하나님은 너희들로 하여금 편의를 원하시니 너희들께 복음을 주신 하나님을 경배하며 감사를 드릴지어다.). 즉, 무슬림의 자제력과 알라의 계명에 무조건 복종하는 것이 수련이다.

무슬림은 라마단 달(이슬람력 9월)에 해뜰 때부터 해질 때까지 먹거나 마실 수 없고 흡연과 성 관계도 가질 수 없다. 그러나 라마단 기간 중 아프거나 여행을 떠나는 무슬림은 적당한 시간까지 단식을 연기할 수 있다. 성장기의 어린이, 임산부, 유모, 근무중인 군인, 고질병을 앓는 무슬림은 단식이 면제된다.

라마단은 이 때 코란이 무함마드에게 계시되었고 무슬림이 메카에서 메디나로 천도한 후 메카 우상숭배자들과의 첫 번째 전투인 바드르에서 승리한 달이며, 이슬람의 완성인 메카 정복이 이뤄진 뜻 있는 달로서 대부분의 시간을 기도에 할애하고 코란을 낭송하는 특별히 성스러운 시기이다. 단식은 라마단 달의 새로운 달이 나타난 후 그날 해뜰 때부터 시작된다. 나라마다 달을 관측하는 전문가가 있다. 새로 뜨는 달을 보고 단식의 시작을 방송으로 알리며 몇몇 나라에서는 대포를 발사해 단식 시작을 전하기도 한다.

기독교 성경에도 40일 간 예수가 단식한 기록으로 보아 셈족의 신앙에는 단식이 일찍부터 신앙생활에 중요한 몫을 차지한 것 같다.

혹독한 고통을 자발적으로 행하는 이유는 다음과 같다.

첫째, 하나님의 존재를 믿고 경외하며 최후 심판의 날을 두려워하기 때문이다.

둘째, 인간의 열정과 욕망을 억제시킨다.

셋째, 의무감과 인내심을 일깨워 가르쳐 준다.

넷째, 신심을 굳게 한다.

다섯째, 계급과 관계없이 다같이 단식함으로서 인간이 모두 동일하다는 인식을 갖게하고 사랑과 형제애가 생기도록 한다.

여섯째, 건강에 도움을 준다. 하디스에도 단식하면 건강해진다는 구절이 있다.

라마단이 끝나면 축제가 시작된다. 이 때 무슬림들은 그 축제를 함께 즐길 수 있도록 가난한 사람들을 위하여 특별 자카트를 내도록 요청받고 있다.

이슬람의 일년은 354일이기 때문에 라마단도 매년 약 10일에서 11일정도 앞당겨지고 있다.

자카트

종교세 또는 헌금이라는 말로 쓰인다. 모든 무슬림은 불쌍한 사람들을 위하여 자신의 수입이나 재산의 일부를 지출해야 한다.

자카트라는 말은 코란 5장 12절에 처음 등장하나 고대 셈족(유대교의 십일조 관습)과 남부 아라비아족(신에게 십일조를 바친 후 향료를 시장에 내다 팜)의 관습에서 유래한 것이다.

무함마드도 처음에는 이슬람 신자가 아닌 유대교도에게 자카트 지불을 요구했었다.

무슬림 국가에서는 개인 자산, 농산물, 상품 등에 부과하는 정규 세금으로 발전하였다(코란 2장 43절, 83절, 196절, 261~7절, 280절 등 참조). 즉, 소득의 2.5%에 해당하는 이 종교세는 관리들이 징수하여 사원의 건축, 빈민 구제, 공공 사업 추진 등에 사용하였다.

현대 대부분의 무슬림 국가에서는 자발적으로 양심에 따라 종교세를 사원에 납부하는 추세이다. 돈이 많고 신앙심이 돈독한 대다수 무슬림들은 배고픈 이들에게 추가로 선물을 주거나 증여하며 병자를 치료하고 젊은이들을 교육시키고, 여행자에게 쉴 곳을 제공한다. 다수의 사원과 병원들이 '와끄프'라고 하는 일종의 기부금으로 설립되어 운영되고 있다.

순수한 헌금은 '사다까'(자카트에 비해 자발적인 희사를 의미한다.)라고 하며 자카트는 이슬람법이 정하는 이슬람 신자의 의무로써 정해진 희사이다.

희사금의 중요성은 희생 정신을 길러주고 이기심을 버리게 하여 주는 것으로 구두쇠와는 거리가 멀다.

이슬람의 네 번 째 기둥의 본질은 나눔의 정신이다.

순례

다섯 번 째 기둥으로서 하나님의 절정의 계시가 처음으로 나타난 곳인 메카에 가서 신앙심을 높이고 그의 의지를 나타내기 위한 것이다. 이슬람 이전의 아랍 관습 중에서 가장 많이 수용된 것이며 이 때문에 일신론적 측면에서 자매종교인 유대교와 기독교로부터 크게 달라지게 된다.

카아바를 순회하고 검은 돌에 입 마춤하는 것, 사파와 마르와 언덕을 7회 달리는 것, 아랍인의 조상으로 알려진 이스마일이 발견하였다는 성스러운 잠잠 샘물을 마시고 미나 근처에서의 악마에 대한 투석 행위, 양이나

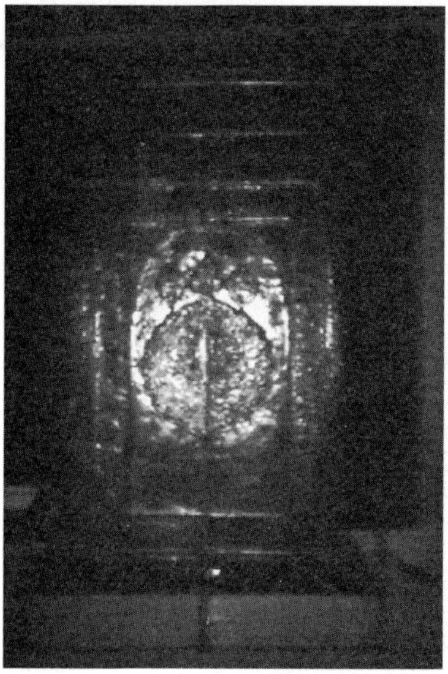
〈카바신전의 황금 문〉

낙타, 염소 등의 제물 봉헌, 아라파트 평원에서의 집회 등은 그대로 답습되어 이슬람화되었는데 모든 성인 무슬림들이 평생 적어도 한번은 머리를 깎고 바느질하지 않은 다른 사람과 똑같은 옷으로 몸에 두르고 순례를 수행해야 한다. 어떤 것들은 우상 숭배 의식으로 시작했지만 무함마드가 일신교적으로 재해석하였다. 따라서 무슬림들은 아브라함과 이스마일이 검은 돌을 발견하여 그 주변에 카아바 신전을 건립하였다고 믿고 있다. 사파와 마르와를 7회 달리는 것은 아브라함이 그의 텐트에서 하가르와 그의 아들 이스마일을 추방한 후 필사적으로 물을 찾았던 것을 회상하는 것이라고 한다.

순례 때 양의 제물 봉헌은 아브라함이 하나님의 계율에 이스마일을 묶은 것을 기념하는 것이다. 봉헌하는 날이 순례의 절정이며 전 세계 무슬림들의 축제날이기도 하다.

카아바가 아라비아의 수많은 부족들의 순례지가 된 이유는 메카 주변의 아랍 부족들이 그들의 우상을 부족 이동시마다 가지고 다니기가 불편하여 카아바 신전에 점차적으로 안치시켰기 때문이다.

즉, 카아바는 아랍 부족의 신상을 모시는 민족적인 범 신전의 성격을 띄게 되면서 순례지가 되었던 것이다.

순례 의식은 역사적으로 무슬림들 간에 인종적, 언어적, 정치적 장벽들을 부수고 이들을 하나로 묶어 왔는데 그 외에 순례의 의의를 열거하면 다음과 같다.

첫째, 순례 기간 중 이슬람의 국제주의와 무슬림의 만민 평등 사상을 고취시킴으로서 무슬림 사회의 연대 의식과 무슬림 간의 형제애를 강화한다.

둘째, 새로운 종파 교리와 학파의 사상을 교류한다.

위에 언급한 다섯 가지 기둥이 모든 무슬림들의 의무를 모두 포함하지는 않는다. 그 밖에도 여러 가지 가르침이 있다. 여기서는 논란이 되고 있는 지하드(성전)에 대해 언급하고자 한다.

메디나의 이슬람 공동체의 자기 보전의 필요에서 성전 개념이 도입되었다. 그 유래를 살펴보면 다음과 같다.

첫째, 아랍 부족의 관습(약탈은 아랍의 전통적 생활 관습임).

둘째, 서기 622년 메디나로 이주한 무함마드와 그의 추종자들의 처지에서 구체적으로 찾을 수 있다. 메카는 상업 도시였던 반면 메디나는 농업 도시였다. 메카에서 메디나로 이주한 사람들은 생계를 해결하기 위해 메카 우상 숭배자들과 싸움을 벌여야만 했다.

코란 5장 35절(또는 8장 72절, 16장 110절)에서 모든 무슬림은 하나님의 길에 나가서 애쓰라(ja:hadu:)라는 구절이 있다.(애쓰라는 아랍어 동사 ja:hadu에서 애씀이나 노력이라는 명사 Jiha:d가 파생됐다.)

셋째, 점차적으로 지하드는 이교도와의 전쟁에 사용되어(이슬람 세계의 확대 또는 방위를 위한 싸움을 의미) 아랍 부족의 통일을 꾀하였다. 무함마드 사후에는 정복 사업에 활력소로 등장하였다.

이슬람 이전의 아랍 부족 사회에 오래 전부터 있었던 약탈이라는 독특한 관습이 이슬람 공동체에 도입된 것을 보여주는 계시는 코란 2장 190~195절이다. 약탈 관습이 원래 그대로가 아니라 종래와 전혀 다른 것으로 채택되었다. 즉, 이슬람 신자가 비 이슬람 신자를 대상으로 하는 성전이라는 종교적 의미를 갖게 된다.

중국의 이슬람 신자가 이를 성전으로 번역했으나 그 원래의 뜻은 '신의 길에서 노력하는 것' 이다.

이슬람법에 따르면 세계는 이슬람의 주권이 확립된 이슬람 세계와 아직 그 주권이 확립되지 않은 세계로 정의되고 여기서 이슬람의 주권이 확립될 때까지 성스러운 싸움이 필요하게 된다.

4. 이슬람의 6신

모든 무슬림들은 여섯 믿음을 단련해야 한다.

하나님(알라)

하나님 외에 또 다른 신은 없고 자식도 두지 않으며 하나님을 제한하는 어떤 인간적 속성도 가지고 있지 않다는 것을 믿어야 한다. 동반신을 두는 것은 용서할 수 없는 대죄이다. 무슬림은 하나님이 코란을 통해서 모든 인간을 대신하여 무함마드에게 마지막으로 자신을 계시하였다는 것을 믿는 사람이다. 참고로 알라 또는 하나님, 신이라고 해야지 알라신이라고 써서는 안 된다. 이슬람에서는 신 또는 하나님을 알라라고 부르기 때문이다.

무슬림은 절대자인 신의 뜻에 순종해야 한다.(코란 2장 163절, 4장 171절, 112장 3~4절, 142장 11절 참조)

코란(4장 171절 참조)에서는 3위일체의 신을 부정하고 유대 민족의 민족적 유일성을 부정하며 아랍의 꾸레이쉬 부족들의 세 여신이 알라의 딸이라는 것을 비난함으로서 다신교를 부정하고 있다.

하나님은 전지 전능하며 인류를 창조하였을 뿐만 아니라 천지간의 모든 것을 인류의 소용으로 제공하셨다.

예언자

코란에 언급된 예언자들의 이름은 모두 28명이다. 이들 모두가 동등한 지위를 갖고 있으나 무함마드가 최후의 예언자라 하여 마지막임을 강조한다(코란 33장 40절 참조).

코란은 구약성서의 예언자들 가운데서 아담, 노아, 아브라함, 이삭, 요셉, 요나, 엘리자 등을 예언자로 받아들였으나 아모스(Amos)에 대해서는 언급이 없다. 특히 아브라함은 무함마드의 이상적인 선구자로 간주된다.

메카에 있는 대성원인 카아바의 창건자(쿠란 14장 참조)로 아브라함이 높이 평가되고 있다.

신약성서의 예언자와 사도 중에서 자카리아, 요한, 마리아, 예수 등이 코란에 등장하나 바울은 불분명하다.

코란에서 예수는 무함마드의 선구자로 묘사되고 있다. 그러나 예수가 십자가에 못 박힌 것은 인정하지 않으나 마리아가 처녀의 몸으로 예수를 잉태한 것은 기적으로 인정하고 있다.

코란에서 중요한 예언자로서는 아브라함, 모세, 예수와 무함마드이나, 무함마드가 최후의 예언자이며 코란은 최종의 계시라는 사실을 강조함으로써 다른 예언자나 사도보다 무함마드를 더욱 높이고 있다.

그러나 무엇보다도 중요한 것은 무함마드는 오직 신의 말씀을 전달하도록 신탁 받은 한 인간에 지나지 않음을 강조한다는 것이다.

무함마드는 코란에서 여러가지로 호칭되고 있다.

가. 예언자(7장 157~158절 참조): 하나님과 대화를 나눈 사람으로, 히브리어에서 차용된 말이다.

나. 알라의 사자(7장 158절, 48장 29절 등 참조): 신의 말씀을 책으로 인간에게 전달한 사람이다.

다. 경고자(35장 24절 참조): 최후의 심판을 인간에게 경고한 사람이다.

라. 생각나게 하는 사람: 코란 초기의 계시 때 사용되었다.

코란

코란의 아랍어로 정확한 발음은 알-꾸르안이며 낭송을 의미함으로 곧 독경이다.

알라가 지상의 백성에게 내린 경전은 모세의 5경, 다윗의 시편, 예수의 신약성서, 무함마드의 코란 등이다.

상기 4권의 성서는 모두 계전의 백성에게 내린 하나님의 말씀으로 믿어 본래는 같은 내용으로 간주한다.

그러나 무함마드의 코란을 제외한 3권은 그 추종자들에 의해 수정, 삭제, 가필되었다고 보고 오직 코란만이 순수한 하나님의 말씀으로 생각한다. 예를 들어 유대인들이 자신들을 하나님의 선택된 민족으로 묘사하기 위하여 성전의 일부를 바꾸었고 기독교인들이 나자렛의 예수의 신성을 증명하기 위하여 복음서를 다시 썼다고 무슬림들은 믿고 있다.

〈오스만시대 수집한 코란 사본〉

즉, 코란이 하나님의 최종적이고 가장 완벽한 말씀을 수록하고 있다는 믿음을 가져야 한다. 코란이 최종의 계시로써 무함마드에게 전해진 모든 계시, 즉 태초의 말씀이 빠짐 없이 이 성전 속에 복사되어 있다는 것이다.

코란은 하나님이 원하는 인간의 행위에 대해 말하는 하나님 의지의 계시이다. 다시 말하면 하나님을 기쁘게 하도록 인간이 해야 할 것과 그들이 최후 심판의 날에 어떻게 심판을 받는 가를 언급한 성전이다. 코란은 이슬람의 기본서이자 인간의 기본지침서로서, 무슬림은 물론 비 무슬림에게도 통용된다.

코란은 예언자이며 사도인 무함마드가 40세 때 라마단 월 17일부터 63세 때 라마단 월 17일까지 약 22년 1개월 22일간에 걸쳐 받은 계시를 제1대 정통 칼리프인 아부 바크르, 제2대인 오마르 빈 카탑에 의해 기록으로 완성한 것이다. 코란은 모두 114장 6342절로 되어 있고 이 가운데 500절은 실체법으로서 사회생활에 관한 계율이며, 나머지 5842절은 신앙에 관한 예식규율과 도덕에 의해 사실적 또는 상징적으로 기술되어 있다. 현재 한국어, 영어, 불어, 중국어 등 여러 나라 언어로 번역되어 있으나 코란이라 부르지 않으며 코란해설이라고 부른다. 아랍어로 계시된 하나님의 말씀을 인간이 그 의미를 정확히 옮길 수 없기 때문이다.

천사

하나님은 코란을 무함마드에게 직접 계시하지 않았다. 가브리엘 천사를 보내신 것이다. 따라서 천사들은 하나님의 전령으로, 인간처럼 하나님에 의해 창조되었다. 천사들 중에서 대표는 하나님의 계시를 무함마드에게 전달해 준 가브리엘 대천사를 꼽을 수 있다(코란 2장 97절).

이 천사는 성스러운 영혼(코란 16장 102절), 충실한 영혼(코란 26장 193절)으로도 불려지고 있다. 가브리엘을 수장으로 천사들은 위계 층을 이루고 있다 한다.

신과 인간의 중간에 자연적인 존재가 인정되고 있는데 신의 명령에 충실히 따르며 각종 역할을 다하는 존재로는 천사와 진 그리고 사탄이 있다.

사탄(악마)은 천사와는 반대되는 개념으로써 코란에서는 '이블리스'라는 이름을 갖고 있는 데 그는 아담에게 숭배하라는 하나님의 명령을 비웃었다.

특정 악마의 이름이라기보다는 악마 전체를 의미하고 있다.

최후 심판의 날

심판의 날은 만남의 날, 부활의 날, 또는 집합의 날이라고도 한다.

하나님에 의해서 창조된 만물은 최후 심판의 날에 모두 죽게 되며 이미 죽은 자들과 함께 하나님에 의해 그들이 행한 것에 심판을 받게 되며, 종말로부터 내세가 시작된다고 한다. 그리고 최후의 심판 없이는 내세가 시작되지 않으며 최후의 심판은 갑자기 시작되기 때문에 하나님 혼자만이 그 때를 알 수 있다는 것이다.

심판이 끝나면 판결에 따라 천국이나 지옥으로 가게 되는데, 믿고 선행을 행한 자들은 천국으로 가게 되는 것이다.

세계는 무에서 신의 창조로 시작되고 신에 의해 종말이 되는데 인간은 하나님의 앞에 서게 됨으로 어떠한 부나 권력도 최후의 심판 일에는 아무 소용도 없다는 경고에서 최후 심판 일의 의의를 찾을 수 있다고 보며 따라서 이승에서 누가 보지 않더라도 선행을 쌓아야 하는 것이다.

정명(아랍어로 까다르, 또는 천명 사상)

내세와 인간의 운명은 정해져 있다는 정명에 대한 믿음 즉, 우주의 모든 일이 알라의 의지이며, 인간의 운명은 알라가 지배한다는 대명을 믿는 것이다. 또한 모든 만물의 움직임과 정지, 변화, 발전 등은 신의 섭리 즉 그의 계획이며 뜻이라는 것이 정명이다.(코란 36장 12절, 39장 70절 참조) 이것은 잠시도 인간의 곁을 떠나지 않고 지켜보고 있는 절대자의 완전성에서 유래한 것이다.

정명에 대해서는 각 종파에 따라 약간의 차이는 있으나 세계 무슬림의 80% 이상을 차지하고 있는 순니파를 비롯하여 여러 종파가 이를 따르고 있다.

위에서 언급한 바와 같이 사후 세계에서 모든 인간의 영혼은 최후의 심판을 받아 천국과 지옥으로 나뉘어 상벌을 받게 된다.(코란 22장 5~7절, 36장 12절, 39장 70절 참조)

상기처럼 신에 의해서 창조된 만물은 종말시 신에 의해 심판을 받게 되며 종말로부터 내세가 시작된다고 본다. 그리고 최후의 심판 없이는 내세가 시작되지 않으며 최후 심판은 돌연히 시작되기 때문에 신만이 그 때를 알 수 있다는 것을 받아들여야 한다.

대상인 계급의 박해에 고통을 받았던 당시의 이슬람 신자들은 최후 심판 일에 희망을 걸고 그들의 신앙을 지켰다고 한다.

최후 심판 일의 의미는 현세에서 쌓은 부나 권력도 심판의 날에는 아무 소용도 없기 때문에 이승에서 누가 보지 않아도 선행을 쌓아야 한다는 것이다.

유대교나 기독교에서는 교리를 발전시켜 인간의 의지가 신의 의지보다 더 결정적 역할을 한다는 교리가 전개되지만 코란은 그렇지 않다.

예언자의 생존시 두 교리의 영향으로 코란의 천명관이 확립된 것으로 간주되고 있다.

5. 이슬람법, '샤리아'

샤리아의 정의

아랍어로 샤리아는 '올바른 길'이라는 의미를 갖고 있다. 이슬람법 상의 전문용어로는 사도 무함마드에게 전달된 알라의 계시로써 바로 인간이 반드시 준수해야 할 길 즉, 이슬람의 규범이며 현세는 물론 내세에도 적용되는 모든 규율을 뜻한다. 무슬림 법률학자들은 샤리아를 하나님의 처벌을 피하고 보상을 받고자 하는 모든 무슬림들이 따라야 할 사회도덕과 법전으로 간주하였다. 최근에 와서까지도 샤리아는 무슬림국가에서 유일하게 인정된 법전이었다.

이슬람은 신앙의 고백으로 시작되지만 이슬람에는 무슬림이 해야 할 것과 무슬림이 해서는 안 되는 것이 상세히 규정되어 있다.

최후 심판의 날을 두려워하는 무슬림은 하나님을 기쁘게 하고 조화로운 사회를 유지시킬 행동규칙을 알고 따르고 싶어한다. 이러한 규칙들이 샤리아라는 법률로서 주의 깊게 편찬되고 구체화되었다. 이것은 유대사회의 탈무드와 비슷하다는 주장이 있다.

샤리아는 대신관계와(5주와 지하드가 해당된다.) 대인관계 등 인간의 모든 행동을 평가하려고 노력하며 다섯 가지 기준으로 분류하고 있다. 즉 모든 인간의 행위는 어느 한가지라도 반드시 아래에 해당된다.

첫째: 해야 할 것. 공동체 전체이건 사회 구성원 개개인이건 의무사항으로 이행하면 천국에서 보상을 받고 무시하면 처벌을 받는다. 아랍어로는 '와집'이라 한다.

둘째: 하는 것이 좋은 것. 가치가 있는 것으로 이행을 권고한다. 이행하면 보상을 받으나 생략해도 처벌은 없다. 아랍어로 '만둡'이라 한다.

셋째: 해도 좋고 안 해도 괜찮은 것. 법적으로 중용을 취한다. 보상도 없고 처벌도 없다. 불문행위라고 보면 된다. 아랍어로 '무바흐'라고 한다.

넷째: 하지 않는 것이 좋은 것. 일반적으로 혐오되는 것이다. 찬성하지는 않으나 금지되지 않는 행동으로 안 하는 것이 권장되나 처벌을 받지도 않는다. 아랍어로 '마크루흐'라고 한다.

다섯째: 금지된 것. 이행하면 처벌받는 행위를 말한다. 아랍어로 '하람'이라 한다.

위에 언급한 내용으로 보아 이것은 이슬람의 윤리관을 명백히 보여주는 것이라 할 수 있다.

상법과 형법 이외에도 샤리아는 결혼과 이혼에 관한 규정, 어린이 부양, 기타 대인관계, 재산, 음식 및 의상, 위생, 예배 등에 관한 규칙들을 포함하고 있다. 다시 말해서 이슬람 율법은 실체법과 절차법을 다같이 다루고 있다.

실체법에서는 하나님의 의지, 선악, 허락과 금지 그리고 반드시 의무를 이행해야 할 것을 단순히 서술하고 있다.

절차법에선 법의 외부적인 면, 실체법이 법적으로 공식화되는 것, 이슬람 법학에서 특별히 다루는 것 등 종교상의 현실적 규정에 대한 지식을 망라한다. 예를 들면 종교적 의무와 관련된 법규정과 사회관계 내의 여러 법규정(결혼, 이혼, 상거래, 재판관계, 비신자 관련 사항, 비 이슬람 국가와의 전쟁과 평화, 이슬람국가 재정, 물질적 관계, 형벌관계, 이슬람국가 내 통치원리, 국민의 권리와 의무 등)을 다룬다.

샤리아의 형성

샤리아의 법 체계와 원칙은 통치자나 부자들이 기부한 학교와 사원의 학자들에 의해 기초가 세워지고 발전, 유지되어 왔다.

초기의 무슬림들은 선악 개념과 상업, 재산권 사용 등에 사회관습 규범을 따랐다. 그러나 무함마드의 사명이 확대, 강화되면서 코란 그리고 무함마드의 가르침과 실천(무슬림들이 이후에 '순나'라고 부름)을 근거로 삼게 되었다. 즉 코란과 순나가 자녀교육과 새로이 이슬람으로 개종한 신자들의 지침으로 이용되었다. 아랍의 정복사업으로 로마의 법 개념과 제도 및 페르시아 법을 수용하지 않을 수 없었고 이슬람법은 모든 무슬림들이 받아들일 수 있도록 명확하고 동일한 표준으로 체계화돼야 함을 지도자들이 인식하게 되었다.

서기 8세기 압바스 가문에서 권력을 잡게 되었을 때 무슬림들은 코란의 의미와 무함마드의 생애와 언행을 연구하기 시작하였다. 따라서 이슬람 법학을 아랍어로 '피끄흐'라고 하는 학문이 태동하였다.

이슬람 역사학자들은 고대 법 제도에서 많은 것을 샤리아에 도입했다고 주장하나(고대 로마인이 발전시킨 법리학을 체계화한 사람이 중세 때의 무슬림학자 '샤피이'라고 함) 무슬림들은 이슬람 법원에 대하여 다음의 네 가지를 만장일치로 채택하고 있다. 그것은 코란, 하디스(무함마드의 순나에 관한 문서), 유추해석(아랍어로 '끼야스'), 움마의 합의(아랍어로 '이즈마아')이며 이 네 가지 이외에 법률적 의견(아랍어로 '이즈티하드')을 다섯 번째로 삼는 학자들도 일부 있다.

코란

코란은 주지하다시피 무함마드에게 전달된 하나님의 말씀을 기록한 것이다. 코란은 많은 율법과 금지령을 포함하고 있으며 개인과 집단의 행동에 관한 가치 판단도 제공한다. 예를 들어 이혼(코란 2장 226~238절), 계약(코란 2장 281~283절), 재산 상속(코란 4장 11~17절) 등 모든 무슬림들이 준수해야 할 규칙이 명시되어 있다. 물론 암시적인 메시지도 있다. 그러나 인간의 행동의 다양성으로 코란이 다루는 것을 훨씬 초과하고 있는 것이 사실이다. 코란은 기도할 것을 무슬림들에게 명령하지만 하디스를 통해 기도하는 방법을 배워야 한다.

하디스

하디스는 코란 다음의 제2의 법원에 해당된다. 예언자의 순나는 코란보다 더욱 광범위하지만 무슬림들은 샤리아의 법원으로 이용하는데 신중해야 하며 어떠한 유혹도 피해야만 했다. 처음에는 하디스의 내용이 위조됐는지 그 내용의 신빙성을 확인해야 했다.

여러 확인 단계를 거쳐 하디스를 종합적으로 정리한 학자로는 '부카리'와 '무슬림' 등이 있다. 그들은 페르시아 출신이었으나 그들의 공헌이 매우 컸다.

하디스는 코란의 상징적, 추상적인 의미를 실질적, 구체적으로 해설하였으며 순나 자체로서 고유의 규범을 시사하고 있으며 코란에서 무효 규범에 대치되는 새로운 규범을 설정하고 있다.

움마의 합의

움마의 합의 즉 이즈마아란 사물에 대한 결정, 또는 견해의 합의 혹은 일치를 말하는데 여기서는 사도 무함마드 사후 코란과 하디스의 내용 해석에 관한 이슬람 법학자들의 합의 일치된 견해를 뜻한다.

유추해석

유추해석의 의미를 갖고 있는 끼야스 본래의 의미는 구체적으론 사물과의 비교를, 추상적으론 인간의 경우 양자 또는 그 이상을 상호 비교하는 것이지만 여기선 새로운 상황의 발생으로 코란과 하디스에 명기되지 않은 경우에 대해 코란과 하디스의 내용에서 유추하는 방법을 말한다. 코란에서 와인을 금지하고 있는 것에 따라 와인과 같은 효과를 주는 모든 증류주를 금지하는 경우와 같은 것이다.

유추해석은 시대의 변천에 따라 샤리아에서 점점 높은 비중을 차지하고 있다. 결국 샤리아라는 것은 전술한 네 가지를 주요 법원으로 삼고 이슬람 학자들이 이슬람교의 모든 규율을 종합하여 정리한 규범을 의미한다.

정통 법학파

샤리아법의 성문화는 서기 9세기 후반기에 이루어졌다. 그 결과 네 개의 순니 정통 법학파가 태동하게 되었다. 하나피파, 샤피이파, 말리키파, 한발리파 등이 그 예들이다.

하나피파가 가장 큰 세력을 갖고 있다. 이슬람력 2세기 때 이라크지방 쿠파에서 성장하였다. 767년에 사망한 아부 하니파의 추종 세력이다. 주로 코란과 하디스 이외에 합의를 상당히 채택하고 있다. 이 학파는 이라크, 시리아, 인도와 파키스탄 그리고 옛 오스만제국 치하의 지역에서 지배하고 있다.

말리키파는 795년에 사망한 말리크 이븐 아나스가 학파 창시자로 사우디 아라비아의 메디나에서 성장하였으며 하디스를 많이 이용한다. 이집트 남부와 북서 아프리카 등 북아프리카에서 지배적인 학파이다.

샤피이파는 820년에 사망한 무함마드 이븐 이드리스 알-샤피이의 가르침을 따르며 서기 9세기 이집트에서 하나피파와 말리키파의 종합판으로 성장하였다. 그러나 유추해석에 중점을 두고 있다. 이 학파는 이집트 북부, 히자즈 지방, 아라비아 남부, 동아프리카 및 동남 아시아에서 강세를 보이고 있다.

한발리파는 855년에 사망한 아흐마드 이븐 한발의 추종 세력들이 주류이며, 유추해석과 합의 그리고 법률적 해석을 법원으로 인정하지 않는 다소 엄격한 학파로 그 때문에 추종세력이 적은 편이다. 오늘날 이슬람 개혁운동을 생각하는 사람들이 선호하는 학파이다. 현재 사우디 아라비아의 공식적인 법체계로 채택되고 있다.

이슬람법 제도에선 변호사와 검사를 두지 않는다. 대부분의 경우 이슬람 재판관(아랍어로 까디라고 함)이 소송 당사사와 증인이 제시한 증거를 바탕으로(때때로 무프티라고 부르는 법학자 등의 자문을 받기도 한다.) 판결을 내린다. 절차법상 4명의 증인이 필요한 간통의 경우를 제외하고 신뢰할만한 2명의 증인이 요구되며 여성이 증인으로 나선 경우에 그 효력은 남성 증인의 절반에 해당된다.

중요한 것은 4대 법학파 내에서 서로 상이한 견해들이 나타난다고 해서 이슬람의 단일성을 파괴하는 것은 아니라는 것이다.

또한 샤리아의 적용범위나 시대적 부적절성에 관하여 언급하자면 관습화된 대인관계법, 재산에 관한 법 및 세제 그리고 미풍양속은 샤리아의 적용을 받고 그 이외에는 세속법의 적용을 받는다. 즉 일반 사법법원과 행정법원은 유럽의 법 제도를 본 따서 제정하였다.

대부분의 아랍국가에서 헌법에 이슬람은 국교이며 이슬람법은 국가법의 근간이라고 명시하고 있다. 그러나 현대 행정체계의 확대 이전 시골과 사막지역에서 마을과 부족의 문제들은 보통 가문의 우두머리나 그 공동체의 원로들이 유지시켜온 그 지방 관례에 의해 규제를 받아 왔고 현재도 규제 받는 것이 사실이다.

제2절 의식주 문화

아랍 하면 곧 이슬람을 떠날 수가 없다. 이슬람과 함께 아랍이 성장하고 세계사에서 황금기도 누려 왔고 또 오늘날 아랍-이슬람 국가의 비중이 날로 더해 가고 있는 것이 현실이다.

이슬람은 자유, 평등, 박애의 정신을 바탕으로 한 정교일치(政教一致)를 지향하고 있으며 모든 법 중에 이슬람법이 최고위에 있고 이슬람 교리가 국민 생활과 의식 구조, 가치관의 기준이다.

이렇게 보면 다시 말해서 아랍인의 의식주를 살펴볼 때도 이슬람을 바로 이해한 후라면 더욱 그들의 생활의 면모와 특징을 쉽게 알 수 있게 된다.

1. 의상문화

아랍 남자들의 의상에서 지역을 가리지 않고 공통적으로 찾아볼 수 있는 것은 그들의 옷이 여자의 원피스 식으로 되어 혁대가 필요 없다는 점이다. 지역에 따라 색깔의 정도, 스타일의 차이는 있으나 아직도 그들 특유의 옷을 국민 다수가 착용하고 있어 외국인과 쉽게 구별된다. 우리나라에 우리 고유의 한복이 있듯이 그들에겐 그들 고유의 의상이 있다.

〈사우디아라비아인의 전통의상〉

이러한 그들의 의상은 이슬람 홍성으로, 이맘 즉 종교 지도자에 의한 통치를 가져왔고 그들 의상이 전파된 것으로 추측되고 있다.

옛날 아라비아 반도의 베두인들은 날씨와 밀접히 관련된 의상 즉, 머리에는 터번을 두르고 흰색의 천으로 된 옷을 입었으며 이슬람 이후에도 이들 의상은 거의 그대로 이어받아 전통적으로 습관화되었다.

무슬림들은 사도 무함마드의 말씀과 행동을 그대로 본받기를 좋아하는데 무함마드도 역시 이런 의상을 입었고 특히 평등을 강조하는 이슬람에서는 순례복을 흰옷으로, 바늘이 가지 않는 천을 몸에 감고 하는 의식을 이어 받았다.

〈아랍여인의 전통복장과 장신구〉

물론 고대 자힐리야 시대(이슬람 이전의 시대)에는 아랍인들의 습관 가운데 하나로 문신(文身)행위가 있었다. 특히 여자에게 많았고 남자도 자신들이 여러 곳에 문신했었다는 기록이 있었다. 그 뒤 알라의 창조물을 인간이 바꾼다는 이유로 이슬람법에서는 추한 습관으로 이를 금했다. 이는 남녀도 어느 정도 몸의 일부를 드러냈었다는 증거로 보여진다.

여성의 의상과 관련하여 코란에서 요구하고 있는 것은 외출 시 품위 있는 의상을 갖추어야 하며 가슴을 가려야 한다는 점이다. 하렘제도와 베일 착용은 원래 서기 8세기 경 비잔틴과 페르시아의 관습의 영향을 받아 채택된 것으로 이슬람의 지시나 관습이 아니다. 여자는 거의 공통적으로 몸과 얼굴을 가린다. 물론 이슬람에서 5대 의무의 하나인 기도를 행할 시에는 손, 눈만을 제외하고 모두 가리게 되어 있다.

여인들이 얼굴을 검은 천이나 흰 것으로 가리고 다니는 데에는 여러 가지 이유가 있으나 여자가 결혼했거나 신체적으로 성숙하면(일반적으로 초경을 한 후) 부모가 얼굴을 비롯한 신체를 가리게 한다.

〈이집트 여성의 전통의상〉

오늘날 세계가 좁아지고 이에 따라 여행 등이 잦아지게 되었다. 또 기후도 고려하지 않을 수가 없다. 따라서 전통 의상은 사우디아라비아 등 아라비아 반도를 중심으로 한 나라들은 집안이건 일을 하러 나갈 경우든 그대로 착용이 되고 있으나 이집트, 튀니지 등에서는 근무복이나 결혼식, 장례식 등 의식이 있는 경우의 의상에도 양복을 많이 입고, 가족, 친지들과 집안에서 지내는 경우에만 전통 의상을 입는 경우가 더 많아졌다.

워낙 아랍 지역이 광활하여 나라마다 아랍 고유 의상의 이름을 약간씩 다르게 부르고는 있으나, 보통 통으로 된 헐렁한 옷을 질밥 또는 갈라비야(이집트 등) 또는 디슈다샤(이라크, 사우디, 쿠웨이트 등)라고 하며 앞이 터지고 넓거나 긴 소매가 달려 있는 전통 의상을 줍바, 꾸프딴이라고 부른다.

순례 시 입는 옷은 어느 국적을 불문하고 무슬림이면 누구나 꿰맨 자리가 없는 모직 또는 아마사천으로 만들고 보통 흰색으로 된 이흐람을 입어야 한다. 이흐람을 입고 순례할 때는 빗질이나 면도를 해서는 안 되는 것이 관행이다.

요즘은 흰색이 너무 쉽게 때가 타서 조금 못사는 나라에 가면 회색 등 더러움이 쉽게 덜 가는 색깔을 선호하기도 하여 빈부가 구별되기도 하나, 우리들만큼 호화스럽거나 사치스러운 면은 그다지 심하지가 않다. 또한 남녀를 불문하고 선정적이거나 노출되는 옷은 아주 부정적으로 보고 있다.

터번은 아랍어로 이집트에서 이마마로 부르고 있다.

무슬림 남자들은 터번이나 여러 형태의 차양이 없는 모자를 착용한다. 터번 색깔도 그 사람의 지위를 나타내주기도 한다. 베두인들은 머리띠로 고정시키는 늘어진 쿠피야(이깔로 고정)를 쓰고 다닌다. 무슬림들은 차양이나 챙이 있는 모자는 절대로 쓰지 않는다. 예배의 부복 시 문제가 있기 때문이다.

의상과 관련된 용어를 다음과 같이 소개한다.

따르부쉬는 실린더(원통)형으로 만들어졌으며, 터키에서 유래되었고 보통 검은 술이 달린 빨간 색 모자를 말한다. 챙이 없는 것이 특징이다. 이집트에서는 흔히 관리나 화이트-칼라 층에서 이용된다.

그러나 이 관습은 1950년대 말~1960년대 초에 중동에서 점차 사라졌다. 따라서 1960년대 초 이후 이 모자를 쓰는 사람을 가난한 구식 인물로 간주하고 있다. 흰색의 머리 수건이나 높이가 낮은 모자를 "따-끼야"라고 부른다.

갈라비야는 이집트 남녀의 전통 의상을 말한다. 더운 날씨에 대단히 이상적이다. 대체적으로 헐겁고 길며 원피스형의 품이 큰 가운 같은 겉옷이다. 보통 면으로 만들어 시원한 느낌을 주고 있다.

디자인도 단순해서 흰색, 회색 등 단색이거나 줄이 나있기도 하다. 집 안에서 편하게 입으며, 보통 외출 시 농민이나 서민층이 즐겨 입는다. 이런 형태의 옷은 거의 모든 아랍 국가에서도 즐겨 입는데 '질밥' 또는 '디슈다샤'라고 부른다고 이미 지적한 바와 같다.

겨울에는 긴 팬티와 함께 내복을 입는다.

꾸프딴은 갈라비야보다는 좀 더 격식 있는 형태로 겨울에 입도록 면과 실크를 혼합한 재료로 만드는 경우가 많다. 남녀 모두 사용한다. 보통 앞이 열려 있고 혁대를 함께 사용한다. "줍바"라고도 한다.

밀라야는 이집트 여성들이 머리 위에서부터 신체 주위를 감아서 입는 검은 외투, 덮개이다. 보통 실크로 만드는데 남성의 아바야에 해당되는 것이다.

아바야는 소매가 없고 모직으로 만든 길고 헐거운 옷으로, 남성들이 갈라비야 위에 입는 겉옷으로 앞이 틔어 있다.

부르꾀는 얼굴의 아래 부분(눈 아래)을 가려주는 베일(얼굴 마스크)을 말한다. 베두인의 경우 눈만 제외하고 얼굴을 모두 가리는 마스크를 가리킨다. 보통 검은 크레이프(Crepe)나 황금색을 띈 천을 사용한다.

얼굴 전체를 감싸는 여성의 베일은 '히잡(Hija:b: 머리 스카프)'이라고 하며, 일종의 검은 색 베일을 '니깝(Niqa:b)'이라고도 한다. 우리 나라에서 널리 알려진 단어 '차도르'는 아랍어가 아닌 이란어이다.

2. 음식문화

아랍음식은 페르시아와 터키 문화의 영향을 받은 일종의 지중해 요리라고 볼 수 있다.

아랍음식에서 밀이 기본적인 곡물이다. 보통 제분소에서 갈아서 집에서 반죽한 후 작고 납작한 덩어리로 만들어 공동 오븐이나 빵집에서 굽는다. 양, 염소, 낙타, 물소, 젖소의 우유를 마시며 치즈와 버터 그리고 요구르트 제품을 만든다. 제일 많이 먹는 고기는 양고기이다. 보통 물이 귀해 탕 종류로 만들기보다는 불에 구워 먹거나 튀겨 먹는다. 동물의 내장이나 기관(예, 눈, 뇌, 간, 심장, 불알 등)은 진미로 간주된다.

아랍인들은 쌀도 잘 먹는다. 그러나 우리처럼 차지고 흰 맨 밥이 아니고 기름에 볶거나 튀기든지 또는 내장을 빼고 고기 배 안에 넣고 다른 재료나 양념과 함께 요리해서 먹는다. 예를 들어 이집트에서는 서민들이 즐겨 먹는 쿠샤리가 있는데 이것은 빵 속에 쌀과 마카로니, 렌즈 콩, 양파 그리고 소스를 넣은 것이다.

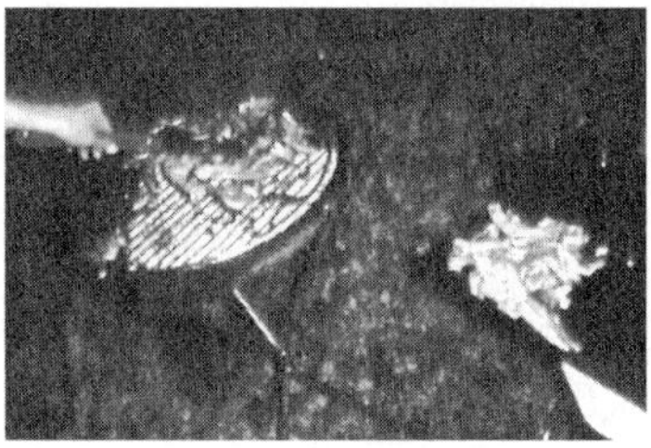

〈양고기 음식〉

아랍인들은 양념을 많이 사용하지 않는다. 흔히 쓰이는 양념의 종류는 마늘, 양파, 소금, 후추, 올리브 유, 레몬 주스이다. 맛보다는 노란 색을 들이기 위해 사프란(Saffran)이 사용되기도 한다. 이는 음식의 외양을 높이기를 좋아하기 때문이다. 달게 하는데는 설탕보다 꿀이 선호된다.

한마디로 그들의 주식이자, 오랜 시간(2～3시간)에 걸친 대식은 점심 식사이다.

수프, 베이킹 파우더를 넣지 않고 밀가루만 반죽해서 납작하게 구운 담백한 빵, 양고기 등 육식 그리고 생선 또는 비둘기 고기 속에 쌀을 집어넣어 불에 구워 먹는 등 다양하다.

비둘기 고기가 별미이고 값도 비싸기 때문에 시골에 사는 아랍인들은 비둘기를 집에서 사육하는 것을 흔히 볼 수 있다.

이외에 치즈, 우유, 야채 등도 같이 먹으며 디저트로 아랍 차와 커피도 마신다.

이들은 날씨 등으로 아침 7시 반에 근무를 시작해서 보통 2시에 하루 일과를 끝낸다. 만일 자기가 할 일이 많이 있거나 해야 할 경우에는 자기 스스로 5시에서 7시 정도까지 근무할 수도 있다.

즉 우리가 점심 시간이 촉박한 것에 비하면 이들은 2시에 일과가 끝난 후 가족과 같이 충분한 시간을 두고 식사를 할 여유가 있다. 그리고 나서 낮잠을 잔 후 저녁 바람이 선선하면 가족과 같이 해안에 가거나 쇼핑을 나간다. 그 대신 저녁은 늦게 9시 반경에 점심보다는 가볍게 먹는다.

아침은 샌드위치 또는 우유와 커피 등으로 먹고, 점심 전까지 주로 아랍식 차와 커피를 자주 마신다.

그들은 일반적으로 혼합해서 만든 음식을 즐겨하며, 여럿이 함께 먹는 것을 좋아한다.

음식을 가지고 인색하게 굴지 않고 외국인이 동석했다고 하더라도 별도로 주지는 않으나 큰 그릇을 가운데 놓고 손으로 뜯어먹는다. 이는 서로 구별 없는 형제애와 아랍인의 미덕 가운데 하나인 친절에서 비롯되는 풍습이다.

특별한 사람이라고 해서 자리를 구별해서 앉는 것이 아닌, 심지어 주인이라고 해서 자식들 앞에서 상석에 앉는 것이 아닌, 자연스럽고 평범한 질서 속에서 음식을 즐긴다.

옛날 베두인들이 손님을 미소로서 맞아들이고 환영과 친절로서 음식을 대접하는 미덕이 그대로 살아 있다고 볼 수 있다. 그래서 아랍인들은 푸짐한 대접을 잘 하기로 유명하다.

아랍인 친구 집에서의 저녁 식사 초대는 설사 그들이 미천한 지위에 있다 하더라도 하나의 사치스러운 일 일수도 있다.

가능한 한 최상의 대접을 손님에게 베푸는 일은 모든 아랍인들에 의해

하나의 절대적인 의무로 받아들여지고 있다.

옛날 이슬람 이전의 아랍인들은 사냥을 한 고기와 우유, 낙타고기들을 좋아했었다고 한다.

마실 때도 서서 마시는 것을 싫어하고 앉아서 마시고 특히 더울 때 갈증을 해소하기 위해 한꺼번에 물을 마시지 않고 세 번에 마신다. 왜냐하면 위에 부담이 가기 때문이다. 그래서 오늘날도 사무실 등에서 차나 커피를 대접받을 때도 천천히 마시되, 세 번까지는 사양하지 않고 마시는 것이 호의적이다.

이들 음식으로는 고기나 생선 또는 닭고기에 밀가루 반죽을 해서 양파, 감자, 고추 향료들을 섞어 만든 쿠스쿠시가 가정 요리 주식으로 유명하며, 길거리에 나가 보면 잘게 썬 양고기와 양념을 섞어 만든 숯불구이(요즘은 가스를 많이 사용)인 샤워르마 샌드위치가 한 번 먹을 만하다.

<샤위르마 가게>

아랍 가정에서 음식은 전통적인 방법으로 제공된다. 맛자(Mazza)라고 하는 뜨겁고 찬 오르 되브르와 같은 다양한 것들이 동시에 나오고 그후 본격적인 음식(Main dish)이 이어진다.

주인은 손님 접대 시에 제일 좋은 부위의 고기나 생선, 기타 좋은 것들을 수북히 쌓아두며 환대의 표시를 한다.

본 식사가 끝나면 일반적으로 달콤한 디저트가 제공되며 그 다음 작은 잔의 커피가 대접된다.

아랍세계에서 서구화된 도시에서는 나이프, 포크, 스푼이 사용되고 있으나, 시골과 교육을 덜 받은 사람들 사이에는 아직도 손가락을 사용하고 있으며 이 경우 오른손만을 사용해야 한다.

알콜의 판매와 소비는 엄격히 금지되어 있다. 코란에 술은 모든 무슬림들에게 하람(이슬람법 즉 샤리아에 의해 금지된 것)으로 특별히 지정되어 있기 때문이다. 사우디아라비아나 리비아 등 엄격한 나라에서는 술을 팔거나 마시는 외국인을 처벌함으로 주의해야 한다.

신앙심이 약하거나 해이한 무슬림들은 포도와 기타 과일로 빚은 와인, 맥주, 아라끄(대추 야자의 수액, 당밀 또는 쌀로 발효시킨 음료)를 마시기도 한다. 그 대신 이슬람 계율을 잘 지키는 대다수 무슬림들은 계절에 따라 나오는 과일 주스, 샤베트(Sherbet: 원래는 장미 향수나 과일 시럽과 혼합된 눈 Snow임)와 묽은 요구르트를 마신다.

술 이외에 돼지고기도 역시 금지되어 있다. 돼지고기나 짐승의 피를 재료로 한 음식은 먹지 않으며 이슬람식으로 도살하지 않은 동물이나 하나님께 바쳐진(그 피가 흐르기 때문에) 동물도 먹을 수 없다.

돼지고기를 금식시키는 이유는 위생학적인 면을 고려하고 인품의 순결을 지키도록 하기 위한 조처이다. 돼지는 성질이 게으르고 거의 무엇이던 닥치는 데로 먹어 치운다. 모든 육류 중에서 해로운 병균을 보유하고 있는 것이 돼지고기이며, 또한 질병의 매개체이다. 이슬람에서 깨끗한 고기를 먹도록 가르치고 있기에 돼지고기가 식용에 적합치 않은 것이다. 더욱이 기후가 대부분 덥기 때문에 돼지고기는 쉽게 부패하고 닥치는 대로 먹어 치우는 습성 때문에 당시 음식수급에도 문제가 있었다. 또한 이슬람이 무슬림들에게 청결을 강조하는 점에 비추어도 돼지 사육은 이에 위배된다. 마지막으로 언급하고 싶은 것은 소, 양, 염소 등에 비교하여 돼지는 오직 고기만을 공급하기에 먹이나 사료 등을 감안할 때 그 효용성도 다른 동물에 비해 떨어진다.

이와는 달리 먹을 수 있는 고기는 할랄(이슬람법에 의해 허용된 것) 이라고 부른다. 우리 나라에서는 서울 이태원에 위치한 중앙 이슬람 사원 근처에 이슬람 식으로 도살한 할랄 고기를 맛 볼 수 있다.

아랍세계에서 대표적인 음식으로는 콩으로 만드는 홈무스와 케밥 그리고 일종의 샐러드인 탑불라를 들 수 있으며, 전통적인 주식의 종류는 다음과 같다. 이 곳의 양고기가 다소 질기기 때문에 갈거나 잘게 썰어 요리하는 것이 특징이다.

슈르바(Shurba): 콩이나 야채, 생선 등으로 만든 수프

케밥(Kaba:b): 꼬치구이 고기(간 양고기 + 양파 + 파슬리 + 호박 + 양배추 + 후추 + 고추를 섞어 잘 주물러 소시지 모양을 만든다.)

마흐쉬(Mahshi): 포도나무 잎이나 양배추 속에 여러 가지 채워 넣은 것

마라그(Marag): 찜 종류

마쉬위(Mashwi): 일반적으로 바베큐 식으로 구운 고기

쿱타(Kufta): 고구마처럼 길게, 양고기를 갈아서 기름에 튀긴 것

훌(Fu:l): 콩(메주콩)을 삶아 기름(또는 버터)과 약간의 레몬 주스를 쳐서 먹는다.

활라필(Fala:fil), 따아미야(Ta'amiyya): 콩(병아리 콩, 강남 콩)을 갈아 초록빛의 둥근 완자처럼 기름에 튀긴 것을 야채와 함께 둥근 아랍 빵 속에 넣은 것, 군만두처럼 생겼다.

홈무스(Hummus): 거의 아랍 전 지역에서 인기가 있다. 이집트 콩(병아리 콩)이 주성분이다. 콩을 불려 식용 소다를 넣고 요리한 후 걸쭉한 상태로 만든다. 다시 마늘과 소금 등을 넣고 레몬 주스, 올리브유, 고추씨 향미료를 추가하고, 파슬리 등으로 장식해서 아랍 빵

과 특히 양고기 케밥과 함께 먹는다.

3. 주거문화

일반적으로 비가 드문 지역은 문이 대체로 작고, 이중 창문으로 된 네모 집이다. 비가 많지 않아 우리처럼 기와를 얹어 만든 것이 없고 문이 대체로 작은 것은 모래 바람 등에 익숙하게 습관화한 탓이다.

구조는 튼튼하게 되어 있으나 외형은 비교적 간단한 편이다.

아무리 가난한 사람이라도 현관을 들어서면 곧 바로 손님을 위한 응접실을 반드시 갖고 있다. MBC의 이진숙기자는 그녀의 책 <MBC 이진숙 기자의 취재수첩>에서 우리 나라도 아파트의 경우 문간을 들어서면 곧장 응접실 겸 거실의 구조로 된 것이 대부분이고 전통가옥의 경우도 마당을 지나면 대청마루가 손님을 맞으니 객을 대하는 풍속은 어느 곳이나 차이가 없다고 하였다.

이슬람의 영향으로 기도에 반드시 필요한 세정을 위해 화장실에는 수도 시설이 설치되어 있거나 물이 준비되어 있어 상당히 옛날부터 청결하고 위생적인 편이다.

외부 형태만 보고서 그 집의 수준을 알 수 없으나 보통 실내 응접실의 응접 세트 등 실내 장식으로 그 가정의 지위를 나타내며 그 집의 경제적, 문화적 수준을 평가할 수 있다. 이것은 외형보다는 실속 있게 내실에 더욱 더 관심을 갖고 있다는 것도 말해 주는 것이며 기후에 민감하게 대처하는 뜻도 있다.

그리고 침대 생활보다는 돗자리 같은 것을 깔고 베개를 여러 개 늘어놓아서 그들의 방은 마치 우리의 시골 방처럼 매우 친근감을 갖게 한다.

사랑방이나 응접실을 별도로 두는 것은 손님 등을 친절히 맞이하는 것도 그 이유가 있으나 보수적인 가정일수록 여자를 볼 수 없도록 그 목적이 있다.

이외에 만다라라고 하는 쌀롱 비슷한 남자들의 휴식공간을 집 맨 끝에 설치하기도 하는데 이집트에서 근대 문학이 바로 이 만다라에서 문인들이 모여 모임도 갖고 문학도 발표하는 장소로 쓰였고 나중에 유명하게 된 만다라도 있다.

요즘에는 큰 도시에서 주택난이 가중되어 우리처럼 아파트 시설을 갖춘 나라도 많이 있으나, 그 인기는 그다지 좋은 편이 아니다.

이집트에서는 옛날 파라오 때부터 함마마트 부카르라고 하는 요즘의 사우나 시설이 있었다. 이것이 세계에 퍼져 사우나라고 하는 것이 생긴 것이다.

이집트에 가면 현대식 이외에 옛날 방식의 사우나 시설도 즐길 수가 있을 것이다.

목욕문화를 크게 발달시킨 것은 아랍인이었다. 아랍인은 또한 이 목욕문화를 중세 때 유럽에 전수한 당시 문명인이었다. 항상 모래바람을 맞으며 척박한 땅에서 살아야 했던 아랍인은 몸의 청결과 이동문화에서 오는 피로를 푸느라 목욕을 즐겼다. 이로 인해 아랍식 목욕탕 즉, 함맘이 발달한 것이다. 이곳에서 손님이 원할 때 주는 비누칠이나 지압법은 피로를 몰아내는 데 효과적이었다. 이 같은 오랜 역사를 갖고 아랍-이슬람문화의 기둥이 되어 온 함맘이 우리에겐 터키탕으로 잘못 전해진 것이라고 한다.

〈알-술탄 목욕탕〉

유럽처럼 주택을 임대할 때 월세를 받는다. 우리나라와 같은 전세문화는 없다는 것을 참고해 둘 필요가 있다.

제3절 아랍 가정과 여성의 지위

1. 결혼과 이혼

이슬람 사회에서는 핵가족이 아닌 대가족제도와 일부다처제를 그 특징으로 한다.

코란에는 무슬림이 4명의 아내까지 둘 수 있다는 내용이 들어있다. 그러나 현실적으로는 대부분의 남성이 경제력과 아내들에 대한 정신적인, 육체적인 공평한 대우를 문제 삼아 1명의 부인을 두게 된다.

혼인은 특별한 사유가 없는 한 모든 무슬림이 맺어야 하는 신성한 계약이다. 독신 생활은 무함마드에 의해서 명백히 금지되었다. 가정은 오직 결혼을 통해서만 이루어진다. 그리고 혼인 사실은 반드시 공개적으로 널리 알려야 한다. 혼인은 계약이므로 증인이 꼭 필요하다.

결혼식이 끝나면 신부가 신랑집으로 인도되어 결혼잔치(피로연)가 성대하게 이어진다.

혼인은 이처럼 신성한 의무이나 이슬람은 예외적인 상황에서만 혼인의 취소 필요성(즉 이혼)을 인정하고 있다. 쌍방 중 어느 한 쪽이 다른 한 쪽을 이끌어 갈 수 없다는 것을 이혼의 조건으로 한다.

가정은 사회 조직 가운데서 가장 기본적이고 또한 가장 중요한 단위이다. 전통적인 가정은 모든 생활의 중심지이고 충성의 대상이며 개인 생활보다 우선시되고 있다.

일반적으로 전통적인 아랍 가정은 다음 6가지 특징을 갖고 있다.

첫째, 확대성: 대가족 제도를 선호한다.

둘째, 부계성: 모계주의가 아닌 아버지 쪽 혈통을 중요시한다.

셋째, 부계의 지역성-부부 결혼 시, 일반적으로 시아버지 집이나 시아버지 집 근처에 주거를 마련한다.

넷째, 가부장성: 자녀들은 아버지에게 절대적으로 복종하며 아버지는 권위주의적인 경우가 많다. 시집을 가면 며느리도 시부모를 존경해야만 한다.

다섯째, 동족 결혼성: 사촌간의 결혼이 선호되는 이유는 그 결혼으로 가족의 재산이 손상되지 않도록 도와주기 때문이며 특히 여자의 입장에서는 동질적인 가정 분위기 속에서 가족의 일원으로 계속 남아 있게 되기 때문에 고된 시집살이를 피할 수도 있다.

여섯째, 일부다처성: 무슬림 남자는 4명의 부인까지 둘 수 있다.

결혼(아랍어로 니카흐)

이슬람에서 혼인은 하나의 합의 계약이다. 결혼계약은 신부와 신랑의 보호자들에 의해 이뤄진다. 이 때 2명의 증인이 있어야 한다. 처녀인 경우, 보호자는 자신이 원하는 대로 결혼시킬 절대적인 권한을 갖고 있다. 단 하나피 학파는 신부의 동의를 얻어야 한다. 결혼했던 여성이 재혼할 경우 모든 학파를 불문하고 그 여성의 동의가 필요하다. 신랑은 신부나 그녀의 보호자에게 결혼 선물(즉, 마흐르/결혼지참금)을 주어야 한다. 보통 결혼지참금의 일부가 결혼 시 지불되고 나머지는 배우자 중 한 사람이 사망하거나 이혼 시 지불하게 된다. 샤리아는 부인의 재산권을 인정하고 있다.

부부 관계를 맺는다는 것은 두 사람에 의한 동일한 의사 선언이 결합된 결과이다.

관습법에서 이것은 공동체 안에서의 결혼을 확실하게 널리 알리고, 부부간의 불화 시 계약된 내용의 증거를 제공하는 목적을 갖고 있었다. 어떠한 서면 증거도 요구되지 않았다.

그러나 대부분의 무슬림 국가에서 현대법은 자격을 갖춘 공인이 작성한 서면 증거를 요구하고 있다. 그 공인은 일종의 결혼 문제 전문가여야 한다.

이것은 무엇보다도 남편의 의무를 이행하지 못하고 결혼 자체를 단순히 부정함으로써 아내의 요구를 좌절시키려고 노력하는 파렴치한 남편들로부터 여성을 보호하려는 의도를 갖고 있다.

설사 두 당사자가 개인적으로 결혼에 동의해야 한다 하더라도 전통적으로 성인이(결혼은 16세 이상)안된 소녀의 아버지는 딸의 보호자로서 그녀를 대신하여 결혼을 계약할 수 있었다. 그녀가 성인이 되고 그 결혼을 중지시킬 선택권을 가질 때까지 그와 같은 결혼은 완성되지 않았었다. 현대법에서 적어도 16세 요구 조항은 그녀의 개인적 동의 없이 결혼을 계약할 가능성을 배제시키고 있다.

결혼의 목적은 새 가정을 이루고 또한 배우자들의 성적 요구를 만족시키는데 있다. 남편이 아내를 성적으로 충족시키지 못하면 아내가 이혼을 요청할 수 있는 사유가 된다.

이슬람의 결혼이 언급될 때마다 일부다처제 문제가 대두된다. 코란에서 일부다처제를 규정한 것은 역사적으로 하나의 발전적인 단계였다. 현대에 와서는 사회 경제적 환경으로 인구의 1%에도 못 미칠 정도로 이러한 관행이 줄어들고 있으며, 신세대 어느 누구도 일부다처제를 하나의 바람직한 제도로 생각하지 않기 때문에 사라지고 있다고 말할 수 있다. 튀니지는 코란의 가르침에서 벗어남이 없이 완전히 법으로 이 제도를 금지시켰다.

결혼과 관련된 사항

마아준은 이슬람에서 결혼을 주관하는 사람을 말한다. 그가 주관하는 결혼식은 신부가 도착하기 전에 신랑과 하객 몇 명의 입회 하에 이뤄진다. 법적 의무를 수행하도록 위임된 쉐이크로서의 신분에 의거, 이 집행관은 보통 예배를 인도하는 종교 지도자 즉 이맘(Ima:m)인 경우가 많다. 그는 시골 지배 계층에서 가장 교육을 많이 받은 사람들 중 하나이다.

샤브카는 청혼 시 또는 약혼 때 반지 이외에 신랑이 신부에게 제공하는 선물을 말하며, 그 선물의 종류는 보통 한 쌍의 사회적 지위에 적당한 보석류이다.

마흐르는 신랑이 혼인 계약을 공고히 하기 위해 신부에게 지불하는 돈, 즉 신부 값 또는 지참금을 말한다. 하나님은 부부 관계를 강화시키려는 의도를 갖고 있다.

여성은 그녀에게 준 선물 때문에 상대방이 부족하여 자신을 찾게 된다고 느끼며, 남성은 그녀에 대한 귀속감을 느낄 것이다. 따라서 그들의 유대를 보존키 위해 좀 더 조심스러울 것이다.

더욱이 그 돈은 가정의 복지를 위한 투자에 쓰일 수 있다. 이는 두 사람 간에 덧붙여진 유대가 될 것이다. 여기서 아랍인은 마흐르의 당위성을 갖는다.

누꾸트는 신랑, 신부에게 하객들이 주는 축의금을 말한다.

혼인은 적법한 공인의 주재 하에 2명의 증인이 참석하고 일반적으로 다음 단계에 의해 성사된다.

제 1 단계: 코란 낭송으로 구두 합의에 의한 약혼이 성립된다. 이때 손을 다 같이 잡는다.

제 2 단계: 약혼을 정식으로 체결한다.

제 3 단계: 혼인 서약에 의해 법적으로 두 사람의 결혼이 이뤄진다.

제 4 단계: 실질적인 결혼의 완성은 한 쌍이 신방에 들어 첫날밤을 치르면서 이뤄진다.

결혼식 피로연이 벌어지는 곳에서는 가족들이 거리에 하객들이 앉아서 축하할 수 있도록 천막을 준비한다. 그 천막 밑에 여러 줄을 연결해 등을 매단다.

민속춤을 추거나 가수를 초대하여 흥을 돋구며 즐긴다. 특히 여성들이 기쁨을 표현하는 소리를 크게 낸다. 입을 열고 혀를 좌우 또는 상하로 돌리며 소리를 내는 것이다. 이것을 자그라다 또는 자가리드라고 한다.

자그라다는 실내에서는 주로 신랑의 이모와 고모들이, 실외에서는 동네 아주머니들이 크게 소리를 낸다. 초대 가수나 무용수들은 다소 선정적인 모습을 보이는데 이는 신랑 신부의 첫날밤의 흥을 돋구기 위해서라는 주장도 있다.

2. 이혼(아랍어로 딸라끄)

혼인 관계는 남편의 일방적인 3번에 걸친 이혼 선언으로 취소될 수 있다. 그리고 이혼한 여성은 이혼한 날로부터 3개월 이후에 재혼이 허락된다. 그 이유는 전 남편과의 사이에서 임신이 되어 있을 경우를 고려하기 때문이다.

이혼은 단지 두 번만이 허락된다. 이 이야기는 남성이 아내와 이혼 후 다시 그녀와 자기 마음대로 재혼할 수 있었던 이슬람 이전의 관행을 없애기 위한 것이다.

만일 남편이 아내와 세 번째로 이혼을 했다면 그녀가 다른 남자와 결혼하여 이혼할 때까지는 원래의 그녀와 재혼할 수 없다.

전통적으로 남편의 이혼 선언은 구두로 이뤄졌었다. 현대법에서는 그와 같은 이혼 선언은 자격을 갖은 공인 앞에서 서면 증거를 갖추기 전까지는 효력을 발휘하지 못한다.

여성은 일방적 선언으로 부부 관계를 종식시킬 특권을 갖고 있지 못하다. 만일 여성이 이혼을 원할 경우 남편의 동의를 얻어야 하며 특별한 상황하에서만 그녀는 입증할만한 자료를 바탕으로 법원에 이혼을 청구하여야만 한다.

코란에서는 이혼을 하기 전에 양가에서 각각 한 명씩 추천한 2명의 중재인에 의해 화해 시도를 먼저 할 것을 권장하고 있다. 그와 같은 화해 시도가 성공하지 못했을 경우 법원이 발급한 증명서로 이혼이 성립된다. 이혼한 부부의 자녀 관리는 다른 비 무슬림 국가와는 다르다. 딸인 경우 성년이 될 때까지, 아들인 경우는 7살 또는 9살이 될 때까지 자녀는 어머니 보호 하에 들어가며 그 이상의 나이에 해당되는 자녀는 아버지가 책임을 지게 된다.

3. 상속(아랍어로 위라싸)

이슬람법은 유산 상속에 관해 아주 상세히 규정하고 있다. 법에 따라 상속인을 임명하며 각각의 몫을 결정한다. 상속인에 해당되는 대상은 배우자, 자녀, 부모, 조부모, 형제자매이다. 유언에 의한 상속은 예외이며, 유산의 1/3까지로 제한된다. 원칙적으로 유언 상속으로는 친척이 아닌 사람만이 혜택을 받을 수 있다.

여성이 남성에 할당된 몫의 절반을 상속받는다는 규정에 관하여 많은 논란이 있어 왔다. 그러나 여성에 대한 재정적 대우는 좀 더 광범위한 범위에서 고려되어야만 한다.

딸이 아버지의 유산 중에서 아들 몫의 절반만을 받지만 딸에게 유리한 약간의 권리들이 있다. 만일 딸이 결혼했을 경우, 그녀는 자신이 부자라 하더라도 친정 가족 부양비로 돈을 내놓을 필요가 없으며, 만일 혼자이고 돈이 궁핍할 경우, 친정 남자 형제를 상대로 부양비를 청구할 권한을 갖고 있다. 또한 남자 형제가 없다 하더라도 그녀는 법적으로 그녀에게 책임을 지는 남자 친척 집단을 상대로 청구할 수 있다. 비 무슬림 여성들은 일반적으로 남자들을 상대로 그와 같은 권리를 갖고 있지 못하다.

4. 여성의 지위

몇몇 특정분야에서 여성의 법적 지위는 남성의 지위보다 낮은 편이다. 샤리아에 따르면 소녀는 그녀의 동의 없이 결혼이 성사될 수 있으나 이와는 반대로 남성은 조건부이지만 4명의 여성과 결혼이 허용되고 있다. 또한 부인과 쉽게 이혼할 수 있다. 이혼한 여성은 특정 나이가 지나가면 자녀와 떨어져야 한다. 딸은 상속 시 아들 몫의 절반에 해당되는 몫을 받는다.

법정 소송에서 여성의 증언은 남성 증언의 절반에 해당만큼 인정을 받는다.

코란의 명령과 예언자의 관행을 기초로 정통 관습은 여성의 격리와 베일 착용을 요구하고 있다.

반면에 여성은 남성과 동일한 재산권을 행사하며 남성은 여성에게 정의와 친절로서 행동에 모범을 보이도록 요청 받고 있다.

그러나 특정사회의 관습은 반드시 샤리아의 해석대로 영향을 받지 않는다. 실례로 스텝지역이나 시골에서 여성의 베일착용과 격리가 일반적이지 않은 곳이 많다.

제4절 이슬람 예술

1. 이슬람 예술이란?

이슬람 예술이란 적어도 10세기 동안(7세기~17세기) 미(美)에 대한 표현과 예술적 대상물의 창조에 있어서 이슬람 세계가 이룩한 모든 노력을 의미한다.

또한 이슬람 예술은 이 지구상에 가장 널리 퍼져 있는 세계적 예술이다. 즉 인도의 벵갈만에서부터 유럽에 위치한 이베리아 반도까지 그 예술의 흔적을 쉽게 찾아볼 수 있다. 인도의 타지마할에서 스페인의 알-함브라 궁전에 이르기까지 산재한 기념물은 이슬람의 웅대한 구심성을 밝혀주고 있는 것이다.

그리고 중국의 예술을 제외하고는, 서기 7세기에 탄생되어 13세기 및 14세기에 그 예술의 절정을 이루었고 18세기 이후 쇠퇴된 세계에서 가장 오래된 예술이다.

이슬람 예술은 자체적으로 독립된 개성을 갖고 있다. 즉 특별한 역사와 분명하고 일정한 특징을 갖고 있는 바 이슬람이 그 독특한 성격을 부여하였다.

따라서 무슬림들은 이슬람 지역이라는 사실을 알려주는 독특한 건축물, 즉 모스크(일반적으로 예언자인 무함마드가 현재 사우디 아라비아에 위치한 메디나에 세웠던 옛 모스크의 구조와 동일하나 무함마드 이후 정복지의 우수한 건축가와 장인들이 돔, 첨탑, 기둥, 아치, 주랑, 타일, 모자이크 그리고 비잔틴과 페르시아, 콥트, 중앙 아시아의 건축 양식에서 모방한 구조와 장식 기술을 발전시켰음.)와 웅대한 궁전, 요새, 무덤 등의 대표적인 건축 업적을 이룩했다.

〈알-악사 사원〉

〈메디나 예언자 사원〉

모스크는 우리말로 사원 또는 성원이라고 번역되는데 규모가 큰 사원은 아랍어로 '자미', 규모가 작은 사원은 '마스지드'라고 부른다.

그리고 그들은 아라베스크 장식의 이슬람 미술을 발전시켰다.

이슬람 사회가 여러 외래 문화의 요소들을 융합하는 하나의 복합 발전체로서, 그 근원의 다양성에도 불구하고 이슬람 사회는 그 이전의 문명의 단순한 기계적 배열에 지나지 않고 아랍 및 이슬람 형태로 전환함으로써, 새롭고 원천적인 문화 속에 이 모든 요소들을 용해한 하나의 새로운 창조인 이슬람 문화를 이룩하였던 것이다.

다시 말해서 아랍-무슬림들은 그리스-로마의 예술과 건축의 전통을 계속 이어 받아 그것들을 다시 풍부하고 색다른 것으로 변형시켰다.

추상적이고 형식적인 것에 대한 비잔틴 예술의 경향이 이슬람에서 더욱 증가되었고, 인간 모습 사실 그대로의 재현을 싫어하는 것 때문에 궁극적으로는 도식화된 그리고 기하학적인 문양을 갖는 예술을 만들어 내었다.

이슬람 예술은 또한 페르시아 및 중국의 영향과 공헌을 대단히 입었다. 장식 미술과 산업 공예 부문에서 절충주의와 이슬람 문화의 독창성을 모두 함께 볼 수 있다.

아랍-이슬람 예술은 2중의 목적 즉 실용성과 장식적인 목적을 갖고 있으며 구성 또는 입체감을 보이는 원근법을 무시하고 형태를 상징화, 추상화 등 도식화시키면서 정밀하고 세부 묘사의 완벽성을 기하는 것을 특징으로 한다고 말할 수가 있다.

2. 아라베스크란?

아라베스크(Arabesque)

아랍인들은 눈에 보이는 현실보다는 눈에 보이지 않는 환상의 꿈속에서 살기를 좋아한다. 즉, 이들은 현실을 무시하고 이상적 구성에 집착하려는 경향을 갖고 있는데 이러한 경향을 가장 뚜렷이 표현하는 분야 중의 하나가 장식 미술이다.

모든 아랍의 조형 예술은 장식적이며, 현실 재현주의적인 것은 거의 없다고 할 수 있다. 이것은 마치 이슬람이 지배하는 아랍 정신 속에 나타나는 모든 현실은 덧없는 성격으로서 예술에 있어서 사실의 형태로 그대로 묘사한다는 것은 충분히 대수로운 일이 아님을 말하는 것이다. 따라서 아랍-무슬림 예술가들은 장식 분야에 그들의 독창성을 나타내는 곳으로 선택하였다.

〈아라베스크 문양〉

예술가의 과제는 자기를 둘러싸고 있는 현실의 한 조그만 부분을 그대로 모방하는 것이 아니라 그것들을 무시함으로써 자기의 상상력에 자유로움을 주고 형식과 형태들을 창조하여 자기가 이해했던 아이디어, 자기가 이뤄지길 원하는 이상, 개념의 복잡성, 대칭 안에서의 개념 등을 표현하는 것이었다. 그러한 조형 개념은 돌, 타일, 목재 또는 금속, 기타 다른 수단으로 작품화되었다.

그는 자연에서 존재하지 않는 것을 자기 예술의 기초로 선택하였다. 즉, 비록 복잡하나 비교적 작은 단위나 모티프의 반복, 그리고 어떤 조형 양식에 따라서 하나의 커다란 장식 형태로 정리한다. 따라서 아랍 장식 미술의 작품 하나는 두 개의 별개로 된 그러나 한데 뒤얽힌 면을 갖고 있다.

장식적 모티프로서 다음 세 가지 요소를 아랍-이슬람 예술에 부여했다.

첫째, 식물 무늬 모티프

둘째, 기하학적 모티프

셋째, 아랍어 문자

식물 무늬 모티프로는 특히 포도나무 덩굴손을 주로 사용했다. 오리지널 아라베스크라고 말할 수 있다. 이 모티프는 거의 완전한 추상적 관점의 양식화(Stylization)로 옮겨갔다. 즉 실제 식물과 유사한 것은 모두 제거되었고 기하학적 형태로 대체되었다.

기하학적 기본 문양은 원, 정방형, 다각형, 십자가의 변형인 만(卍)자, 꼬부랑길, 장기판 무늬, 지그재그자 형 등이 있는데 몇몇 단순한 형을 가지고 시작하면서 그들은 높은 수준의 복잡성과 풍부성에 도달했으며 추상개념에 기초한 항상 변화하는 디자인과 같은 것을 개발하였다.

세계적으로 유명한 인도 타지마할 벽면은 여러 가지 색깔의 보석을 사용해서 대리석에 기하학적 문양과 꽃 문양을 새겨 넣은 아라베스크 양식을 보여주는 대표적인 케이스이다.

아랍어 문자를 예술적 목적에 이용한 것은 매우 주목할만한 것이다. 아라비아에서만 본래 사용된 아랍어는 제국의 확대와 함께 이슬람화와 아랍화가 동시에 출발함으로써 보편화되어 아랍-이슬람 제국의 주요 표현 매개체로 자리잡았다.

아랍어의 아름다움과 미학적 가치가 뛰어나다는 것은 정평이 있으며 예술 분야에서 일익했던 것이다.

아랍어 알파벳 자체가 몇몇 기본 디자인 요소 등 예술적 기능을 내포하고 있다. 28개 자음 중에서 12개정도 사용하고 있으며 두 개를 결합해 사용하고 소위 판독 기호를 사용함으로써 도표식 조직의 기술을 완성할 수 있게 한다.

쿠피 서체와 나스크 서체를 하나의 장식 도안으로서 여러 등급의 양식화에 다양하게 사용되었다. 건축물의 문틀과 돔(Dome) 바탕에는 하나의

프리즈(Frieze)로 장식되었고 화병, 그릇 등과 같은 모든 종류의 장식에 사용되었다. 이들 장식용 명각(銘刻)에 사용된 텍스트는 대부분 코란의 구절들이다. 가장 아름다운 실례로는 푸른색 바탕에 흰 글씨로 쓰여진 타일이다.

아랍-이슬람 예술가는 자연에서 관찰될 수 있는 형태의 세속적 현실 위에 사고, 관념 그리고 상상력을 중요시하였고, 이것은 예술적 소명이었으며 하나의 위대한 예술적 전통을 창조하였던 것이다.

이것이 소위 이슬람 예술의 형태로 아라베스크라고 한다. 즉 나무나 돌에 무늬를 새기는 건축물의 세부 양식으로 주로 나무와 과일, 그리고 꽃을 섞어서 표현한 장식 또는 디자인이다. 무슬림의 전형적인 내부 장식인 아라베스크는 채색된 돌이나 은, 구리, 금 같은 금속 또는 도자기, 타일, 융단 등에 사용되었다.

장식 미술의 재현(Representation)

대부분의 이슬람 신학자들은 인간과 동물의 재현은 신 혼자만의 특권이며 그것을 그리는 사람은 신을 모독한다고 주장했다. 생물의 상을 만듦으로써 미술가는 신만이 가진 창조 행위를 뺏는 것이 된다. 왜냐하면 생물에 영혼을 불어넣을 수 있는 것은 신뿐이기 때문이다.

이와 같이 재현주의적 미술에 적대적인 태도를 취하는 것은 하디스에 근거를 두고 있다고 볼 수 있다. 하디스에 의하면 최후 심판의 날에 가장 혹독하게 벌을 받는 사람들은 알라 앞에서 매우 배척받는 존재인 화가들이라고 예언자가 선언했다고 한다.

또 예언자가 메카 정복 시 우상들을 모두 파괴하였고 우상 숭배를 죄로 다룬 것도 위의 주장의 근거가 될 수 있으며 따라서 예언자가 인간과 동물의 묘사에 가졌던 적대적인 태도를 그대로 따르는 것이 바로 굳건한 신앙심을 지키는 것이라고 생각하였다.

가장 혹독한 벌을 받는 사람 속에 조각가들도 똑같이 이 위 말이 적용된다. 그러므로 이론적으로는 인간이나 동물의 어떠한 상을 만드는 것도 이슬람의 계율로 금지된다.

그러나 실제에 있어 이 금지령은 대중에게 전시되는 대규모의 재현적 미술에 대해서만 완전한 효력이 있었고 따라서 재현적 미술은 궁전이나 서적에서 몇몇 경우에 나타나기도 하였다. 하지만 숭배 장소인 모스크 어느 곳에도 인간의 재현은 결코 발생하지 않는다.

다만 생물의 상은 그것이 영향을 주지 않을 때나 소규모인 경우 혹은 융단, 직물, 도자기처럼 일상 사용하는 물체에 적용되었을 때에는 무해하다는 확신이 특히 칼리프와 그 밖에 이슬람 왕실의 화려한 것을 좋아하는 왕자들 사이에서 널리 퍼져 있었다. 그 결과 이슬람 미술에 있어서 인간이나 동물의 상이 파괴되지 않고 남게 된 것이다.

그러나 그것들은 장식적인 모티프로 전락하여 본질적으로는 기하학적 또는 식물무늬 장식 이상의 중요성은 없었다.

서기 800년경에 비로소 이슬람의 종교 문서 속에 재현 자체에 대한 비판이 보이기 시작했는데, 아뭏튼 이슬람 내 재현주의 예술은 비 이슬람 영향 즉 기독교와 불교신자들의 영향을 받아 이루어졌으며 아랍인들에게는 회화의 전통을 갖지 못했다고 말할 수 있다.

3. 이슬람 예술의 특징

결론적으로 종합하면 이슬람 문화는 지중해 문화, 인도와 중국 문화, 페르시아 문화를 아랍어와 이슬람 신앙을 통하여 융합한 특유한 융화력과 두 번째로 상대적인 관용성을 특색으로 한다. 이러한 바탕 위에서 사원, 궁전, 요새, 무덤 등의 건축과 아라베스크로 대변되는 장식 미술을 이룩하였다.

건축의 경우, 이슬람 예술의 최초이자 가장 영구적인 것으로 항상 조형예술(Building Art)의 주요 대표로서 그 종교적 다양성에서 자리잡아 왔다.

즉 어느 한 민족이나 특정 지역의 표현이 아니며 다수의 인종적 또는 지역적으로 한정할 수 있는 실체 발전에 하나의 문화적인 모멘트가 있다.

이슬람 예술은 그 종류와 시대 장소에 따라 특징의 차이가 있으나 일반적으로 다음과 같은 공통적인 특징을 열거할 수 있다.

첫째, 예술의 중심지가 많고 지역적 거리감, 토착적인 영향의 발생에도 불구하고 하나의 통일된 특성(개성)을 갖고 있다. 이는 유사한 지리적 요소의 영향과 역사적 요소의 영향에 기인한다. 이리하여 모든 곳에 예술적 표현의 유사성이 있음을 알 수 있다.

둘째, 이슬람 정신에서 영향을 받은 종교적 예술이다. 특히 사원(모스크), 종교 학교(마드라사), 수도원 등의 건립과 코란 자구의 장식에서 엿볼 수 있다. 컵과 램프, 주전자 등에서 웅대한 건축물에 이르기까지 이슬람의 흔적을 찾아낼 수 있다.

셋째, 기하학적 문양, 식물 무늬 문양, 아랍어의 예술화 등 장식(Decoration)이 많은 예술이다.

마지막으로 이슬람 예술은 인간과 동물의 묘사를 기본적으로 무시한다. 특히 숭배 장소에서는 절대적이다. 예언자의 혐오가 주된 원인으로 우상 및 영혼을 갖는 생명체를 상징하는 조상(彫像)이나 그림은 이슬람 초기부터 예술적 요소의 가치가 무시되는 것이다. 다만 종교적 예술과 구분되는 순수 민간 예술 분야(궁전이나 도시에서)가 일부 허용되고 있다.

결론적으로 우리가 이슬람 예술이라고 부르고 있는 것은 그 근원, 모티프, 제작에서 절충주의적이며 이슬람의 요구, 즉 이슬람에 필요한 것으로 각색하였다.

그러나 동서양을 크게 비교해볼 때 서양의 미술이 자연의 원리를 분석하는 자연중심적인데 반하여 동양은 인간중심적이고 예술 자체의 정신성을 중요시하다 보니 미술사적 업적은 미흡하다고 할 수 있다.

4. 이슬람 예술의 시대별 특징

이슬람 이전의 시대

최초의 아랍 건축은 예멘에 단지 존재했던 것으로 알려져 있으나 이와 관련된 충분한 자료가 남아있지 않다. 이슬람이 출현하기 전에 당시 고도로 발달된 건축 즉 농업용 건축인 마립 댐이 있었으나 이슬람 기치 하에 통합된 후 이슬람과는 무관하였다. 즉 남부 아랍 예술은 북부 지역 생활에서 많은 역할을 할 수 없었다.

아랍인들의 이상적인 주거는 텐트였으며 오아시스 주민들은 태양에 말린 벽돌, 야자나무, 점토(粘土) 등으로 평 지붕을 한 조악한 건축물에서 살았으며 장식과 꾸밈을 하지 않았다. 메카에 있는 카아바조차도 뚜껑이 없는 단지 원시적인 입방체 구조에 불과하였다.

즉 아랍인들은 북부 침공 시, 예술이라고 부를만한 그 어떤 것도 거의 갖고 있지 않았다. 아름다운 장식적인 아랍 문자 이외에는 미술에 공헌할 만한 것을 아무 것도 갖지 못했던 것이다. 비록 문자가 존재하여 비문도 세워졌으나 책이나 문헌을 만든 것 같지는 않다.

또 대부분이 유목민이었음으로 기념비적인 건축물을 만들지 못했다. 지방의 신들의 조상(彫像)도 예언자의 우상 숭배 금지령에 의해 없어져 버렸다.

원래 이슬람은 초기 그리스도교처럼 시각 예술을 전연 필요로 하지 않았다.

이슬람 초기

이 시기는 예언자 무함마드(570~632)와 정통 칼리프제(632~61)의 예술을 포함한다.

종교용이건 비 종교용 건축물이든 건립과 장식에 필요한 자원을 제공한 사람은 비잔틴, 콥트, 사산인, 중앙 아시아인 등 정복지의 숙련된 장인과 예술가들로 그들의 도움과 공헌이 있었다. 그들의 문화는 이슬람 초기에 영향을 인정받고 특징도 갖고 있었다. 따라서 1~2세기 동안 이슬람 스타일에 대한 언급은 불가능하다고 말할 수 있다.

예언자 무함마드도 하나의 종교 예술을 자극할 어떤 의사도 갖고 있지 않았다고 한다. 모스크(사원)와 같은 일일 기도를 위한 사원 건립 의사는 없었지만, 그가 사는 메디나 집이 공공 건물 즉 무슬림 집합 장소가 되었고 사원화(寺院化)가 되었다는 것이다.

그러나 그후 이들 외래 문화와의 융합을 통하여 예술 형태의 새로운 스타일이 탄생되었다. 당시 예술가들은 다양한 국적을 갖고 있었으며 반드시 이슬람 신자는 아니었다. 즉 이 시대의 예술이란 이슬람 통치자 보호 하에서 이슬람 국가에서 생산해 낸 예술품이었다.

모스크는 무슬림들에게 가장 중요하고 필수적인 건물로서 메디나(622년), 바스라(635년), 쿠파(638년), 푸스타트(642년), 예루살렘(637년) 등지에서 건립되었다.

이슬람 모스크의 최초 모델은 예언자가 메디나로 이주한 해에 건립한 메디나 사원으로 진흙 벽돌과 야자나무 줄기가 사용된 건물이었다.

모스크 내부에는 메카 방향을 가리키는 끼블라(Qibla) 벽 중앙에 미흐랍 즉 벽감이 있었다.(706~7, 모스크 재건시 처음 나타남. 그 전에는 끼블라 벽에 일종의 그림이나 중앙에 놓인 돌로 구분했음.)그리고 단순한 설교단(민바르)이 있었는데 나중에 보편화되었다.

나머지 모스크들도 메디나 사원의 형태를 일반적으로 모방한 원시적 건물들이었다. 즉 썩기 쉬운 자재(즉 木造)의 원시적 구조물이어서 이슬람 초기의 기념물은 현존하지 않고 있다.

예언자가 끼블라를 가리키는 작은 방 즉, 벽감을 건립할 필요성을 인지하고 있었는지는 분명치 않았다.

그러나 모스크는 무슬림들이 만든 가장 중요한 것으로, 이슬람 예술을 실제로 모스크에서부터 성장하게 한 기반을 제공했다. 즉 모스크는 이슬람 건축과 이슬람 예술을 모두 대표하는 대표적 장소이다.

우마이야조(661~750)

이 왕조의 칼리프인 알-왈리드(705~15)시대에 이르러 비로소 이슬람 건축 양식이(종교적 건축면에서) 확립되었으며 시리아인의 협력이 많았던 시기였다.

모스크의 표준형은 역시 메디나의 예언자 모스크이다.

이슬람의 현존하는 유적 중 최고의 것은 5대 칼리프인 압둘 말리크(685~705) 시대 때 완성한 꾸빠트 알-사크라 사원이다. 이는 바위의 돔(권력과 존엄을 나타내는 하늘을 상징하는 돔 형태로 상징화시킨 것이 이슬람 건축의 핵심이다.) 또는 예루살렘 사원이라고도 하며 초기 무슬림 건축의 표준 양식이다. 이는 원래 정통 칼리프 2대 오마르가 목조로 건립한 것을 압둘 말리크가 유리 모자이크 장식으로 된 8각형 석조물로 개축한 바위의 원개전(圓蓋殿)이다. 앞서 언급한 바와 같이 가장 오래된 이슬람의 건축 기념물이며 또한 가장 성스러운 것 중의 하나로서 유대교, 기독교에 대한 승리를 기념하는 승리의 기념비를 가리키는 아랍어 비문이 있다.

이 시대의 또 다른 종교용 건축물로는 우마이야 사원이 있다. 다마스쿠스 사원이라고도 부른다. 이것은 성 요한 교회당을 6대 칼리프 알-왈리드에 의해 개축한 것인데 우마이야조의 대표적인 건축으로 무슬림들이 매력적으로 아름답고 화려함으로 유명했던 그리스 교회당에 현혹되지 않도록 건립된 것이라고 한다. 페르시아, 인도, 그리스 장인들이 고용된 이 사원은 이슬람에서 최초의 미나렛(첨탑)을 세웠다는 설이 있다. 벽은 대리석과 유리 모자이크로 장식되었으며 꽃 문양이었다. 최초로 반원형의 벽감이 발견되었다.

종교용 건축형은 단순한 모스크에 고정된 특징물이 소개되었다. 그 특징물로는 나무 또는 나무 없는 안뜰, 미나렛, 미흐랍, 돔 축을 이루는 본당 회중석(本堂 會衆席), 왕자들의 공간인 막끄수라, 분수대 또는 작은 못, 그리고 공식적인 출입구 등이 있었다. 이 중에서 미흐랍만이 아주 재빠르게 상징적으로 예배에 필요한 형태가 되었으며 다른 특징들은 선택적이었다.

모스크의 하나의 특징인 벽감은 기도의 방향을 가리키는 것으로 교회에서 모방해 모스크의 장식으로 추가된 것이다. 6대 칼리프인 알-왈리드와 그의 메디나 총독인 오마르 이븐 압둘 아지즈가 도입한 것으로 알려져 있다.

미흐랍을 가진 최초의 사원은 메디나 모스크이다. 이 미흐랍은 모든 사원들의 공통적인 특징이 되었으며 이슬람 장식 미술의 지속적 변화를 갖는 스타일의 질을 결정하는 척도로 간주되었다.

이슬람 건축물의 상징인 미나렛은 미흐랍과 같이 우마이야인들에 의해 전해졌다. 이를 각 지방의 총독들이 각각 자기 지역에 소개하였다. 따라서 제국의 중심부인 시리아는 미나렛의 고향이었다. 그런데 미나렛은 토착의 시계탑의 형태를 따왔거나 그후의 정방형인 교회 탑에서 모방한 것이었다고 한다.

알-왈리드 시대 메디나 총독인 우마르가 메디나 모스크에 미나렛을 소개했고 그 후 미나렛이 점점 많아지게 되었다.

비 종교용 건축물로는 궁전 및 목욕탕 등이 있었다.

한편 정면의 폭 전체에 걸쳐서 규칙적으로 되풀이되어 있는 톱니 무늬나 꽃무늬 장식의 기하학적 구성은 이슬람 미술의 특징인 대칭적인 추상적 무늬에 대한 취미를 드러내고 있다. 이는 외래 문화와의 융합과 특징을 보여주는 실례의 건물이다.

장식 미술에 관하여 알려진 것은 것의 없다. 우마이야 궁전에서 발견된 도기는 평범하고 조잡한 부엌 세간이나 적갈색의 유약을 칠하지 않은 초벌구이 도기 제품이다. 즉, 이 시대는 유약을 처리한 도기에 관해 알려진 것은 없다.

청동 제품인 주둥이가 넓은 물 단지가 칼리프 마르완 무덤 근처에서 발견되었는데 몸 테는 꽃무늬 등 장식이 사산의 영향을 받은 페르시아 지역에서 생산된 것으로 간주되고 있다.

기독교 화가들의 작품으로 보이는 꾸사이르 암라의 벽화들은 이슬람 회화의 초기 실례들이다.

압바시아조(750~1258)

페르시아인 특히 그 동부지역의 코라산인의 도움이 많았다. 따라서 페르시아의 전통이 정치면과 문화면에서 동일하게 영향을 끼쳤다.

우마이야조 건축물이 비잔틴-시리아 예술을 뒤쫓았다면 이 시대의 대표적 건축인 사마라는 아시아 특히 페르시아 건축형의 전통을 따랐다고 볼 수 있다.

페르시아 계통의 사산조의 영향을 받은 압바시아 건축 예술의 주요 형태는 다음과 같다. 즉 난형(卵形)체 또는 타원형의 도움, 반원형 아치, 나선형의 탑, 톱니 꼴의 흉장(胸牆), 유약 처리한 벽 타일, 금속으로 입힌 지붕 등이 그 특징이며 벽은 대리석과 치장 벽토로 장식했다.

알-무으타심(833~42)과 그의 후계자들에 의해 수많은 궁전과 사원들이 건립되었던 시대이다.

압바스조 후기는 실제 여러 소 왕국으로 정치적으로는 분할되었지만 문화적 번영을 크게 이루었다.

이 시대의 대표적 건축물로서는 사마라 대사원이 있다. 바그다드 북서 티그리스강 기슭에 위치한 이 건물은 칼리프 알-무타와킬이 지시하여 848~852년에 건립된 직사각형 건물로서 이슬람에서 가장 큰 규모를 자랑한다. 치장 벽토와 유리 모자이크로 장식되어 있는데 치장 벽토 장식에는 주로 꽃/나무 무늬로 기하학적인 구성과 역시 추상적 상태로 표현되어 있다.

처음으로 이슬람의 예술적 자기가 발견되었는데 극동의 영향을 받은 것이 명백하며, 창문의 다엽(多葉) 장식 아아치는 인도 영향인 것으로 알려져 있다.

세계 최대이며 그 광대함을 자랑하는 이 사원은 그 시대의 전형적 모습을 갖고 있다. 즉 남쪽의 메카를 가리키는 주축을 가진 직사각형의 건물로 끼블라 쪽을 향해 달리고 있는 측랑에 둘러싸인 안뜰이 있고 끼블라 쪽의 중앙에는 작은 벽감이 설치되어 있다. 그 반대쪽에는 미나렛이 있었다.

이슬람 회화분야에서는 14세기초가 되서야 무슬림 종교 그림이 출현하였다. 즉 8세기부터 13세기 사이의 이슬람 세계의 회화가 걸어온 운명은 거의 알려져 있지 않다.

그 이유는 모든 형태의 재현주의적(再現主義的) 예술에 대한 신학자들의 적대감으로 발전이 이루어지지 않았기 때문이다. 따라서 회화의 전통은 이슬람교가 아닌 다른 종교를 신앙하는 화가들에 의해 유지된 것이 분명하다.

비잔딘의 화가들이 때때로 아랍인 통치자를 위한 직업에 동원되어 있다. 이것은 아라비아인들 사이에 회화의 전통이 없었음으로 이슬람의 종교화는 외부에서 자료를 빌림으로써 겨우 이루어질 수 있었다는 것을 의미하는 것이다.

미니어처는 마니교도의 영향이 때때로 나타났으며 순수 문학에도 12~13세기가 되서야 나타났으나 그 미술가들은 기독교 계통의 영향을 받은 사람이거나 기도교인들이 대부분이었다.

당시 필사자는 이슬람 신자에게 아주 오래된 명예로운 직업이었으나 화가만큼은 알라 앞에서는 매우 배척받는 존재였다고 한다.

공예 부문에 관해 언급하자면, 고대부터 페르시아인들은 장식 디자인과 색채의 마스터임을 입증해왔다. 이들의 노력으로 이슬람의 산업 공예는 매우 높은 수준의 우수성에 도달했다.

특히 카페트(융단)는 크게 발전하였다. 양탄자 디자인으로는 사냥과 정원의 풍경이 선호됐으며 염색에는 명반이 사용됐다.

기하학적 이외에도 인간의 형태, 동식물을 그려 넣은 세라믹은 기타 다른 이슬람예술에서도 능가하지 못한 장식적 스타일의 미를 획득하였다.

페르시아에서 다마스커스에 소개된 전통적인 꽃으로 장식된 타일은 건물 내-외부 장식에 모자이크와 함께 대단한 인기를 얻었다.

특히 다른 것과는 달리 아랍어 글자는 장식적 디자인에 한몫 끼어서 이슬람 예술에 하나의 강력한 모티프가 되었으며 심지어 종교적인 상징이 되기도 하였다.

카페트 직조는 원래 중앙 아시아, 터키 유목민들에 의해 짜졌고 그 후 그들이 중동으로 그 기술을 가져왔다고 한다. 파랑, 초록, 빨강, 노랑 중에서 보통 두 가지 색조로 채색하며 중앙은 기하학적 문양으로, 가장자리는 아랍어 쿠피체로 장식된다.

서예는 8세기 혹은 9세기에 발생하여 곧 가장 칭송 받는 예술이 되었다. 코란에서도(68장 1절과 96장 4절) 긍정적인 시각을 나타내고 있다.

서예는 완전히 이슬람적이고 회화에 끼친 영향은 평가받을 만 하다. 따라서 무슬림은 동물의 재현을 통해 표현할 수 없는 자기의 미학을 나타낼 경로로 추구하였다. 아마도 단 하나의 순수 아랍 예술일지도 모른다.

이슬람 예술에서 매우 중요한 역할을 행사하고 있는 두 가지 주요 서체가 있다.

그 하나는 쿠피체로 굵고 가는 직선을 조화 있게 배합하여 개서(?書) 취향의 장중한 모양을 나타낸다. 이집트에서 발달했고 파티마조에서 정상에 도달하였다.

또 하나는 나스키체로 두 개의 곡선을 구사하여 미끄러지듯이 경쾌한 모양을 준다. 11세기 바그다드에서 개발되어 이후 점차 쿠피체를 대체시켰다. 14세기 후반부터 페르시아 서예의 주요 스타일로 등장하였다.

파티마조(909～1171)

이 왕조는 이집트와 시리아 지역을 통치하였다. 이 시대에는 알-아즈하르 사원, 알-하킴 사원, 알-주유쉬 사원 그리고 알-아끄마르 사원이 있는데 그 중 알-아즈하르 사원이 대표적이다. 이전의 흙벽 집을 석조로 대체하였고 북아프리카의 영향을 반영하는 기념비적 문을 건립하였다.

이 시대의 비 종교용 건물로서 현존하고 있는 것은 없으며 단지 문헌에 따르면 하나의 궁전이 건립되었다고 한다.

파티마 예술가들의 재능을 과시했던 나무로 만든 미흐랍이 있었으며 이 시대에는 도예가 번창하였다.

〈알-아즈하르 사원의 미흐랍과 첨탑〉

아유브조(이집트 1169～1252, 시리아 1183～1260)

비록 아유브조가 십자군과 군사 원정에 여념이 없었다 하더라도 이슬람 건축과 장식 미술에 크게 공헌하였다. 건축물로는 알렙포의 성채와 마드라사 그리고 다수의 왕릉을 건립했다. 상아 및 뼈 상감 기술은 고도의 수준으로, 상아제 문갑이 특히 유명하다.

스페인 우마이야조(755~1031)

아랍인이 스페인에 최초로 건너간 시기는 711년이었으나 다마스커스의 우마이야조의 왕자인 압둘 라흐만 1세가 스페인 지역에 우마이야조를 건설한 때는 755년이었다.

이 왕조는 1031년에 멸망했고 군소 왕국으로 분할되었으며 무슬림 스페인 최후의 군소 국가인 나스리조가 1492년에 멸망함으로써 아랍인의 이베리아 반도 지배는 끝이 났다.

이 기간 동안 아랍·무슬림들은 3대 걸작 건축물을 남겼는데 이슬람 양식과 스페인식을 혼합하여 조화시킨 것이 특색인 건축을 갖고 있다. 또 실용적인 예술은 무슬림들이 다른 지역에서 개발한 것을 스페인으로 이전한 것이라고 볼 수 있다.

3대 걸작이란 코르도바 대사원과 그라나다의 알-함브라 궁전, 그리고 알-카자르 궁전을 말한다.

코르도바 대사원은 이 시대의 현존하는 종교 기념물로서 19개의 측랑을 갖춘 거대한 직사각형으로 미흐랍이 다색(多色)으로 장식되어 있다. 이곳의 미흐랍은 북 아프리카 및 스페인의 다른 미흐랍 모델로써 사용되었다. 대리석과 금 모자이크로 되어 있다. 아아치는 편자 모양을 보인다.

그라나다의 알-함브라 궁전은 오늘날도 옛날 모습 그대로 보존되고 있는데, 무슬림 건축사에서는 물론 인류가 남긴 건축물 중 최대의 걸작으로 평가받고 있다. 궁전 전체가 절묘하게 양각된 조각이자 석고 작업의 결과물로서 인간이 만들었지만 인간의 경지를 뛰어 넘은 아름다움이 우리를 압도하기 때문이라는 것이다. 여러 번 개축되었는데 건물의 원주는 꽃의 줄기처럼 날씬해졌다. 내부의 벽면은 미묘하게 채색된 치장 벽토 또는 타일로 된 아라베스크 장식의 레이스 같이 투명한 세공을 볼 수 있다. 이것은 띠 모양의 문자 무늬를 포함하여 무한한 변화를 보이는 의장인데 대칭적, 율동적인 질서에 의해 규제되어 있다.

알-카자르 궁전은 세빌에서 아랍 시대의 가장 훌륭한 현존 건물로서 안뜰이 매우 훌륭하다.

이 외에도 사마라 대사원 다음으로 두 번째 큰 하산 사원이 건립되었지만 불행하게도 그 일부만이 남아 있을 뿐이다.

스페인의 종교적 미술을 갖고 있는 모든 기념물은 코르도바 대사원을 제외하고는 거의 소멸되었으며 비 종교용 건물인 세빌의 알-카자르 궁전과 그라나다의 알-함브라 궁전은 우아한 장식의 뛰어난 작품으로 남아 있다.

말굽의 편자형 아아치는 서부 지역 무슬림 건축의 특징이 있었다. 이것은 이슬람 이전 북부 시리아 및 기타 지역에서 대표적인 것이다. 그 후 이것은 이슬람에서는 다마스커스의 우마이야 사원과 꾸사이르 암라에서 처음 나타났었다. 점이 있는 아아치는 서구에서 고딕체 건물의 주요 특징이 되었다.

스페인의 고유 스타일이란 편자형 아아치와 둥근 천장(아아치형 천장)을 거의 규칙적으로 사용하는 것이 특징적인 일정한 스타일을 기독교와 무슬림 전통의 융합으로 나타낸 혼합 예술을 말한다.

3대 걸작물도 기본적으로 역시 아랍 무슬림 예술이 가지고 있는 2개의 목적을 지니고 있음이 발견된다. 즉 실용성과 즐거움을 보여주는 심미적 측면이 나타난다.

세라믹과 도기분야에서 무슬림 금속 공예가들은 광택 일에는 높은 선호도를 갖고 있지 않았으며 토기에 여러 색의 유약을 처리하는 것에 관심이 있었다. 그들은 처음부터 숙련된 기술자였으며 도예법이 활발하여 스페인에서 이탈리아까지 위의 산업이 소개되었다.

모자이크 외에 특히 타일과 푸른 파양스 도자기를 위한 스페인의 유명한 학교는 매우 유명하다. 단 유리의 제조와 색감은 동부와 경쟁이 되지 못하였다.

직물에 있어서도 천과 비단은 한 몫 했으나 카페트 직조는 동부 특히 페르시아 시장과는 경쟁이 안되었다. 동양의 비단 직물은 색채가 풍부하고 꽃과 기하학적 문양이 독특하여 14세기~16세기에 이슬람 스타일을 모방한 다수의 유럽 작품이 나왔다.

상아의 상감이 중요한 역할을 담당하였다. 10세기 다수의 아름다운 상아 제품이 생산되었는데 보석 상자, 향수 상자로 사용되었다.

회화에 관하여 알려진 것은 거의 없다.

맘룩 시대(1250~1517)

군소 왕국으로 분할되어 명목상으로 칼리프를 유지해 왔던 압바스조는 이란을 중심으로 하는 몽고족 지배와 시리아와 이집트를 중심으로 하는 맘룩이 장악하는 상황이 되었다.(참고 사항: 압바스조 까지 통치자를 칼리프라고 불렀으나 몽골 치하나 오스만 지배하에서는 술탄이라고 칭하였음)

징기스칸의 원(1206~1368) 나라는 이 지역에 3개의 한을 두었다. 즉 일한국과 티무르국 그리고 깊착국이 그것이다. 그 후 이슬람 세계는 티무르의 후손인 바부르가 세운 인도의 무갈 제국(1526~1858), 시아 이란의 사파위조(1501~1732), 오스만제국(1281~1924)으로 분할되었다.

맘룩 시대에도 건축과 예술의 무슬림 전통이 중단 없이 계속되었고 번창했다. 맘룩조의 술탄들이 다수의 주요 건물을 건립하였다. 그들이 건축을 매우 좋아했기 때문이었다. 술탄 칼라분 사원, 술탄 하산 사원, 술탄 카이트바이 사원 등이 새워졌고 또 다수의 마드라사, 왕릉, 사원들이 카이로에 건립되어 대부분이 만족스러운 상태로 보존되어 있다.

성원 단지는 마드라사, 왕릉, 병원 등으로 복합적으로 구성되어 있고 내부는 돌과 대리석으로 코팅했고 나무 조각은 맘룩 예술의 정상으로 기록되고 있다. 왕릉은 대부분 돔이 있는 정사각형 건물로 유리 모자이크로 장식된 미흐랍이 특이하다.

비 종교용 건물은 소량 남아있고 기존의 성채를 변경하거나 추가하는 방식을 취했다. 이집트와 시리아에 몇몇 숙박업소가 건립됐다.

유리 공예는 매우 높은 수준을 갖고 있었다. 에나멜과 금박으로 장식된 다수의 사원램프가 유명하다.

도기는 아유브조의 것을 모방했으며 금속 공예의 생산이 증가했다. 상감 세공 기술이 탁월했다. 장식의 주요 테마는 아랍어의 나스키체와 문장 화법이 이용되었다.

카페트는 15C에 발달하여 16C까지 계속되었으며, 주요 문양은 별, 삼각형, 팔각형 등 기하학적 문양으로 적색 바탕이었다.

모자이크, 상아, 광택 등은 이집트 콥트인들이 이슬람 이전 시대부터 능숙함을 보여 주었다.

거의 모든 분야의 실용적 예술은 건축물과 친근한 관련을 유지시켜 왔다.

오스만조(1281～1924)

종교용 건물분야에서 셀죽 건축 모델이 채택된 것이 있었는가 하면 소위 오스만식 사원이 세워지기도 하였다. 오스만식 사원은 정사가형 건물로 하나의 큰 중앙 돔이 있고 미나렛들이 중요 역할을 담당하였다.

마드라사는 전통적 아나톨리아 형을 모방했다.

능은 정사각형 또는 다각형으로 전통적인 원추형 또는 피라밋 모양의 지붕을 하였다. 종교적 건물의 내부 장식은 큰 공간을 두었고 채색된 파양스 타일이나 모자이크로 만들었다.

이 시대 가장 훌륭한 종교용 건물로는 시난파샤가 건립한 350개의 건물이 있는데 그 중에서도 대표적인 것은 이스탄불의 술레이마니야 사원과 에디른의 셀리미야 사원이다.

비 종교용 건물로는 이전의 셀죽 모델과는 다소 차이가 있는 2층으로 된 숙박업소와 조그만 돔을 여러 개 갖고 있는 목욕탕, 지붕이 있는 바자, 이즈니크 파양스 타일에다 화려하게 상감한 돌로 장식한 일반 분수대, 18

세기 이후부터 바로크와 로코코와 같은 당시 유럽 스타일로 모방한 궁전 등이 있었다.

도기분야에서 밀레투스 제품은 이즈니크에서 14세기와 15세기에 생산되었고 그 때문에 이즈니크 도기로 유명하다. 처음에는 몸체는 흰색이었으나 그 후 이 이즈니크 도기는 3가지 주요 그룹으로 구분, 발전하였다. 쿠타야에 신규 센터가 출현하여 주로 용기나 그릇을 생산하였고 퍼슬린 사기도 역시 터키에서 제조되었으나 값싸고 대량으로 생산된 유럽 산이 지배했다.

서예와 세밀화는 오스만 치하에서 큰 진전이 있었다. 터키의 서예가와 일루미네이터는 새로운 스타일을 개발했고 그들의 주요 업적으로는 당시 중요한 사건을 기록하고 도시들의 지세를 기록하였으며, 술탄과 고관들의 초상화를 그렸다. 술탄의 후원 하에 궁전 내에 해당 학교를 운영했고 이탈리아 화가를 초청하기도 하였고, 터키 예술가를 이탈리아에 유학시키기도 하였다. 일부 이슬람 전통과 반대되는 필사본이 있기도 하였다. 최후의 오스만 화가 중 한 사람인 레브니는 술탄 아흐마드의 딸 결혼 축제 행사를 묘사한 걸작을 남겼으나 유럽 화단의 강력한 영향을 받아 활동하였기에 결국 오스만 회화의 특성을 완전히 파괴했다.

카페트와 직물 분야에서도 회화처럼 큰 진전을 가져 왔다. 원래 터키인들은 수세기 간 카페트를 만드는 데에 탁월한 능력을 보유하고 있었고 이 시대 기간 중에 많은 새로운 타입을 개발하였다.

제5절 이슬람 축제

이슬람에서 제일 중요한 축제는 두 가지로서 이드 알-아드하(희생제)와 이드 알-피트르(단식 종료절 또는 파제절)이다.

주요 축제는 이슬람력 9월에 해당하는 라마단 월과 12월에 행해지는 순례에서 그 이름을 빌려왔다. 무슬림 축제는 음력(이슬람력)에 의해 결정되며, 음력은 양력보다 1년에 약 10일에서 11일 정도 빠르고 완전히 한바퀴 도는 데에 33년이 걸린다고 한다. 따라서 두 축제는 우리 나라 음력의 경우처럼 거의 고정되어 있지 않고 해마다 앞당겨지고 있다.

1. 단식 종료절

코란에 의하면 단식은 라마단 월에 계속되며 특히 여름에 라마단 월이 오게 되면 그 때의 단식은 대단히 큰 고통일 수 있다. 그러나 그들은 기꺼이 감내하며 단식을 실천함으로써 정신을 단련시킨다.

라마단은 이 때 코란이 무함마드에게 계시된 뜻 있는 달로서 대부분의 시간을 기도에 할애하고 코란을 낭송하는 특별히 성스러운 시기이다. 단식은 라마단 월의 새로운 달이 나타난 후 그 날 해 뜰 때부터 시작된다.

나라마다 달을 관측하는 전문가가 있다. 새로 뜨는 달을 보고 단식의 시작을 방송으로 알리며 몇몇 나라에서는 대포를 발사하여 전하기도 한다.

단식은 검은 실과 흰 실을 구별할 수 있는 이른 아침부터 모든 음식, 마실 것, 흡연, 성행위를 금지함을 의미하며 해가 수평선 아래로 사라질 때까지 지속된다.

물론 단식에서 제외되는 사람들도 있다. 즉 병자, 임산부, 유모, 어린 아이(대개 초등학교 들어가기 전에 해당되는 아이를 가리킴) 및 장거리 여행자들이 이에 해당된다.

여행자들은 추후 편리한 시간에 단식을 중단한 날만큼 단식을 보충해야 한다.

아무래도 라마단 월의 하루 일과의 리듬은 느릴 수밖에 없으며 하루의 활동은 최소한으로 줄여지고, 낮 시간에는 상점도 문을 닫고 관공서 업무 시간이 단축되기도 한다.

사람들은 흔히 오후 내내 잠을 자기도 한다. 그러나 해가 지면서 음식을 들고 거리와 시장에 나가며 친구들과 친척들을 방문한다.

라마단 월 기간동안 저녁과 밤은 평상시의 낮 시간처럼 매우 활동적이다. 많은 사람들이 밤을 새기도 하며 해뜨기 전에 한번 더 식사를 한다. 낮 동안 공복 상태임으로 식사는 위에 부담이 가지 않도록 가볍게 여러 차례 나눠서 한다.

아랍어로 해질 때 드는 첫 번째 식사를 '알-이프타르'라고 하며, 대체적으로 라마단 월 기간 중 특별히 마련된 음식과 진미를 맛볼 수 있다.

라마단 월 마지막 날에 이뤄지는 축제를 '이드 알-피트르'라고 부르며 보통 3일 간 지속되는 '작은 명절'(큰 명절인 희생제와 비교하여)이다.

〈라마단 축제등〉

이 축제 기간에는 백화점이나 상점 등에서 세일을 하고 여행을 즐기기도 하며, 새 옷을 입고 친구들과 친척들을 방문하고 가난한 이들에게 돈이나 물건을 나누어주는 것이 관례이다.

2. 희생제

이슬람력의 두 번째 주요 사건은 순례로서 이슬람력 12월에 행해진다. 남녀를 불문하고 모든 무슬림은 평생 한번 이상 정해진 기간에 사우디 아라비아에 위치한 성지, 메카와 메디나 순례를 수행해야 할 의무를 갖고 있다. 이것을 대순례라고 하며 정해진 기간이 아닌 경우에 메카 순례를 하면 '오무라'라고 하며 오무라를 행한 자는 훗날 정식 순례가 의무화되어 있다. 이것은 소순례라고 한다. 순례가 끝날 때까지 성생활은 물론 보석, 향수, 기타 장신구를 착용하거나 사용해서는 아니 된다.

메카에서 순례를 마치는 날인 이슬람력 12월 10일에 이뤄지는 축제를 아랍어로 '이드 알-아드하'라고 하며 보통 4일 간 지속된다. 이 축제의 이름은 순례의 종료를 기념하기 위해서 희생 양(또는 염소)을 바치고 먹는 관습과 관련되어 있다. 즉 아브라함이 하나님의 섭리에 따라 그의 아들 이스마일을 희생 제물로 바치는 대신 양을 바친 것을 기념하기 위한 날이다. 하나님에 대한 아브라함의 순종이 확인됐을 때 대천사 가브리엘이 그의 아들 내신에 바지믹 순긴 양 한 마리를 가져왔던 것이다.

이것은 이슬람에서 '큰 명절'이라고 불릴 정도로 제일 중요한 축제로서 아브라함의 대리 희생의 축제로부터 유래되고 있는 것이라 볼 수 있다. 희생제를 드리는 아침에 사람들이 기도 장소에 모여 함께 기도한 후 이맘은 국가를 위해 양 한 마리를 희생시키고 그 다음 자기 가족을 위해 또 한 마리를 희생시킨다. 그 희생된 양은 가족, 친구, 친지 그리고 가난한 사람들과 나누어 먹는다. 축제 기간동안 주로 친척과 친구를 방문한다.

3. 마울리드(Birthday)

이슬람 역사에서 종교적으로 저명한 인물의 탄생일을 맞이하여 벌이는 대중적인 축제이다. 보통 그 인물과 매우 연관된 지역에서 하루동안 벌어진다.

4. 이슬람력 새해 기념일

우리네와는 달리 하루동안 기도와 예배로 이슬람력 새해를 기념한다.

5. 무함마드 승천 기념일

예언자가 메카에서 예루살렘을 거쳐 그리고 7개 층으로 된 하늘로 가서 하나님(알라)을 만난 것을 무슬림들은 하루동안 예배로서 기념한다.

따라서 예루살렘은 무슬림들에게 사우디아라비아에 있는 메카, 메디나에 이어 제3의 성지이다. 아랍 우마이야 왕조의 칼리프인 압둘 말리크가 691년 예언자가 승천한 예루살렘의 바위에 황금 빛 '바위의 돔'사원을 건립하였는데 오늘날 이스라엘과 분쟁의 대상이기도 하다. 유대인에게는 종교적 경외심과 민족의식의 원천이자 절대 분할할 수 없는 거룩한 수도로 간주하기 때문이다. 바위의 돔 앞에는 알-아크사 이슬람 사원이 있다.

6. 기타

사람들은 또한 출생과 함께 남자들의 할례, 그리고 결혼을 축하하기 위해 가족 및 친척, 친구들이 참가하는 아낌없는 성대한 파티를 연다. 무슬림들에게 사회생활에서 역시 큰 역할을 차지하는 것은 장례식이다.

아랍사회에서 결혼이 여성을 위한 행사라고 한다면 일반적으로 4살에서 8살 사이에 실시되는 할례는 남성을 위한 행사로 간주되며, 이는 성인통과의식의 하나로서 엄숙한 종교적 의식이며 친척과 친구 등이 축하해주는 큰 파티이다.

결혼서약 행사는 매우 간단하나 피로연은 상류사회는 호텔에서, 서민층은 신랑집과 그 동네에서 성대히 춤과 노래를 즐기며 보통 밤 10시에서 새벽 4시까지 행사가 벌어진다.

제5장

정 치

제1절 북아프리카(마그립지역) 정치관계

중동지역에서도 북아프리카는 독특한 세계를 구성하고 있다. 물론, 이 지역은 다른 중동지역과 문화, 종교, 언어와 역사를 대부분 함께 공유하여 온 것은 분명하다. 이 지역의 특성은 대부분 지리적인 문제에서 기인된 것이다. 7세기 아랍 이주자들은 이 지역을 자지라트 알마그립(서군도)이라고 불렀다. 이 지역은 북으로 지중해를 서로는 대서양을 끼고 있으며, 남으로는 거대한 사하라사막에 장막이 쳐져 있다. 북아프리카라는 지역적 명칭은 유럽 식민지 통치 하에서 불리어졌으며, 현재도 주로 모로코, 알제리와 튀니지의 국민들 자신들에 의해 명명되어지고 있다.

지리적 개념에서 살펴보면 북아프리카는 아프리카대륙을 기준으로 사하라사막 이북에 해당되는 지역이다. 현재 독립된 국가를 기준으로 이 지역에 속하는 국가들은 이집트, 수단, 리비아, 알제리, 튀니시, 모로코, 모리타니 등이다. 이집트의 경우는 아프리카연맹에 가입하고 있으며 동시에 아랍연맹에 가맹하여, 정치적으로 아랍맹주 역할을 추구해 왔다. 수단은 남부지역은 전형적인 아프리카 문화권에 귀속되며, 북부지역은 과거 이집트와 역사적인 관계를 맺고 있다. 리비아는 국민 다수가 아랍의 기원을 갖고 있다. 11세기경 아라비아반도에서 이주한 베니 힐랄과 베니 술레임이 양대 베두윈 가문을 형성한 것이다. 북아프리카의 원주민인 버버족은 현재 잘로와 아우길라 등의 오아시스 마을에서만 거주하고 있으며 나머지 대부분은 도시민화 된지 오래되었다.

프랑스는 1830년 알제리를 통치하기 시작했다. 튀니지와 모로코는 각각 1881년과 1912년에 프랑스 보호령이 되었다. 트리폴리와 시레나이카(현리비아)는 1911년에 로마와 오스만 터키와의 전쟁결과 이탈리아의 세력권에 들어갔다. 4나라의 독립투쟁은 서로 다른 길을 걸었다. 리비아는

1951년에 모로코와 튀니지는 1956년에 알제리는 6년유혈전쟁 이후 1962년에 각각 독립하였다.

지리적인 구분인 북아프리카권에서는 알제리, 튀니지, 모로코가 전형적인 마그립권 범주에 속한다. 이 지역은 현재 정치적으로 독립된 세 국가를 구성하고 있지만, 다른 지역과 달리 문화적 단일성과 종족 및 종교적 동질성으로 특징지어진다.

1989년 알제리, 모로코, 튀니지, 리비아, 모리타니 등 5개국은 경제기구인 마그립연맹(The Arab Maghrib Union: AMU)을 창설하였다.[3] 이 국가들의 총인구는 약 7천만 명에 달하며, 이들은 지역경제공동체 시장의 수립에 목적을 두고 있다. AMU의 탄생으로 사실상 마그립권은 이 5개국으로 그 범주가 결정되어가고 있다.

그 동안 아랍권내정치에 있어선 동부아랍국가들에게 주도권을 넘겨준 상태였으며 정치, 경제, 군사적인 면에서도 마그립 국가들은 열세에 놓여왔으며 아랍세계통합운동이나 아랍민족주의운동에 있어서도 이집트, 이라크, 시리아에 밀려 중요한 역할을 하지 못했었다. 팔레스타인문제와 4차에 걸친 중동전쟁에 있어서도 직접 개입 없이 정치적인 개입만 해왔을 뿐이다.

마그립지역의 국가 간의 갈등과 분쟁은 동부아랍세계와 비해 비교적 심각한 편은 아니었다. 그럼에도 이 지역 국가들간에 정치적 갈등이 불명확한 국경선으로 인해 발생되는 영토분쟁을 비롯하여 서부사하라, 차드 내전 등 지역분쟁에 대한 각 국의 개입, 그리도 각 국간 이데올로기와 외교노선의 차이로 발생하여 왔다. 영토분쟁과 관련하여 각국은 독립 후 식민지 정부가 설정한 국경선에 이의가 제기되어 빈번한 국경충돌이 있었다.

모로코와 주변 북아프리카 인접국과의 관계는 다소 상반되어 있다. 모

---

3) '마그립'과 '북아프리카'의 개념과 AMU의 형성에 대한 자세한 설명은 Mohamed Abed Jabri. "Evolution of the Maghrib Concept: Facts and Perspectives."를 참조하시오.

로코도 다른 마그렙국가들처럼 궁극적인 북아프리카연합체 구성을 공언하고는 있다. 모로코와 알제리와의 관계는 오랫동안 이데올로기적인 것과 영토분쟁에 점철되어 왔다. 또한 마그렙지역에 리더쉽 경쟁관계와도 관련되어 있다. 더욱이 두 나라는 서부사하라(The Western Sahara) 문제로 오랫동안 마찰해왔다. 그중 가장 큰 갈등과 분쟁의 원인은 서부사하라의 영유권을 둘러싼, 소위 폴리사리오(POLISARIO: The Popular Front for the Liberation of Saquia al-Hamra and Rio de Oro)문제로 여기에는 구통치자였던 스페인을 위시해서, 모로코, 모리타니, 알제리 등이 직접 개입되어 있었고, 리비아도 정치적으로 관여했었다. 폴리사리오는 전 스페인 식민지지역을 중심으로 모로코 정부와 무력충돌하고 있는 조직이다.

총면적 약 220,000㎢의 서부사하라지역은 1975년 스페인이 철수한 후 모로코와 모리타니가 각각 북부와 남부를 분할 점령하였다. 당시 현거주민들은 이에 반발하였으며, 폴리사리오전선이라는 조직을 중심으로 분쟁상태에 돌입하였다. 1976년 2월 27일에 알제리에 사하라망명정부인 사하라아랍민주공화국(SADR: The Saharawi Arab Democratic Republic)으로의 독립을 선언하게 되었다. 1979년 모리타니는 결국 남부지역에서 철수하였으나 모로코가 다시 전역을 점령하였다. 폴리사리오전선은 알제리의 군사 및 외교적 지원 아래 지속적으로 저항했다. 알제리는 폴리사리오전선(The Polisario Front)의 주요 후원자이다. 이 분쟁은 마그렙지역의 협력을 저해하는 가장 큰 요인으로 인식되어 왔다.

1988년 8월 30일 모로코와 폴리사리오 측은 UN 평화 안을 원칙적으로 수락하였다. 그러나 1개월 이내 휴전, 6개월 이내 주민투표라는 UN의 희망이 너무 낙관적이었던 것 같다. 9월에 다시 전투가 벌어졌으며, 폴리사리오는 모로코와의 직접협상을 주장했으나 실현되지 못했다. 폴리사리오는 1995년 6월 7일 사하라독립에 관한 유엔주도의 국민투표에 협력하기로 하였다. 1995년 12월 9일 폴리사리오는 유엔이 제시한 사하라독립에 관한 국민투표권자 명부를 거부하였다. 이에 1996년 5월 29일 유엔안보리는 모로코와 사흐라위 모두가 유엔에 적극적으로 협력할 때까지 투표권자 확인 작업을 유보하기로 결정케 되었다. 1996년 10월 31일 모로코 정부는 1970년대 중반에 체포한 66명의 폴리사리오 소속인들을 석방하여 정치적 화해의 모습을 보이기도 하였다.

모로코와 튀니지와의 관계는 다소 우호적이다. 두 정부는 대외정책이 추구하는 방향이 서로 비슷하며, 또한 서유럽과 긴밀한 관계를 유지하고 있다. 두 정부는 해외투자 유치 정책에 있어서도 비슷한 경향을 지니고 있다. 다른 한편으로 튀니지와 알제리간에 관계개선이 증대됨에 따라, 모로코와 튀니지 사이가 다소 냉각되기도 하였다. 모로코로서는 튀니지가 서부사하라 문제에 중립적인 입장을 취해주기를 기대하고 있기 때문이다. 또한, 모로코와 알제리는 알제리 남서부 틴두프(Tindouf) 지역의 영유권을 둘러싸고 1962년 국경충돌을 빚은 적이 있다. 이 문제는 1970년 5월에 이르러 양국간 국경협정이 합의됨으로써 사태가 진정되었다.

모로코는 모리타니에 대한 주권을 계속 주장하여 왔으며, 1969년에 와서야 이 주장을 포기하였다. 1970년에는 양국간 우호협정을 체결하게 되었다. 리비아와 튀니지는 1970년대에 해저유전의 개발을 둘러싸고 대륙붕에 대한 영유권 주장으로 마찰을 빚은 적이 있다. 최근 리비아와 모로코와의 관계는 대립적이다. 리비아는 1970년대초 모로코 왕권에 대한 모반행위에 연루되었다는 것이다. 1970년대 말에는 리비아가 폴리사리오를 지원하여 모로코로서는 어려운 상황에 있었던 것이다. 그러나 양국은 1983년부터 관계회복이 시작되었다. 1983년 4월 7일부터 양국간의 국민들이 자유롭게 왕래할 수 있게되었으며, 6월부터는 양국간 민항노선이 재개되었다.

차드내전은 1973년 리비아가 차드북부 아우주지역(Aouzou Strip)의 110,000㎢를 점령하고 차드내 우좌익 세력간의 내전에 개입함에 따라 지역문제로 확대되었다. 1981년 1월 리비아는 차드를 병합한다고 선언하였는데, 이에 대해 특히 예민하게 반응했던 나라는 알제리였다. 알제리와 리비아는 1996년 5월 6일 국경안전에 관해 협정서를 체결하였다.

이와 같이, 이 지역의 이데올로기 및 외교노선에 있어서 각 국가 간에 입장을 달리하였다. 알제리와 리비아가 강경한 사회주의노선을 추구하여 왔으며, 반면 모로코와 튀니지 등은 친 서방 자본주의노선을 추구해 옴으로써 양진영간에 갈등이 발생하여 왔다. 그러나 1980년대 말 소련붕괴이후 각 국이 적어도 경제면에 있어서 실용주의 노선을 취하게 됨에 따라 이 문제는 상당히 희석되었다. 1990년대 걸프사태를 계기로 각 국가 간에 불협화음이 나타나기도 하였다.

정치이슬람

중동지역에서 호전적 이슬람은 1980년대와 1990년대 출현하기 시작하였다. 이들은 북아프리카를 거대한 이슬람국가로 건설하는 것을 목적으로 하고 있다. 이들은 현정치제도에 도전적이며, 무력사용을 정당화하고 있다. 이슬람주의자들의 호전성은 1991년 알제리에서 실시된 자유 총선거에서 FIS(The Islamic Salvation Front)가 압도적인 승리를 거두었으나, 군의 개입으로 원인무효가 되자 더욱 심화되었다. 수단에서는 1989년 민주선거에 의해 수립된 정부가 이슬람군사정부의 쿠데타에 의해 전복되었다. 중동현대사에 이란 이슬람공화국과는 다르게 최초의 이슬람군사정부가 정권을 장악하게 된 것이다.

호전적 이슬람의 출현에 대한 원인은 대개 다섯 가지로 정리될 수 있다. 정부의 효율적 정책 실시의 실패와 중앙정부의 세력약화가 첫 번째 요인으로 지적될 수 있다. 이러한 경우는 국제적으로 고립된 리비아, 국민의 기대에 부응하는 정책실시에 성공하지 못한 알제리 등이다. 둘째 원인으로는 경제적 부진과 빈부격차의 심화이다. 이 경우는 대부분의 북아프리카 국가들 모두가 해당된다고 할 수 있다. 이들 국가들은 실업, 인플레이션,

열악한 의료 등의 고통을 겪고 있는 것이다. 셋째로는 대내외적인 요인에 의해 안보의 불안을 그 원인으로 들 수 있다. 튀니지에 이스라엘의 PLO본부 포격, 1986년 미국의 리비아 포격, 서부사하라(The Western Sahara)에 대한 알제리-모로코 관계 등 일련의 안보불안 요소가 작용한 것이다. 네 번째로는 그 원인으로 서구 문화와 가치체계의 무분별한 유입에 있다고 할 수 있다. 대중매체를 통한 유럽문화 유입으로 북아프리카에서의 행복한 생활 모델이 서구적으로 급속히 변화되어 가는 것이다. 이러한 과정으로의 진행에서 내부적인 정치 경제적인 뒷받침이 따르지 못하는 데 문제가 있는 것이다. 마지막으로 각 국가 정부가 이슬람에 대한 정책적인 입안을 제대로 수립해 오지 못했다는 것이다. 단순히 국제사회에만 집착하여 내부와의 조화를 이룰 수 있는 정책적 배려가 부족했던 것에 그 원인이 있는 것이다.

1991년에는 아랍민중·이슬람회의(PAIC)가 창설되어 본부를 수단의 카르툼에 두고 있다. 이 회의는 1995년 4월 2일 카르툼에서 80개국에서 3백명의 대표가 참가한 가운데 개최되었다. 이 회의에는 히즈불라(Hizb Allah), 알제리이슬람구원전선, 하마스, 이슬람지하드, 그리고 팔레스타인 자치협정에 반대하는 팔레스타인 과격단체, 전 세계 이슬람원리주의자들과 무장단체들, 군소 이슬람단체들이 참가하였다. 이 회의에서 이들은 이스라엘과의 관계정상화를 전면 거부하는 것을 재확인하기도 하였다.

이스라엘과 미국은 이란이 중동 및 북아프리카 지역에 원리주의 이슬람을 확산시켜나가는 주역이라는 인식을 하여 왔다. 또한, 이란을 비롯하여 알제리, 이집트, 수단 등에 이슬람 운동이 확산되고 있다는 것이다. 이스라엘의 염려는 이러한 국가들의 원리주의 이슬람 단체들이 직간접으로 팔레스타인 지역에 영향을 미친다는 것이다. 오슬로회담 중에도 이스라엘의 관심은 극단주의자들에 초점이 맞추어져 있었던 것이 사실이다.

제2절 마그립 국가의 정치

1. 모로코

〈모로코 수도 라바트의 고대 유적지〉

모로코는 다양한 기후, 도시문화, 인구, 생산, 활동 등 복합문화를 가지고 있으며, 정치적으로는 단일국가로 구성되어 있다. 지리적으로는 북쪽 탕제(Tangier)에서 남쪽 다클라(Dakhla)까지, 동쪽 우즈다(Oujda)에서 서쪽 라이윤(Laayoune)까지 걸쳐 있다.

아랍세계의 극서에 모로코는 위치하고 있으며, 지리적 위치에 따른 혜택을 누리고 있다. 아프리카의 북서 끝에 위치하고 있으며, 이는 유럽과 아프리카, 아랍세계와의 관문에 위치한 것이다. 모로코의 해안선은 북쪽 지중해와 서쪽 대서양을 연결하여 그 길이가 3,500km에 달하고 있다. 모로코는 지리적으로 유럽에 가장 가까운 곳에 위치하고 있다. 모로코와 스페인이 불과 12.8km 거리로 마주보고 있다.

이와 같이 모로코는 지형적으로는 북서부 아프리카에 위치하고 있으며, 정치 문화적으로는 아랍국(아랍연맹의 회원국)의 하나로 이슬람문화권에 속하고 있으며, 경제 사회적으로는 프랑스 및 이탈리아의 식민지였던 과거의 역사와 지중해 연안의 국가로서 지리적으로도 유럽과 인접하여 있어 유럽의 영향을 많이 받은 나라이다.

모로코 정부는 아랍, 이슬람 및 아프리카의 지역적 단결정책을 기반으로 한 실리외교를 추구하고 있다. 아프리카 제국에 대한 지원을 통한 우호관계를 유지함으로써 역내 지도국으로서의 외교적 기반 강화를 위해 노력하고 있다.

모로코는 아랍・이스라엘 문제에 독특한 입장을 견지해 왔다. 모로코는 흔히 비공식적으로 이스라엘 대표들을 접견한 것으로 알려져 있다. 이러한 것은 이집트 대통령 안와르 사다트(Anwar Sadat)가 이스라엘을 방문하기 전부터이다. 여러 층의 고위 이스라엘 정치가들이 라바트를 방문하였던 것이다. 당시 쉬몬 페레스(Shimon Peres)는 외무장관 시절 수차례 공개적으로 라바트를 방문하기도 하였다. 이스라엘 총리 이츠학 라빈(Yitzak Rabin)은 1993년 9월 와싱톤에서 팔레스타인해방기구(PLO)와 이스라엘간에 평화협정을 체결한 후 귀국 길에 모로코를 방문하였다. 이 방문에서 라빈은 중동평화회담 막후에서 모로코왕 하산 2세(Hasan Ⅱ)의 중재 역할에 대해 감사의 표명을 한 것으로 알려졌다.

이스라엘에 대해 다소 독립적인 입장을 견지하고 있는 모로코 정부의 입장은 여러 가지로 설명될 수 있다. 1948년 유대국가인 이스라엘이 수립된 후 모로코에 거주하고 있던 유대인들이 신국가로 대거 이주해 가기로 결정하였다. 이스라엘 중앙정보부인 모사드(Mossad)가 이 작전을 담당하였으며, 이들은 스페인의 프랑코로부터 묵인 받는데 성공했다. 또한 모로코 정부도 이 작전을 정치적으로 묵계 하였던 것이다. 당시 이주해 간 유대인은 80,000명이 넘었으며, 이들은 Ceuta와 Melilla를 경유하여 스페인, 프랑스를 거쳐 다시 이스라엘로 향하는 루트를 이용하였다. 모사드 간부도 공공연히 프랑코의 도움 없이는 이 작전이 불가능했다고 공언하기도 하였다. 이 작전에 대하여 스페인은 어느 대가도 요구하지 않은 것으로 알려져 있다. 일반적으로 이러한 사건은 제2차 세계대전 중 파시스트들이 행한 유대인 대량학살 사건에 대한 하나의 외교적 화해제스처인 것으로 이해되고 있다. 물론 모로코의 이러한 입장도 정확히 알려져 있지는 않으며, 분명한 것은 모로코 국민들과 유대인들 간에 유혈충돌은 없었다는 것이다.

모로코는 오슬로중동평화협정을 계기로 이스라엘과 이익대표부 관계를 맺어 왔다. 모로코는 GATT(The General Agreement on Tariffs and Trade)의 회원국이다. 실제로 모로코의 마라케시(Marrakesh)는 1994년 장기간 계속된 우루과이라운드를 마무리하는 협정식이 있었던 곳이다. 모로코 왕 하산 2세는 줄곧 EU의 궤도에 진입하기 위해 노력을 기우려 왔다. 이러한 목적으로 자유무역지대 건설에 대한 협상을 진행시켜 왔나. 실세로 모로코는 1987년 당시 EC(The European Community)의 회원국 가입을 요청하기도 하였었다. 1996년 2월 26일에는 모로코와 EU는 포괄무역협정을 체결하였다. 모로코는 중동평화과정에서 형성되고 있는 지중해권의 부상에 적극 대처하는 자세를 취하고 있다.

2. 튀니지

〈튀니지 수도 튀니스의 고대 카르타고제국 유적지 (인물은 필자임)〉

튀니지 정부는 민간 기업을 장려하고 있으며, 그 결과 1976년 기준 약 40 퍼센트의 튀니지인들이 중상 층 이상으로 분류되고 있다. 그러나, 대다수의 국민들은 아직 가난하며 임금 수준도 매우 낮은 편이다. 대부분의 가난한 사람들은 수입의 75 퍼센트를 식생활에 소비하고 있다. 약 절반의 국민들이 농업에 종사하고 있다. 나라의 북쪽 3분의 2는 경작지에 적합한 지역이다. 정부는 농업협동조합을 설립했으며, 그 결과 생산성이 증대되기도 하였다. 국민들 대부분은 도시로의 집중화 현상을 나타내고 있다. 튀니지 정부는 상당 부분의 예산을 교육 부문에 투자하고 있다. 점점 지식인들의 실업 증대 현상을 빚고 있다. 많은 튀니지인들은 프랑스와 리비아 등 해외에서 일하고 있다.

튀니지는 아랍 국가들 중에서 전통적인 사회 가치를 자유화하고 있는 첨병 국가이다. 튀니지 여성들은 급속히 직업전선에 참여하고 있으며, 대부분은 교육을 잘 받은 계층이다. 예를 들면, 그들은 교육계, 사회 사업, 보건, 그리고 공무원 등으로 활약하고 있다. 일부 여성들이 베일을 사용하고 있지만 대부분은 서구화된 옷을 입고 있다.

99퍼센트의 튀니지인들은 무슬림들이다. 약 9,000여명의 유대 거주인들과 유럽 혈통의 기독교인들도 소수 있다. 튀니지 경제는 주로 농산물 수출, 관광, 그리고 약간의 기름과 천연가스의 수출에 의존하고있다. 정부는 경공업과 산업의 다각화를 모색해 나가고 있다. 튀니지인들은 잘 교육받은 고급 인력이다. 그리고 그들은 친구들과 방문자들에게 우호적이고 친절한 편이다.

튀니지에서의 이슬람주의운동은 1970년에 설립된 코란보존회(The Quranic Preservation Society)에서 비롯된다. 튀니지 정부는 튀니지 대학 내 증대하고 있는 좌파활동에 대비하여 코란보존회의 설립을 인정하였다. 1970년대 말 초보적인 단계에 머물고 있던 이슬람주의자들 대부분이 이 보존회와 관련되었으며, 튀니지 정치에 중요한 변수로 등장해 갔던 것이다. 1970년대는 이슬람 야당 결성이 증대하는 시기이었다. 이들 이슬람 재야는 이슬람연합(The Islamic Association)으로서 모습을 드러냈다. 이 연합이 MTI(The Islamic Tendency Movement)[4]로서 알려졌으며, 튀니지 도심 내에 본부를 두게 되었다. 이들은 정부를 비판하기 시작했으며, 이슬람의 진정한 원리에 입각한 정치 경제적 개혁을 요구하기도 하였다.

부르기바는 1974년 국민의회에서 종신형 대통령직에 이르게 되었다. 부르기바는 권위주의적 정권을 유지하면서도 국민의 지지를 얻는데 게을리 하지 않았다. 이슬람조직은 대중지지도가 높은 간누쉬(Rashid Ghannushi)의 지도 하에 반정부 활동을 하였다. 부르기바와 그의 소속 정당인 PSD(The Parti Socialiste Destourien)에 대한 반대 의식이 증대되었다. 마침내 1978년 1월 UGTT(Tunisia's First Trade Union Federation)의

4) 1989년에 부흥당(Hizb al-Nahda)으로 개칭되었다.(Roy, 77.)

주도 하에 총파업을 했으며, 정부는 군을 동원하여 무력으로 이 파업을 진압하기에 이르렀다.

튀니지 정부는 부르기바를 설득하여 1981년 최초의 다당제 선거를 치렀다. MTI로 모습을 갖춘 이슬람연합은 이슬람의 가치회복을 옹호하였다. 그러나, 부르기바는 이슬람 단체를 인정하려하지 않았으며, MTI의 실체도 인정하지 않았다. 선거에서 새로 출현한 야당은 모두 참패하였던 것이다. 이 선거에 대비해 부르기바는 UGTT와 연합하여 NF(The National Front)를 출범시켰던 것이다. NF는 이 선거에서 136 의석 전부를 차지하게 되었다. 선거 후 부르기바는 공식적으로 MTI를 와해시키기 시작했으며, 간누쉬등 지도자들을 투옥하여 1984년 빵보조금 지급 중단 사태의 해결책으로 풀려났다. 1987년 수스 지역의 호텔에 폭탄 테러가 발생하였다. 이 사건은 곧 친이란계인 이슬람지하드 조직에 의해 이루어졌다는 사실이 밝혀졌다. 그럼에도, 간누쉬를 포함한 다수의 이슬람주의자들이 체포되어 재판을 받게 하였다. 부르기바는 기소된 모두를 사형에 처하도록 요구하였으며, 이러한 일련의 사태는 이에 반대하는 국민들의 소요를 일으키게 하였다.

11월 7일 벤 알리는 83세의 고령 부르기바 대통령의 의학적 진단을 요구하였으며, 그를 대통령직 수행에 부적합하다는 주장을 하면서 정국을 이끌어 나갔다. 벤 알리(Ben Ali)는 즉시 이슬람 야당을 진정시켜나가기 시작했다. 그는 대대적으로 멕카 순례를 하여 독실한 무슬림임을 입증하고자 하였다. 그리고 라마단 단식 월이 준수되도록 조치하였다. 그는 다당제 정치체재를 약속했으나, 당시 MTI의 법적 인정에 대해서는 주저하였다. 정치적 투옥자들도 풀려났으며, 국가안기부가 와해되었으며, 경찰권도 제한하는 등 일련의 정치조치를 단행하였다. 그러나, 1989년 4월에 실시된 총선에서는 완전한 자유주의가 반영되지는 못 한 것 같다. 벤 알리 소속 정당인 RCD(The Rassemblement Constitutionel Democratique)는 과거

부르기바(Bourguiba)의 PSD(The Parti Socialiste Destourien)와 마찬가지로 대부분의 의석을 차지하였다. 대통령 선거에서도 벤 알리는 투표자의 99.27% 지지율로 당선되었다.

알나흐드당은 공식적으로 인정받지 못했으며, 개별적으로 지방 선거에서 득세하는 데는 다소 성공적이었다. 이러한 현상은 이웃 알제리의 FIS의 영향으로 여겨져, 벤 알리 대통령은 공식적으로 알나흐드당을 불법화하였다. 그 후 걸프전 때까지는 별다른 정치적 변동이 없었다. 걸프전에서는 튀니지는 공식적으로 연합군 측을 지지하였으나, 대중은 이라크 측에 기우러져 있었다는 현상이 보였었다. 1991년 5월 튀니지 정부는 이슬람원리주의자들이 벤 알리 정권을 전복하려는 국가 모반음모가 드러났다고 밝혔다. 이러한 모반에 알나흐드당이 중심역할을 했다는 것이다. 또한, 튀니지 정부는 알나흐드당 내에 정치조직 뿐만 아니라 군사조직도 갖추어져 있었다고 공표 하였다. 이 사건으로 100여명의 군인을 포함하여 300여명이 체포되었던 것이다.

현재 공식적으로 야당은 존재하지 않는다. 집권당은 1994년 3월 선거에서 144석 전체를 차지하였으며, 99%의 지지율로 벤 알리는 재집권하였다. 튀니지의 공식 야당은 MDS(The Mouvement des Democratiques Socialites)이다. 이들은 의식을 확보하지 못하였으나, 이슬람 단체를 불법적으로 지원하고 있는 것으로 알려져 있다. 벤 알리는 이웃 알제리의 사태와 연계하여 국내 이슬람 주의자들에 지속적인 주시를 하고 있는 것이다. 최근 정부는 1996년 2월에 체포했던 MDS 지도자 무아다(Muhammad Mu'ada)를 석방하였다.

3. 알제리

〈알제리의 수도 알제이의 전경〉

알제리는 사회주의 혁명국가 유형에 속하며, 아랍화가 강력히 주창되어지고 있다. 이것은 부분적으로 프랑스 식민통치 경험과 1962년 독립 때까지 겪은 심한 고통의 결과이기도 하다. 프랑스어는 널리 사용되고 있으며, 현재 어린 학생들만이 진정한 문어체 아랍어를 사용하고 있다. 아랍어가 공식어이지만 전문분야에 있어서 는 주로 프랑스어가 사용되고 있다. 현재 학교에서도 이중 언어로서 교육하고 있다. 알제리에서는 아랍민족주의의 기세가 강력하다. 정부의 정치 홍보와 매스컴 그리고 학교 교육을 통해서 국민들에게 아랍 민족주의를 고취시켜 나가고 있다. 대부분의 알제리인들의 혈통은 버버계열에 속한다. 전체 국민의 83퍼센트가 아랍어를 모국어로 하고 있으며, 나머지 대부분은 버버어나 이중 언어를 사용하고 있다. 또한, 수 천명의 유태인들이 거주하고 있다.

알제리의 사회계층은 소수 전문 기술 엘리트, 늘어나는 중간 계층, 그리고 상당한 빈민 계층으로 이루어져 있다. 알제리인의 절반 가까이는 농업에 종사하고 있다. 나라의 3분의 2는 사하라 사막으로 되어 있다. 그러나 북쪽 해안 지대는 곡창지대로 이루어져 있기도 하다. 수 천명의 알제리인들은 주로 프랑스를 비롯한 해외에서 일하고 있다. 실업 문제는 심각한 사회 문제이며, 더욱이 도시로의 인구유입은 이 문제를 더욱 어렵게 만들고 있다.

점차 교육받은 알제리인들이 전문적이고 고도 기술 분야에 종사하고 있다. 그러나, 독립 당시 지식 계층이 거의 없었기 때문에 프랑스의 엘리뜨층이 담당했던 일을 이어 받는 데는 상당한 시간이 필요할 것 같다. 인접국과는 달리 알제리 내에서의 여성 활동은 아직 두드러지지 않다. 가족과 사회 전통은 매우 보수적이다. 다른 북부 아프리카 국가들보다 많은 여성이 베일을 사용하고 있다.

1964년 알제리에서는 무슬림형제단과 연계된 알끼얌(Al-Qiyam)이라는 호전적 그룹이 출현하였다. 이 단체는 1980년대 이슬람원리주의자의 선구자역할을 하였다. 이들은 서구식 의복과 레저에 반대하였다. 알끼얌의 지도자 중 키데르(Muhammad Khider)는 FLN(The National Liberation Front)을 창설하였다. 이 운동은 결국 부메디엔 정권에 의해 와해되었으며, 키데르는 1967년 피습되었다. 1970년대말 알끼얌의 정신을 이어받은 아흘 알다와(Ahl al-Da'wa: People of the Call)가 활동하기 시작했다. 이는 자발적 이슬람운동으로 정부 정책에 불만족을 표시하기 시작했다. 이들은 1978년 부메디엔이 사망하고 이란 이슬람공화국이 출현하면서 더욱 조직화해 나갔다.

알제리에서는 1988년까지는 반정부 활동이 그다지 빈번하지 않았다. 1985년 카빌리(Kabylie)에서 일련의 무슬림 극단주의자단체가 경찰을 공격하였다. 버버 운동가들도 24시간 스트라이크를 벌였으나, 대부분이 체포되어 사태가 소강 되었다. 같은 해 12월 여러 인권단체가 구성되었으나 특별한 움직임은 없었다. 그러나, 1988년 심각한 사태가 샤들리(Chadli Benjedid) 대통령에게 닥치게 되었다. 정부의 긴축재정으로 수천 명의 시민들이 거리로 나와 식량부족에 대해 현정부에 대해 반대하기 시작하였다. 데모군중들은 높은 실업률, 생필품 부족, 주택부족 등의 해결을 촉구하였다. 군중항거는 최초 수도 알지에시(Algiers)에서 발생하여 시 전역과 오란(Oran), 콘스탄틴(Constantine), 안나바(Annaba), 블리다(Blida), 티아렛(Tiarret), 신야(Sinya) 등지로 급속히 번졌다.

사태 해결에 결국 군이 투입되었으며, 심각한 유혈사태로 결과를 맞게 되었다. 이러한 사태는 1989년 정부의 신 헌법 제정 및 국민투표를 가능하게 하였으며, 샤들리 대통령은 결과에 관계없이 민주화 과정을 진행시키고자 한 것 같았다. 이 선거전에 최초의 이슬람정당인 FIS가 수도 근교인 쿠바(Kouba)에서 창당되었다. FIS는 1989년 9월 공식적으로 법제도 권에 들어갔으며, 1990년 지방선거에 참여하였다.

1990년 6월 지방선거에서 FIS의 국민 지지도가 압도적임을 보여주었다. 지방의회 1,539의석 중 54%를 차지하였으며, 상대적으로 FLN은 28%를 확보하는 데 그쳤다. 그후 정치소요가 계속되어 예정된 선거가 연기되었지만 마침내 1991년 12월 26일 총선을 실시하였다. FIS의 당수가 투옥된 상태에서도 FIS가 이 선거에서도 압도적인 승리를 하게 되었다. 선거결과 FIS의 절대적인 승리가 확실하게 되자 1992년 1월 마침내 군부가 개입하게 되었다. 이들은 다음 선거에서도 FIS가 승리할 것을 예상하여 이를 사전 봉쇄하고자 하였던 것이다. 군부에서 샤들리를 하야 시켰으며, 부디아프(Mohammed Boudiaf) 대통령이 이끄는 5인 최고회의(Haut Conseil d'Etat: HCE)가 구성되었다. 이들은 선거를 무효화하고 FIS 지도자 중 마다니(Abbas Madani)와 벨하지(Ali Belhadj)를 체포하였으며, 다른 지도자들은 해외로 망명하였다. 군부의 개입과 예정된 선거취소 등에 잇달아 원리주의자들에 대한 무력충돌이 최초로 발생하게 된 것이다.

이슬람원리주의는 하나의 대중동원 형태로 구현되는 것으로 이해할 수 있다. 노동자계층, 특히 비조직적인 도시빈민들을 중심으로 동원된 중간계

층들이다. 이들은 외국의 영향과 정치권에 대한 불신을 강하게 갖고 있다. 그들은 도덕과 정치의 개선을 요구하는 것이다. 일반적으로 중동에서는 인민주의가 종교형태로 나타난다. 이는 이슬람이 대중문화뿐만 아니라 사회생활의 일상모습의 대부분에 기초하고 있기 때문이다. 다른 한편으로 세속정부는 대부분 세속적 민족주의라는 이데올로기 하에 근대화를 시도해 왔기 때문인 것으로 이해된다. 이러한 특성을 지닌 이슬람주의자들이 미처 제도적으로 발전되기 전에 불행하게도 알제리에서 정부와의 충돌이 발생하게 된 것이다. 이슬람원리주의가 집권에는 실패했지만 선거라는 합법적인 과정을 통해 지배적인 이데올로기로 검증 받았음을 의미하고 있다.

부디아프 대통령도 거의 6개월만에 안나바(Annaba)에서 문화원 개관식에서 피습 당했다. 이 사건은 정치적으로 석연찮은 부분이 남아 있지만, 이 사건 후 대통령직은 전 FLN 당원이며 강경파인 카피(Ali Kafi)에 의해 승계 되었다.

그러나, 1993년 말부터 1994년에 이르러 알제리는 내전에 휘말리게 되었으며,[5] 이는 중동전체의 미래에 중요한 변수로 등장하게 되있던 것이다. 무장이슬람단(GIA: The Groupes Islamiques Armes)과 무장이슬람운동(MIA: The Mouvement Islamique Arme) 등의 단체들에 의해 반정부 운동이 전개되었다. 이 당시 이들은 외국인들도 공격하여 국제사회의 관심과 우려를 자아내기도 하였다. 이들은 외국인에 대한 공격을 서방의 경제적 침투 문제와 이슬람 세계에서의 비무슬림들의 첩보활동 등의 이유로 정당화하였다. 이러한 사건으로 1994년에는 다시 전 국방장관인 제루알(Liamine Zeroual)[6]이 정권을 장악하여 사태수습을 해 나갔다.

---

5) 1994년 10월 12일에는 알제리 거주 대우 간부 1명이 총격 피살된 사건이 있었다. 이 피격사건은 이슬람 과격단체에 의한 소행인 것으로 알려졌다.

6) 제루알은 알제리 동부의 바트나에서 1941년 7월 출생하였다. 독립전쟁이 끝나자 그는 모스크바와 파리에서 군사수업을 받은 뒤 1975년 전투병력응용학교장, 1981년 3군사관학교장 등을 역임하였다. 이후 국경지대 지역사령관을 3군데 거쳤으며,

알제리의 경험은 주변아랍국가정부와 이슬람원리주의자들에게 각각 다른 해석을 남겼다. 아랍정부는 아직 시기적으로 제도권 속에서 선거를 통해 이슬람 재야 세력을 통제하기는 이르다는 결론에 도달한 것 같다. 이슬람원리주의자들은 단순히 선거를 통해 권력을 장악할 수 없다는 현실적 어려움을 재인식하게 되었다.

알제리 정부는 나름대로 획기적 해외투자 유치정책을 수립하였다. 이는 국내 정치분위기를 반전시킬 수 있는 유일한 희망이라고 판단한 것이다. 외국인들에게 법인의 주식을 100% 소유할 수 있게 하며, 모든 이익을 본국에 송금할 수 있도록 하는 법안을 제정하였다. 1992년에는 외국법인이 석유와 가스전을 49%까지 자체 개발할 수 있는 법안을 통과시키기도 하였다. 그러나 이러한 조건들도 이슬람화된 정부로의 변화를 쉽게 면할 것 같아 보이지는 않는다. 더욱이 당시 유가 하락으로 특별한 희망을 기대하기는 어려운 실정이었다.

1992년 1월 사태이후 결국 1995년 11월 16일 대선에서 61.3%의 지지를 얻은 제루알이 대통령에 당선되었다. 제루알은 정치적 정통성을 강화하기 위해 이슬람지도자들과 야당의 반대를 무릅쓰고 이번 선거를 강행했던 것이다. 결과적으로 제루알은 첫 다당제 민선 대통령으로 자리를 차지하게 된 것이다. 1996년 11월 알제리의 헌법이 국민투표에 의해 개정되었다. 개정헌법은 정치부문을 축소하였으며, 신의회의 권한을 축소하는 내용으로 되어 있다. 이는 1991년 선거 당시 FIS의 압도적인 승리로 인해 민주화 과정을 통제할 수 없었다는 경험에서 이루어진 것 같다.

제루알 대통령은 더욱 정치적 기반을 확대하고 이슬람 무장세력의 무

1988년에는 장군으로 승진하면서 육군참모총장이 되었다. 그러나, 이듬해 군 조직 문제로 당시 샤들리 벤제디드 대통령과 충돌, 군에서 퇴임하여 루마니아 대사로 발령 나게 되었다. 그는 이 발령을 거절하고 고향으로 은퇴하였으나, 1993년 7월 전격적으로 국방장관으로 발탁되었다. 1994년 1월에는 최고안보회의(HCS)에서 3년 임기의 과도정부 대통령에 추대된 것이다.

력투쟁에 종지부를 찍으려는 복안을 갖고 1997년 6월 5일 마침내 총선을 실시하였다. 3백 80석의 의석을 놓고 실시된 이번 총선에는 39개 정당 7천 7백 47명의 후보가 출마해 각축전을 벌여 왔다. 제루알 대통령이 불과 총선 2달 전에 국민민주회의(RND: The National Democratic Rally)를 창당하였다. 이 총선은 RND와 이슬람 최대 합법 이슬람정당인 평화사회운동이슬람당(MPS: The Islamic Party Movement for a Peaceful Society) 사이 2파전으로 압축되었던 것이다. 결국 야당에 불리한 각종 선거제도 등으로 인해 1997년 6월 총선은 정부가 원하는 방향으로 결과를 맺게되었다.[7] RND가 155석을 확보하여 절대적인 위치에 올랐으며, MSP는 69석만을 확보하여 세력이 약화된 제2당의 자리에 그치게 되었다.

7) 1992년 군 개입 이후 이슬람과격 세력들이 무장테러에 나선 후 폭탄테러는 계속적으로 발생하여 왔다. 1991년 총선이후 지난 5년간 이슬람원리주의자 단체와 정부간에 계속된 혈전으로 4만 여명이 목숨을 잃었다. 1995년 8월 18일 대선 발표후 11월 16일 대선 전까지 폭탄공격이 심하게 일어났다. 특히 5년전 당시 사건이후 처음 실시될 총선을 앞두고 다시 수차 폭탄테러가 발생하였다. 6월 1일 알제이 중심가와 외곽에서 두차례 버스폭파사건과, 2일 시장내 과일 진열대에서 폭발물이 터진 사건 등이다.

4. 리비아

〈리비아의 수도 트리폴리 내 미국의 폭격을 받은 왕궁〉

리비아는 북부아프리카 지역에서 이탈리아의 식민 정치를 경험한 유일한 국가이다. 1949년에 완전히 독립하였으며, 1969년 혁명 이후부터는 좌익 군사 정권에 의해 통치되어 왔다. 신정부는 급속한 사회주의와 경제 개발 계획을 실시해 왔다. 그 결과 사회는 급속한 변화를 맞게 되었다. 국민들을 홍보하고 정치교육하는 강력한 정책을 펼쳐왔다.

리비아인들은 무슬림이며, 정부는 혁명 정신과 연계한 이슬람 부흥을 고양하고 있다. 아랍 민족주의와 범아랍주의가 배제되었으며, 서구 생활양식은 퇴색되었다. 이 결과 리비아인들은 특히 외국인들에게 솔직하지 못한 사람들로 평가받고 있다.

리비아 혁명평의회는 혁명 직후 알콜 및 도박금지 조치를 내려 이슬람주의자들의 신뢰를 얻고자 하였다. 또한 1973년에는 샤리아(이슬람성법)를 공식적인 법으로 선언하였다. 현실적으로는 무슬림형제단(The Ikhwan al-Muslim), 이슬람해방당(ILP: The Hizb al-Tahrir al-Islami), 이슬람지하드(The Islamic Jihad Organization) 등의 단체에 대해서 인정하고 있지 않으며 정부의 통제를 견지하고 있다. 1978년에는 까다피의 자의적 이슬람해석을 비판한 이슬람 성직자들을 추방하기도 하였다. 1971년 설립된 ICS(The Islamic Call Society)는 아프리카 등지에서 이슬람을 포교하였으나, 국제적으로 테러지원 혐의를 받아 유엔제재 후 공식적으로 해체되기도 하였다.

까다피 정권의 반대파는 여러 면에서 발생해 왔다. 무슬림형제단(The Ikhwan al-Muslim)은 처음부터 까다피 정권의 정책에 정면으로 도전해 왔다. 이들은 이집트의 무슬림형제단의 영향을 받았으며, 리비아에서는 까다피가 정권을 장악하기 전부터 있었다. ILP(The Hizb al-Tahrir al-Islami)는 리비아에서 주요 이슬람 조직이다. 이들은 무슬림형제단 운동에 뿌리를 두고 있다. 이들 무리는 군과 학생들 속에 뿌리를 내리고 있다. 이들은 초기 이슬람 정통칼리파 시대의 이슬람 사회의 순서성과 도덕성의 회복을 주장하고 있다. 이들은 또한 그러한 목적을 달성하기 위해 무력을 사용할 수 있다고 믿고 있는 것이다.

1981년에는 까다피 정권에 반대하는 강력한 이슬람 경향을 지닌 NFSL(The National Front for the Salvation of Libya)이 카르툼에 창설되었다. NFSL은 알마까르야프(Mohammed Youssef al-Maqaryaf)가 주도하고 있으며, 리비아로부터 추방당한 전고위정부관료도 포함되어 있다. NFSL은 세속주의자와 이슬람주의자 모두를 포함하는 포괄조직이다. 이들은 정부를 정복하려는 목적을 지니고 있다. 가장 잘 알려진 사건으로 1984년 5월 밤 까다피의 사령부 격인 알아지즈야 막사가 공격당한 것이다. 이 사건은 NFSL의 이슬람주의자들에 의해 사주된 것으로 알려졌다.

이에 까다피 정부는 1986년 9월 이슬람지하드 조직(Jihad al-Islami)과 관련하여 26명을 체포하였다. 이 이슬람지하드 조직은 수개월 전 그 모습이 드러났던 것이다. 이처럼 까다피 정부는 1970년대와 80년대에 걸쳐 일대 이슬람 원리주의자들에 대해 소탕작전을 펼쳤다. 현재로서 이슬람 재야 세력은 정부와 협상이나 타협하지 않고 있는 것이다.

이슬람원리주의자들의 호전적 태도는 까다피의 정책을 더욱 강화시킨 결과가 되었다. 알제리의 이슬람원리주의자 운동 및 이집트의 무슬림형제단이 리비아 국내에 파급되는 것을 극도로 경계하고 있는 것이다. 까다피는 1995년 다수의 주변 아랍국가의 친 이스라엘 정책에 다소 불편한 상태이다. 정치적으로 이슬람원리주의자의 근거지인 이란, 수단과 비슷한 외교노선을 추구하면서도, 사실상 리비아내 이슬람원리주의자를 견제하고 있다. 더욱이 알제리, 이집트 정부의 이슬람원리주의자 색출을 지원하고 있어 다소 모호한 정책을 펴고 있다.

1996년대 이후부터는 이슬람원리주의자들이 반체제지하운동으로 활동하고 있으며, 벵가지와 시르테 등을 중심으로 이루어지고 있는 것으로 알려지고 있다. 또한 이집트, 튀니지, 유럽 등에서 까다피에 반대하는 리비아 민족주의 및 민주주의 단체들이 조직되고 있다는 것이다.

제3절 이집트

〈이집트의 수도 카이로의 도심 전경〉

이집트는 유구한 역사와 독특한 성향을 지닌 통일된 사회를 이루어 나왔으며, 1952년 이후 이집트 정부는 사회주의 노선을 취하였다. 이집트인들 모두는 아랍어를 사용하고 있으며, 남부 일부 지역에 있는 누비아인들은 예외이다. 영어는 일반적으로 사용되고 있으며 제2언어로 자리삽고 있다. 프랑스어도 많은 사람들에 의해 사용되어지고 있다.

7세기 최초 칼리프의 정복으로 이집트는 아랍어를 사용하는 국가가 되었다.(시리아, 이집트와 같이) 그것은 16세기 오스만 튀르크에 의해 정복당했다. 더욱이 이집트는 아랍의 모든 국가와 중동국가에서 가장 가까운 지리적 위치를 가지고 있다. 나일강은 거주자의 일반적 생활의 터가 되고 방대한 중세시대 이집트는 맘룩에 의해 지배되었고, 무인 · 지주계급제도는 최초로 코카소스(Caucasus)의 터키 부족들로부터 노예들을 유입시켰다. 오스만의 통치에서조차 맘룩은 이스탄불의 중앙세력의 지속적인 감소에 의해 큰 독재 영향력을 향상시키고 진척시켰다.

이집트는 여타 아랍국가들과 마찬가지로 오스만제국의 통치(1517~1914)를 거친 후 나폴레옹의 침략(1798~1801)은 현대 이집트의 시작이 되었다. 프랑스의 퇴거 이후, 지도자로 자신을 내세운 무함마드 알리는 탁월하면서도 강한 군주였다. 그는 자신이 교육을 그리 많이 받지 못했음으로 측근들에게는 교육의 가치를 깊이 칭찬하였다. 그는 또한 정치적 힘과 군사력의 기본처럼 경제의 중요성을 이해하였다. 무함마드 알리는 그들 국가의 학생들을 유럽으로 보내어 유학시킨 최초의 군주이다. 그는 관개수 향상과 면화재배를 소개하여 이후 이집트 경제의 주요 생계수단이 되었다.

무함마드 알리의 강압의 다양한 군사행동은 첫째는 대 군주 술탄의 원조를 다다르게 하였고 마침내 그에게 등을 돌렸다. 만약 1840년 유럽중재의 위협이 없었다면 무함마드 알리는 오스만 제국의 잔재를 극복하였을 것이다. 1860년대 투기붐과 뒤이은 경기침체는 이집트 정부의 거대한 부채를 남겼고 케디브에게 부채행정기관이 영국 · 프랑스 금융이자에 대한 이익을 돌려 받기를 강요했다.

파샤 아래의 실패한 군대는 새로운 유럽 협상에 이끌어졌고, 마지막으로 영국에 의해 점령되었다. 25년 가까이 유능한 은행가인 베어링(Sir Evelyn Baring, 후에 Lord Cromer)은 국가의 확실한 지배자였다. 그리고 크로머의 계승자들은 개선된 관계수 사업, 합리적 기관, 증대되는 이익 창출 등 그의 일을 이어갔다. 그러나 정치적으로 영국의 점령은 비난받기 쉬운 것으로 남아 있었다. 최초에 채권자 이익을 대신한 일시적 중재처럼 생각한 이후 영국인이나 이집트인은 확실한 공생관계로 결코 정착할 수 없었다. 그 당시에는 많은 지식적 · 정치적 동요가 있었다. 무함마드 압두에 의해 이끌어진 이슬람 현대화로 알려진 개혁운동이 종교에서 나타났고, 무스타파 케말의 국민당 안에서도 일어났다. 경제적으로도 역시 크로머의 행정부 아래 있었으며 그것은 경제적 성장과 인구사이에서 민족을 첫째

요인으로 얻었다. 면화재배는 1914년에 두 배로 향상되었지만 이집트는 명목상 1914년 1차대전은 독일과 동맹은 오스만의 일부분으로 남아있었기 때문에 영국은 널리 퍼지는 적의 동정(옹호)를 두려워했다. 그래서 이집트의 보호자로 선언하였지만 전후 독립 약속으로 환심을 샀다. 독립은 교양 있는 중산층의 기본 목표가 되었고, 도시층으로부터 지지를 받았다. 논증(시위)들은 국가에 대중정치 경험을 준 파리평화조약으로부터 유래된 스스로를 이집트 대표라고하는 와프드를 환영하였다. 와프드의 지도자 사드 자그훌(Sa'd Zaghul)의 추방을 위한 영국의 결정은 그의 인기를 높였고 선동을 더욱 강화시켰다. 고전적 형태가 된 전례에서 자그훌은 수상으로 남았다. 여전히 협상은 교착상태로 남았고, 1922년 이집트의 독립선언은 아마 독립국가지도자들의 저항에 대한 제국주의 힘에 의해 단지 서류상 문제가 되어진 애매한 특징을 가지고 있다.

〈이집트 포트사이드의 수에즈운하〉

전쟁기간 중 영국, 왕조(여러 과두정치 체젤르 기반으로 한), 와프드 사이에 간헐적인 논쟁에 의해 주목되어진다. 전체적 화해는 1936년에 이루어져 영국은 평화의 시기에 외국정책의 방어를 위한 그들의 통제를 포기하는데 동의하였다. 이탈리아 확장정책 시기에 무스타파 나하스 와프스(Mustafa Nahhas Wafs)정부가 다시 되었을 때 수에즈 운하의 영국의 평시 차지와 전시 국가에 의한 작업에 동의했다. 그러나 다시 한번 전쟁의 발발은 관계를 악화시켰다. 1942년 왕국을 둘러싼 영국의 탱크는 복원된 나하스의 친주축국 정부의 추방을 강요했다. 그러나 영국과 함께 새로운 군대와 그의 당의 붕괴확산은 나흐스의 지위를 손상시켰다. 그리고 전후 정치의 기운은 더욱더 반영감정을 부추겼다. 1920년대 영국의 이집트에 대한 행동은 수단과의 관계를 악화시킬 뿐 아니라 1948년 팔레스타인 전쟁의 패배의 고통을 더해 주었다. 종교적으로 급진적인 무슬림 형제단은 수에즈운하 그리고 다른 지역에서 게릴라전을 실행하였고 정치적 암살 행동을 자행하였다.

1919년에 민족주의자 반동은 영국에 의해 제국주의적 전략의 재평가를 하게 하였다. 보호령은 철회되었으며 그러나 국방과 외교, 수에즈 운하의 안전, 수단 정부, 그리고 영국 수중에 있는 치외법권조항의 미래에 대하여는 통제하였다. 이 시기에 전 인구의 90% 이상이 무슬림 특히 순니였다. 그리고 약 70%는 농업에 의존하고 있었다. 산업은 도시 기반의 고위층에 의해 지배되었다. 그들은 국가에 관한 보호정책에 종사하였다. 이 계층의 발전 수행 역량은 1인당 국민소득이 1910년에서 1950년 사이에 증가하지 못했다는 사실로 알 수 있다. 반면에 소득의 계층 분배는 확산되었다.

이러한 배경에 반하여, 1952년의 이집트 혁명은 두 가지의 주요 점을 가지고 있었다. 첫째는 19세기 이후 이집트의 정치제도를 지배했던 과거 도시 지주상류층을 새로운 위정자 엘리트로 교체한 것이었다. 그 엘리트층은 처음에는 군 장교로 구성되었으며, 이어서 국가 직능제의 시민 군 계층의 복합체가 되었다. 두 번째는 주요한 정치적, 경제적 그리고 사회적 권력이 국가로 이동한 것이다.

토지분배 개혁은 이미 미국과 유엔에 의해 제안되었다. 그리고 그것은 거대한 부르조아 사이에서 다소 지지를 받았다. 국가 주도형 산업 발전 프로젝트는 국민의 부르조아의 오랜 목적이었다. 토지 개혁이 제도화되었으며, 농협이 설립되었으며 그리고 경작지가 확대되었다. 산업성장은 국가에 의해 부양되었으며 복지 개혁 프로그램이 시작되었다. 하이댐의 건설로 관개에 도움을 주었다. 실제로 주요한 것은 산업화에 필요한 전기를 공급할 수 있게 된 것이다. 수에즈 운하는 1956년 6월에 국유화되었다. 그리고 은행, 보험회사, 교역상들은 1957년 1월에 국가재산으로 귀속되었다. 1959년과 1961년 사이에 국가 통제는 이집트의 자본, 외국 무역, 노동 조직과 농협에까지 확대되었다. 더욱이 누진소득세와 개인 부에 대한 압수제도를 채용하였다. 이러한 정책은 자원 배분과 수입 대체 산업의 국가자본주의형 프로그램을 발주하는 데 필요한 통제를 하는데 목적이 있었다.(1952년에서 1967년 사이 실제 임금이 44% 증대되었다.)

1952년 7월 22일 군대는 파루크왕을 폐위시키고, 의회도 붕괴시켰다. 이러한 최초의 접전은 나기드(Naguid)장군과 경쟁을 벌린 후 1954년 가말 대령은 전통당 뿐만 아니라 공산당, 무슬림 당원까지 억압하여 지배하였다. 그 무리의 지지자는 군대이고 내무부 장관 아래 지역 행정관도 중앙집권화 되었다. 효과적인 치안경찰과 조직화된 노동자 무엇보다도 그의 국내에서의 빠른 성공과 대외 정책은 나세르에게 후 역경의 시간이 다시 일어 설 수 있는 열성적인 인기를 주었다. 야심 찬 아스완댐 프로잭트는 1955년후 러시아 금융지원을 받았다. 그것은 경제 발전에 있어 눈에 보이게 강한 것을 제공하였다. 비록 인구 증가가 흑자를 넘어 버리는 것이 계속되었다.

종교에 대한 국가 통제의 짧은 역사로 인해 이슬람주의자들의 반대를 야기 시켰다. 최근 걸프 전쟁 등을 통해서 이집트의 위치가 강화되었다. 중동평화 협상에서도 장소를 적극적으로 제공하는 등 정치적 역할을 강화하고 있다.

그러나 외국에서는 더욱더 지극했다. 영국의 수에즈운하에서의 철수동의(1954), 러시아 군대주둔 동의(1955) 민족주의에 의해 서구에 대항한 나세르의 능력, 영국과 프랑스의 빠른 퇴출 그리고 1956년 침략 후 이스라엘 군대 강대국 사이의 라이벌 관계 이용 그리고 운에 의해 나세르는 그 자신이 이집트의 의회를 넘어 아랍 민족주의의 화신처럼 그 자신을 만들었다. 내부적으로 외국 사업의 몰수, 은행의 국유화 그리고 토지소유의 재분배는 소수의 전통적 지위와 맘룩 이후 과두정치를 파헤쳤다.

비록 시리아 통합의 실패를 통해 60년대 초반의 예멘에서 패배와 세 번째 아랍・이스라엘 전쟁의 패배는 나세르의 이미지를 변색시켰다. 군대에서 그에 대한 불만을 억누르고 확실한 안정을 학생들에게 주기 위해 관리하였다. 나세르는 최근 아랍의 지도자사이에서 유일하게 공로를 차지하고 10년 반동안 통치한 것으로 되어있다.

새로운 세속 정권은 또한 종교의 위치에 도전하였다. 정권은 종교를 국가 통제 하에 두는 것을 추구하였다. 1952년에 와끄프(Waqf, 종교기부)를 폐지하였다. 그리고 샤리아 법정은 1956년에 폐지되었다. 수피 형제단은 공식적으로 1961년에 불법화되었다. 무슬림 형제당의 정치적 활동은 제지당했다.

1970년 9월 아랍사회주의를 표방하면서 친소외교노선을 추구하였던 나세르가 사망하자 사다트가 대통령에 당선되어 국호를 이집트아랍공화국(The Arab Republic of Egypt)으로 개칭하고 친미 자유화 정책을 추구하였다. 사다트는 1979년 3월 대이스라엘 평화협정을 체결하는 등 중동평화 문제에도 적극적인 자세를 취했다.

1981년 10월 사다트대통령이 피살된 후, 그 직을 계승한 무바라크는

1993년 10월의 선거를 거쳐 임기 6년의 제3기의 집권기를 맞이하고 있다. 현 무바라크 대통령은 '안정속의 경제발전'을 정책목표로 대내적으로는 경제안정화 정책에 힘쓰는 한편, 대외적으로는 1991년 걸프전(The Gulf War)에서의 적극적 입장표명, 1993년 9월 이스라엘 PLO간 평화협정과정에서의 역할 등 중동의 평화협상과정에서 주도적 역할을 수행하고 있다.

예를 들면 1981년에 사다트는 정권에 비판적인 사람들을 체포하였다. 그러나 몇몇 정당은 유지되었다. 언론은 1952년 이후 가장 자유로 왔다. 그리고 사법부는 점차 독립성과 헌법적 정당성 필요를 주장하여 왔다. 그러나 1984, 1987, 1990년 선거들은 자유롭지 않았으며 사다트 피습된 후 발효한 비상회의국가체제에서 실행되었다.

제6장

경 제

제1절 지역경제기구: 아랍마그립연합(AMU)

중동의 아랍 국가들간에는 현재 크게 나누어, '걸프협력위원회'(GCC, 1981), '아랍협력위원회'(ACC, 1989) 및 '아랍마그립연합'(AMU, 1989) 등 3개의 경제블럭이 있다.

1989년 2월 16일 ACC의 출범이 발표되자, 그 다음날인 2월 17일 마치 기다리기라도 한 듯 '아랍마그립연합'(AMU; Arab Maghreb Union)의 결성이 발표되었다. 이른바 '까다피 구상'으로 알려진 AMU가 모로코, 리비아, 알제리, 튀니지 및 모리타니아 등 마그립 지역 5개국이 참여한 가운데 모로코의 고도(古都) 말라케시에서 탄생됨으로써 중동 아랍권의 경제협력기구는 GCC를 포함하여 크게 셋으로 구분이 되었다.

AMU 회원국들은 동일한 역사, 언어 및 종교를 공유하고 있어 오래 전부터 상호간 통합에 관한 필요성을 절실히 느껴 왔지만, 정치적, 이념적 차이에서 발생하는 국가간 불화 때문에 뚜렷한 진전을 보지 못했다. 이러한 마그립 국가들이 AMU의 결성을 서두른 배경은 북아프리카 지역 6,200만 인구를 결속하고 정치, 경제, 사회, 문화 등 각 부문에서의 통합을 통해 국제적인 지위 향상을 도모하자는 목적도 있었지만, 가장 근본적인 원인은 1992년 통합이 예정된 EC(현 EU)와 이집트, 이라크 및 요르단을 주축으로 하는 ACC의 창설 움직임에 능동적으로 대응하자는 의도라 볼 수 있다. AMU 국가들의 경제는 EC에 크게 의존하고 있기에 EC 통합이 이루어질 경우, 이에 따르는 손실이 막대한 것으로 추정였던 것이다. 그러므로 EC에 강력히 대응하기 위해서는 역사, 지리 및 언어의 공통점을 지니고 있는 이 지역 국가들이 경제공동체를 창설하여 대EC 협상에서 발언권을 강화하고 주변 아랍 국가들의 경제블럭에 대해서도 능동적으로 대처하기 위해 경제공동체의 결성이 필요했던 것이다(수은조사월보, 1990; 50). 물론 AMU의 추진 내용이 아직까지 구체적으로 밝혀지지 않고 있지만, 향후 사우디를 중심으로 하는 '걸프 경제권', 이라크를 중심으로 하는 '메소포타미아 경제권' 및 'EU와 아프리카 경제권'을 잇는 새로운 교량 역할을 하겠다는 의도가 포함된 것이라 볼 수 있다. 하지만 AMU 회원국들의 대유럽 경제 의존도가 매우 높기에, AMU의 결성은 자발적이라기 보다는 필요에 의한 수동적인 조치였다.

1988년 6월초 팔레스타인 문제 해결을 위해 알지에에서 19개 아랍 정상회담이 개최된 후, 마그립 5개국 정상들이 별도 회동하여 향후 추진 원칙에 합의하였다. 이를 근거로 1988년 6월 13일 실무회의에서 통합준비위원회 및 5개 분과위원회의 구성에 합의하였다. 물론 이러한 배경에는 1987년 튀니지와 리비아가 국교를 정상화하였고, 1988년 모로코와 알제리가 국교를 정상화함으로써 통합을 위한 분위기를 조성한 점이 크게 작용하였다. 1987년 하반기만 하더라도 마그립 지역 국가들은 국교가 단절돼 있었고, 서로 적대적인 관계에 있었기에 지역 통합은 하나의 이상에 불과하였다. 아무튼 이러한 준비 과정을 거쳐 마그립 5개국 정상들은 1989년 2월 15일부터 17일까지 모로코의 말라케시에서 회담을 갖고 AMU를 결성하였다. 이 때 발표된 공동성명에서 "AMU의 목적은 회원국간 관계를 굳건히 하고 공동의 발전, 번영 및 회원국간 권리 보호를 시현하며 정의와 평등에 입각한 평화 유지에 기여하며 각 분야별로 공동 정책을 수립하며, 더 나아가 회원국간 재산, 서비스, 인력 및 자본의 자유로운 교류를 증진하는데 있다"고 밝히고 있다(홍성민, 1991; 412).

AMU 국가들의 경제규모는 다른 아랍의 경제블럭에 비해 매우 미약하다. 인구는 약6,200만명으로 총아랍인구의 20%를 점하여 GCC 국가의 6%보다는 많은 편이나, GDP 규모에 있어서는 다른 아랍 경제블럭에 비해 매우 낮은 수준을 기록하고 있다. 산업구조도 1차산업 위주의 경제구조를 갖고 있어 경제적으로 매우 낙후되어 있으며, 소득수준은 리비아를 제외하고는 대체로 낮은 수준에 머물러 있다. 최고평의회 초대 의장국인 모로코에 의해 제안된 단계적 통합 방안은 AMU의 최종 목표를 대마그립연합회의 창설과 집행기관으로서 회원국의 정치체제를 존중하는 '초국가평의회'의 창설을 통한 정치적 통합을 이룩하는데 있다. 이를 위한 전 단계로 회원국 국민들의 자유로운 왕래를 통한 인적 통합을 이룩하고, 후에 경제통합을 실현하려는 목표를 세우고 있다. AMU 회원국간 경제통합은 기존의 산업 및 경제구조를 바탕으로 한 국별 전문화와 이를 통한 상호 보완관계의 제도화 그리고 역내 생산의 국제경쟁력 향상을 주요 내용으로 하고 있다. 하지만 경제협력은 아직 초기 단계로서 매우 미미한 실정으로 알려지고 있다. AMU 창설이후 추진되고 있는 경제협력 내용은 회원국과 비회원국간 수입의 차별을 위한 관세면제, 의약품, 농산물에 대한 국제 입찰의 공동 실시, 마그립 수산운송회사의 설립, 항공회사(Air Maghreb)의 설립, 건축자재 및 건물 관리를 연구하는 막스레브센터 설립 및 5개국의 수도를 연결하는 마그립 고속도로의 건설 등으로 되어 있다. 하지만 현재 AMU의 공식 활동은 거의 이루어지지 않고 있는 실정이다.

이러한 아랍의 경제블럭(Economic Bloc)은 정치적 성격이 매우 강하여 경제협력도 정치적인 영향력을 크게 받고 있다. 걸프전 당시 ACC국가인 요르단과 예멘이 이라크를 지지하였고, ACC국가이기는 하지만 이집트가 유일하게 정치적 이해관계 때문에 다국적 군의 편에 섰다. AMU국가에서는 리비아가 이라크를 지원하였고, 비아랍국가이면서 숙적관계에 있던 이란이 이라크를 지원함으로써 중동의 아랍 국가들은 심한 분열상을 보였으며, 걸프전이 종결된 이후에도 이러한 구도는 어느 정도 유지되었다. 걸프전이후 미국을 중심으로 한 다국적군과 걸프만 GCC아랍 국가들을 상대로 중동의 질서 재편을 서두를 경우, 이라크와 리비아 등 강경 아랍국들은 팔레스타인 문제와 '아랍통합'문제를 등에 업고 주변 아랍국들을 자극할 수도 있었고, 여기에 비록 비아랍 국가이기는 하지만 OPEC내에서 공동의 이익을 수호한다는 차원에서 이란은 이라크를 지원할 수도 있기에 또 다른 우환을 불러 올 수 있었다. 이라크, 리비아, 이란 등 3개국은 OPEC내에서도 고유가를 주장하는 강경파 국가들이기에 석유의 이해 문제에 관한 한 경제적 담합도 가능하며, 힘을 잃고는 있었지만 구 소련을 등에 업고 세계 석유시장에서 새로운 변화를 유도할 수도 있었기에 중동의 질서 재편은 그리 쉽게 이루어지지 못했다.

제2절 북아프리카와 EU 경제협력 관계

〈석유 파이프라인〉

대외적으로 유럽은 유럽·지중해 공동체 수립에 정치적 노력이 집중되어 있어 보인다. 사실 지중해 권을 중심으로 한 새로운 움직임은 이미 역사적으로 오랜 전통을 가지고 있었다. 근세에 유럽이 통합되어 나가면서 기존의 유럽 각 국가와 남지중해 인접국가들과의 기존 관계가 변화된 것이다. EU가 모습을 드러내면서 새로운 차원에서 다시 EU를 주체로 남지중해 권 국가들과 개별적 협력을 모색해 나가고 있는 것이다.

EU는 남지중해 지역 즉 마그립 지역국가들과의 유럽·지중해 협정을 체결한데에는 나름대로의 계산이 있다. 첫째로는 유럽 지중해 자유무역 지대를 창설하여 유럽 상품 및 용역시장을 확보하자는 데 목적이 있다. 이 자유무역지대를 설치하는 대신 마그립 지역에 교육 부문과 인프라구조 구축에 대응원조를 한다는 것이다. 또한, EU는 안보문제에 관심을 가지고 있기 때문이다. 이들은 호전적 이슬람원리주의 정치의 확산을 우려하고 있는 것이다. 냉전종식에 따라 전후 반세기 동안 유럽 공동의 적이었던 공산주의가 소멸되면서, 유럽인들은 지중해 남쪽과 동쪽에서 올라오는 이슬람원리주의를 탈냉전시대에 유럽안보를 위협하는 새로운 불안요인으로 인식하고 있다.

반이슬람원리주의는 유럽의 안보전략에도 영향을 미치고 있다. 유럽군단의 헬무트 빌만 사령관은 1994년 스페인의 엘 파이스지와 가진 기자회견에서 유럽안보에 대한 위협의 축이 남쪽으로 이동하고 있다는 것은 명백한 사실이라며 중동과 북아프리카의 과격파 이슬람세력에 대한 경계의 필요성을 강조하기도 하였다. 이미 북대성양조약기구(NATO)는 탈냉전시대의 새로운 전략개념을 검토하면서, 지중해 남쪽 이슬람권의 핵확산위험과 이슬람국가들의 대량살상무기 보유가능성에 대한 진지한 대처가 필요하다는 결론을 내린 바 있다.

지중해를 건너기만 하면 이슬람원리주의는 유럽전역에 퍼져있는 이슬람계 이민에게로 옮겨 붙어 유럽의 안전과 질서를 뒤흔들 수 있다는 것이다. 오늘날 EU의 1,000천만 외국 근로자들 중 북아프리카 국적 보유자의 근로자가 공식적으로 2백4십만 명으로 집계되고 있다. 이는 북아프리카 지역국가들의 1970년에서 1990년까지 평균 GDP성장률이 1.5에서 2%에 불과한데서 쉽게 짐작할 수 있다. 인구 증가율은 2.5%를 전후하고 있어, 실제로 인구증가율 대비 최소 5~7%의 GDP성장률이 필요한 상태이다. 더욱이 1970년대 오일 쇼크이후 모로코, 알제리, 튀니지 국가 등에는 수 십억 달러의 외채를 안게 되었다. 1980년대 이들 국가들은 더 이상 이 외채를 감당할 수 없게되자, IMF에서 특별 조치를 취하게 되었다. '바르셀로나과정'은 바로 이러한 경제적 난국을 누그러뜨리려는 일환이기도 한 것이다.

중동평화무드로 인해 가장 어려운 상황에 직면하게된 것은 아랍연맹이다. 평화협정이 체결되면서 반이스라엘 정책을 추구하는 것은 실리가 없게 된 것이다. 아랍연맹은 지난 51년이래 이스라엘에 대해 경제보이콧을 유지해 왔다. 지난 1979년 아랍연맹에서 추방됐던 이집트만 이스라엘과 교역을 했었던 것이다. 하지만, 1994년에는 사우디아라비아를 비롯한 6개 걸프협력협의회(GCC) 회원국은 일명 블랙리스트를 폐기하였다. 1996년 1월 20일 팔레스타인 총선을 성공적으로 치르게 된 이후는 더욱 그러한 것이다. 오슬로 중동평화 협정이후 급속히 확산된 다자간협상이 성공적으로 개최됨으로써 아랍연맹의 역할 정리가 더욱 어렵게된 것이다. MENA회의에서 아랍국가들은 아랍연맹 회원국으로서의 자격이 아닌 개별적 국가로서 참여하였다. 오히려 MENA라는 그 이름에서 보듯이 중동・북아프리카라는 새로운 지역공동체 이름이 정착되어가고 있는 듯하다.

1997년 4월에는 '중동평화과정을 위한 두바이 유럽・아랍회의(The Dubai Euro-Arab Conference for the Peace Process)'가 개최되었다. 유럽・아랍회의는 중동에서 유럽과 아랍국가간에 개최된 회의 중 가장 규모가 컸다. 더욱이 이런 종류의 회의가 걸프지역에서 개최되기도 처음이다. 이처럼 중동평화과정에서 유럽의 중재 역할을 계기로 유럽의 대중동 진출은 매우 적극적인 것이다.

이 회의는 유럽과 아랍국가산에 10년내 관세농맹을 실현하는데 목적을 두고 있다. 이와는 별개로 EU의 특명공사인 모레이티노스(Miguel Moratinos)는 수차 아랍연맹의장인 메기드(Esmat Abdel Meguid)와 접촉을 시도하였다. 아랍연맹의장은 EU로 하여금 중동평화에 중요한 역할을 하도록 촉구하였다. 이는 냉전시대 이후 미국의 독주를 견제하면서 경제적인 실리를 추구하고자 하는 것이다.

이 회의를 통해서 실제로 EU는 GCC국가들과의 경제협력에 더욱 관심을 가지고 있었다. EU는 대외적으로 이스라엘에 대해 불편함을 표명하고 있으며, 대중동국가들에 대한 인도주의 원조 장벽을 제거할 것을 주장하고 있다. 유럽의 다소 적극적인 개입은 미국의 경계심을 불러일으키고 있다. 냉전시대에는 소련의 견제역할을 유럽으로 하게끔 종용해왔던 것이 사실이다. 냉전 종식이후 유럽의 개입은 오히려 미국에게 새로운 변수로 등장하게 되는 것이다. 이로서, 다자간회의는 아랍권, 이스라엘, 유럽권이 직접적으로 관련되고 있으며, 이에 미국으로서는 정책추진에 신중해 나가고 있는 실정이다.

이와 같이 EU는 나름대로 대중동 진출전략을 3가지 방향으로 나아가고 있다. 첫째는 중동평화과정과 관련하여 범중동・북아프리카 공동체 구성에 대한 참여이다. 중동권이 평화적으로 정착되어 정치적 안정을 이루게 된다면, 다른 EU의 목적달성이 더욱 용이하게 될 것이다. MENA 공동체 참여는 단기적으로 정치적인 요인이 큰 것이다. 둘째는 유럽・아랍간의 경제 협력과 관련되어 있다. 소련의 붕괴 이후 유럽의 대아랍 정책은 외형적으로는 상당히 적극적이다. 이는 아랍연맹의 힘이 실제 미약하다는 사실에도 불구하고 전체 아랍정서를 굳이 해칠 필요가 없다는 정치적 계산인 것이다. 따라서, 유럽・아랍 경제협력공동체 구상은 실제로는 유럽・지중해 공동체와 유럽・GCC 공동체로 분리되어 접근되어 온 것이다.

EU의 궁극적인 목표는 하나의 거대한 경제블록을 구축한다는 데 있다. 9억 이상의 인구를 포함하는 거대 공동체는 15개의 EU 회원국가와 EU 비회원인 12개 지중해국가와 GCC를 포함시킨다는 것이다. 이 유럽・지중해・걸프지역 공동체 구상을 2010년까지 달성시켜나간다는 야심찬 계획인 것이다. 이 거대자유무역지대 창출은 국가간 쌍무협정들을 토대로 단일 네트워크를 구축해나가는 방법을 계획하고 있다. EU는 이러한 과정을 통해서 유럽과 중동국가간에 긴밀한 관계가 수립되며, 지역경제통합 및 정치적 안정이 더욱 강화될 것으로 생각하는 것이다.

1995년 11월 27～28일 사이 바르셀로나에서 EU 15개국과 지중해 동반국가 12개국이 참가하는 '유럽・지중해회의(The Euro-Mediterranean

Conference)'가 열렸다. 이 회의를 바르셀로나 프로세스(The Barcelona Process) 혹은 일반적으로 유럽 지중해 공동협력이라고 한다. 12개국은 모로코, 튀니지, 이집트, 이스라엘, 요르단, 팔레스타인 자치정부, 레바논, 시리아, 터키, 사이프러스, 말타 등이며 리비아는 업서버로 참가하고 있다.

모로코는 EU와 전체 무역액의 절반 이상을 교역하고 있다. 1998년에 모로코는 53억 2천3백만불의 상품을 EU에 수출했으며, 65억 4천8백반불 정도를 EU로부터 수입하였다. 모로코는 EU에 무역역조 현상이 지속되고 있다. 모로코는 EU에 어류, 조생종 과일, 꽃, 직물류 등을 수출한다. 반면에 기계류, 장비, 화학류, 플라스틱류 그리고 곡물류를 수입한다.

프랑스는 식민지 종주국으로서 모로코 전체 수입의 26%, 수출의 36%를 점유하고 있고, 투자면에서도 전체 외국인 투자의 1/3을 차지하고 있다. 스페인은 인접국으로서 모로코 제2의 교역 대상국이며, 최근에는 Telefonia의 모로코 제2이동통신 면허(10억불) 획득 등 투자진출도 활발히 하고 있다. 포르투갈, 영국, 이탈리아 등 EU 국가들은 전통적인 유대 관계를 바탕으로 활발히 진출하고 있으며, 모로코도 2000년 3월 발효한 EU와의 연합협정(Association Agreement) 등을 토대로 궁극적으로 EU경제체제로의 편입을 추구하고 있다.

1996년 2월 유럽지중해 연합협정(The Euro-Mediterranean Association Agreement) 체결로 모로코는 유럽지중해 경제지대(The Euro-Mediterranean Economic Area)을 형성하게 되었다. 2000년 3월 1일 EMAA가 발효되었으며, 12년간 점차적으로 무역자유화를 실행해 나가는 것이다. 마지막 단계에 자유무역지대(FTA)를 조성하는 것이다. 산업용품에 대한 관세 철폐는 시작되었으며, 농수산물에 대한 관세는 곧 조정될 것이다. 모로코 산업생산품은 이미 EU 시장에 무관세로 수출한다. 농수산물에는 쿼터가 정해져 있다. 쿼터 내에서는 무관세로 수출하고 있다. 토마토, 감자, 오렌지, 귤류 꽃 등은 관세가 있다.

유럽지중해 자유무역지대는 15개 EU국가와 12개 지중해 동반국가 들이 서로 연계할 것이다. 그리고 이 지대는 EFTA와 EU 확대(CEECs)를 위한 중앙 동부유럽 후보국들과 함께 조성될 것이다. 최종 단계에 이 존은 40여 개국과 6~8억 인구로 구성되어 세계에 가장 중요한 무역블록으로 발전할 것이다. 2000년 10월 9일에 최초의 연합 위원회(Association Council)가 룩셈부르크에서 개최되었다. 2001년 초 라바트에서 최초의 연합회의(Association Committee)가 개최될 것이다.

유럽은 유럽・지중해 권을 동반자로 인식하고 지중해 주변 중동국가들과 쌍무회담을 통해 정치 경제적 협력을 진전시킨다는 목적을 가지고 있다. EU의 목적은 유럽・지중해 자유무역지대를 건설하여 긴밀한 연합관계를 구축한다는 것이다. 유럽・지중해 경제지역(EMEA: The Euro-Mediterranean Economic Area)을 조성한다는 것이다. 이러한 작업으로 튀니지와 모로코와는 각각 협정을 체결하였으며, 팔레스타인은 가협정을 조인한 상태이다. 이스라엘과 EU는 이미 오래 전부터 연합협정이 있으며, 점차 EU와 이집트, 레바논, 시리아, 요르단과 각각 쌍무협정이 진행되고 있다.

제3절 중동북아프리카경제협력(MENA)

1994년 10월 30일~11월 1일 사이 카사블랑카에서 중동・북아프리카 전역에 걸쳐 경제정상회의가 개최되었다. 이 회의는 제1차 'MENA경제정상회의(The Middle East/North Africa Economic Summit)'로 명명되고 있다. 이 회의는 모로코 왕 하산2세의 초청으로 미국과 러시아의 지지와 후원 하에 61개국 대표와 세계 각 국가에서 1,114명의 경제인들이 참석하였다. 이 회담은 이 지역 최초의 경제정상회담이었으며, 중동북아프리카 경제공동체 창설 구상을 담은 '카사블랑카선언'을 채택하였다. 이들은 이 지역에 하나의 경제권을 창출하기 위해 공동 노력키로 합의하였던 것이다. 이는 제2차 세계대전 이후 유럽의 경제재건계획인 마셜플랜에 비견되고 있을 정도로 역사적인 사건 중에 하나이다.

1995년 2월 8일 이집트의 타바에서 미국, 이집트, 이스라엘, 요르단 그리고 팔레스타인해방기구(PLO)의 외무장관들이 회담을 개최하였다. 이 회담에서 '타바선언문'을 발표하여 무역 투자의 자유화와 시장개방을 위해 필요한 모든 노력을 기울이기로 합의했다. 이들은 또한 아랍권의 대이스라엘 무역 보이콧을 포함해 지역 내 모든 무역장벽의 철폐를 촉구하였다. 타바선언문은 현재 진행중인 평화협상의 주요 목적이 지역 내 국가의 경제협력 및 개발이라고 밝히고도 있다. 이 회담은 1994년 카사블랑카에서 열린 중동북아프리카 경제정상회담의 산물인 것이다.

제2차 MENA 경제정상회의[8]는 1995년 10월 29~31일 사이 요르단

8) 우리 나라도 건설교통장관을 수석대표로 16명의 정부대표단을 파견하였다. 우리 정부는 중동평화 지원 노력에 대한 적극적인 지지와 동참의지를 표명하였다. 또한 우리정부는 이집트-이스라엘-시리아-레바논- 연결 고속도로 건설 등 대규모 개발사업에 대한 참여 가능성 등을 모색하였다.

암만에서 개최되었다. 이 정상회담의 목적은 제1차 회의의 계획에 맞추어 이 지역에 민간부문 투자확대를 촉진시키는데 있었다. 또한 공공부문과 민간부문간 유대관계를 강화하여 지역협력과 개발을 강화한다는 전략을 논의하였다. 이 정상회의 참가자들은 중동평화과정이 진전될 수 있도록 최선의 노력을 경주할 것을 선언하였다. 이들은 중동평화정착을 위한 쌍무회담이 확대되기를 촉구했으며, 다자간 실무회의를 통해 평화구축에 중요한 역할을 해왔다고 평가하기도 하였다. 또한 이들은 타바선언과 GCC의 대이스라엘 경제보이콧 부분 철회에 대해 환영을 표명하면서, 이러한 것이 확대될 수 있도록 협력하겠다고 결의하였다.

이 정상회담에서는 제1차 회의 때보다 구체적인 결론을 얻었다. 중동·북아프리카 지역에 '경제협력개발은행(The Bank for Economic Cooperation and Development in the Middle East and North Africa)', '중동·지중해 여행 및 관광협회(MEMTTA: The Middle East-Mediterranean Travel and Tourism Association)', '지역사업회(The Regional Business Council)' 등의 설립을 선언하였다. 제1차 회의 때 거론되었던 이 회의의 상설화 작업으로 '경제정상회의 행정사무국(The Economic Summit Executive Secretariat)'을 모로코의 라바트에 설치하기로 합의하였다. 또한, 1992년 모스크바다자간 중동회의에서 합의한 REDWG(지역경제개발실무그룹)의 감독위원회 사무국을 요르단 암만에 설치하도록 결의하였다.

제3차 MENA 경제회의는 1996년 11월 12~14일 까지 이집트 카이로에서 개최되었다. 제3차 경제회의는 제1, 2차 경제회의가 정상회담으로 진행된 데 비해 각국 행정수반과 정부 및 민간대표단, 기업인 등이 폭넓게 참여하는 실무개방회의 성격을 강하게 지녔다. 이 회의는 참가인원도 전세계 36개국 정부대표와 8백 50여개 기업체, 2천명의 경제인과 1천여 명의 취재진 등 총 3천 5백명에 달하는 역대 최대 규모이었다. 이번 회의는 역내 정치문제와 경제적 이해와의 상호 이중성을 어떻게 극복할 것인가에 관심을 가졌다. 이와 관련하여 중동・북아프리카 지역 발전에 필요한 외국투자 유치와 정부 및 민간차원의 참여확대를 논의하였다. 제1, 2차 회의 때와는 달리 당시의 정치적 환경에 상당한 변화가 있었다. 이집트를 비롯한 시리아 팔레스타인 등 이스라엘 이해 당사국들이 전례 없이 강경한 태도로 이스라엘 신 정부의 아랍정책을 비난하고 나온 것이다. 더욱이 이스라엘에 대한 아랍권의 공동 보이콧을 주장하는 목소리가 다시 대두되는 등 아랍권의 이스라엘에 대한 여론이 고조되어 있었다.

이러한 중동평화과정에 있어서 일련의 회의에 북아프리카권의 모로코와 튀니지는 적극적으로 참여하고 있다. 이 국가들은 1991년 마드리드평화 협상 때부터 참여하였으며, 중동평화과정의 다자간협상 테이블에도 직접 참여하여 왔다. 알제리의 경우도 다자간협상 참여국이나 내정의 문제가 겹쳐 모로코나 튀니지에 비해 활발한 활동을 하지 못하고 있다. 리비아는 국제제재 중에 있어 이 회의에 참여하지 못하고 있으며, 이슬람정부인 수단도 비슷한 입장에 있다. 마그립권에서는 현재로서는 모로코와 튀니지가 상당히 행보를 빨리 하고 있으며, 두나라의 외교노선도 비슷하다. 이 나라들은 오슬로 중동평화과정을 통해서 이스라엘과의 관계개선, 유럽과의 긴밀한 관계를 유지하면서도 아프리카권과 중동권에서 위치를 확보하려하고 있다. 이들의 정책 방향은 북쪽의 EU국가들, 이스라엘, 그리고 주변아랍국들의 입장과도 맥을 같이하고 있다. 특히, 냉전종식후 중동평화과정에 맞추어 EU의 역할이 두드러지게 나타나고 있다.

제4절 마그립 국가

1. 모로코

〈모로코 페스의 전통 시장 전경〉

최근 모로코가 대외교역 구조를 아프리카, 아랍권, 아시아 등으로 다변화하기 위해 노력하고 있으며, 알제리 신 정부 출범 및 리비아 로커비사건 해결 전망 등을 계기로 아랍 마그립 연맹(AMU) 재활성화를 통한 역내 교역 증진 정책을 적극 추진하고 있다.

1983년에 모로코는 정치 및 사회 안정화와 경제 개혁 프로그램을 시작하였다. 1990년대 초 모로코는 또한 해외투자와 교역을 확대하고자 법과 규정을 정비하였다. 동기간에 기업의 민영화 등에 힘입어 카사블랑카 주식시장이 1994년 43억불에서 1998년 153억불 규모가 커졌다. 모로코 은행제도는 국제기준에 적합하게 되어 있다.

무역정책에 있어서 모로코는 기본적으로 WTO체제를 지지하면서, EU와 협력협정을 체결하는 등 점진적인 개방화를 추진해나가고 있다. 만성적인 무역적자 규모(연간 20억불 이상 수준) 축소를 위해 일부 품목의 수입에 대해서는 면장, 수입관세, 수입부가세와 같은 행정 조치를 통해 국내생산을 보호하는 한편, 모로코 산 공산품에 대해서는 조세감면 등을 통해 강력한 수출 진흥책을 시행하고 있다.

〈표 5-2〉 대외교역 추이(백만불)

연도	1995	1996	1997	1998	1999
수출	4,728	4,741	7,059	7,533	7,210
수입	8,551	8,254	9,548	10,654	10,410

주요교역품

-수출: 농수산품, 인관석, 섬유, 의류 및 신발, 화학제품, 광물, 기계류

-수입: 곡물, 섬유직물, 원유, 광물원료, 철강제품, 기계류

주요교역국

-수출대상국: 프랑스, 스페인, 영국, 독일, 미국, 이탈리아

-수입대상국: 프랑스, 스페인, 미국, 이탈리아, 독일, 영국

EU와는 2000년 3월 1일 발효된 협력협정을 바탕으로 정치, 경제분야에서 전통적인 유대관계를 유지 발전시켜 나가고 있다. 미국과는 군사, 외교, 특히 중동평화 협상에서의 중재 역할 수행 등을 통해 협력관계를 긴밀히 발전시켜왔다. 최근에는 경제통상 분야에서의 관계확대를 적극 도모하고 있다.

또한, 관계 다변화 차원에서 한국, 중국, 일본, 인도 등 아시아 제국과의 협력관계 강화를 위해 노력하고 있는 바, 특히 중국과는 1998년 12월 유수

피 수상의 중국 방문, 1999년 10월 강택민 주석의 모로코 방문 등 주요인사의 상호 교환 방문을 통해 관계가 긴밀화되고 가고 있다.

일본은 근년들어 일본 국제협력단(JICA 협력요원 50명 활동중), 해외협력기금(OCCF) 및 어업협력기금(OFCF) 등을 통해 대모로코 경제지원을 강화하고 있다. 일본은 다수의 상사가 주재하고 있으나, 대규모 단위의 직접 투자는 시행하지 않고, 투자 여건 개선 상황을 주시하고 있다. 지난 10여년간 어업과 광업, 수자원, 농촌개발 등에 5백만불 이상을 무상으로 제공하였다.

현재 50여명의 JICA 요원이 파견 로비 활동 중이며, 2000년 4월 2건의 대모로코 장기 차관 공여(70억엔 상당)를 발표하기도 하였다. 중국은 수산업 분야 등에 진출하고 있으며, 담수화원자로 시험로 건설에도 관심을 갖고 있다. 2000년초 약 400만불의 장기 차관을 제공하였다. 인도는 인광석 합작회사 설립 등을 통해 진출을 강화하고 있으며, 대만은 소액 다품종 중소기업형의 저가 상품을 위주로 연가 5천만불 이상의 수출을 시현하고 있다.

모로코는 미국 독립을 최초로 인정한 국가들 중 하나이다. 모로코와 미국은 18세기 때부터 우호적인 관계를 유지하여 왔다. 1956년 프랑스로부터 독립한 모로코 모함메드 5세와 그의 계승자 하산 2세에 계속적으로 우호관계를 유지하고 있다. 하산 2세 이후에도, 모함메드 6세는 이미 황태자 시절에 수차례 미국을 방문하는 등 동일한 정책기조를 유지하고 있다. 2000년 6월 20일 모함메드 6세는 왕위 즉위 후 처음으로 미국을 방문하기도 하였다.

미국은 모로코와의 관계에 3가지 목표를 설정하고 있다. 안정, 번영 그리고 민주주의이다. 이러한 목적을 달성하기 위하여 여섯 가지 프로그램을 준비하고 있다. 그것은 무역과 투자, 사회 경제 발전, 민주주의와 인권신장, 전문직과 교육직 교환프로그램, 외교정책 협력, 그리고 군사협력 등이다.

미국은 모로코를 미국과 유럽, 이슬람권, 아랍과 아프리카 나라들과의 교량 역할국으로 생각하고 있다. 모로코와의 관계는 다른 지역권과 관련하여 교두보 역할을 하는 것이다.

또한 지중해지역의 안정에 중요한 역할을 담당할 수 있는 나라가 모로코라고 생각하는 것이다. 중동에 지속적인 평화를 정착시키기 위한 노력에 중요한 역할을 할 것으로 생각한다. 모로코는 안보지원계획에의 지원 뿐만 아니라 두 문화간 차이를 이해시켜 줄 수 있는 중간 역할을 할 수 있을 것이다.

모로코 정부는 획기적으로 셀룰러전화 서비스업을 대외적으로 공개 입찰하였다. 그 결과 당초 정부에서 비공개로 4천만불에 매각하려 했던 가치보다 훨씬 높은 11억불에 매각되었다. 스페인 텔레포니카(The Spanish Firm Telefonica) 컨소시엄에 매각된 것이다. 이러한 모로코의 정책은 크게 성공한 것으로 평가받고 있다.

이 것은 투명성의 가치가 매우 큰 것이며, 다른 정부나 기업들에게 신뢰감을 줄 수 있게 된 것이다. 이에 대하여 미국정부는 추가적인 개혁에 대한 인센티브를 제공하였다. 이것은 알제리, 모로코, 튀니지 3개국과 연계하는 새로운 제휴이다. 이 제휴는 아이젠슈탓트 이니셔티브라고 불린다. 이 이름은 국무부 산하 재무부장관의 Stuart Eizenstat이름에서 명명된 것이다.

아이젠슈탓트 이니셔티브는 4가지 주요한 내용으로 되어 있다. 1) 고위급 대화로 강화 2) 구조 개혁 박차 3) 민간부문의 투자 촉진 확대 4) 지역내 무역과 투자 장벽 제거 등이다. 역동적이고 다자간 그리고 민간부문 부문 제휴 등은 미국과 마그립 지역간 경제결속을 강화하려는 것에 기초하고 있다.

모로코는 미국과 일반특혜관세제도(General System of Preferences: GSP)를 체결하고 있다. 모로코는 미국과 1995년에는 무역과 투자 기본협정을 체결하였다. 이를 계기로 협상을 통해 미국과 자유무역협정을 이끌어

낼 수 있을 것이다. 미국은 북서아프리카와의 관계 강화 전략차원의 일환으로 모로코에 대해 에너지, 관광, 정보통신, 발전, 운송, 수자원 분야 등에서 총40억불 규모의 투자계획을 발표하였다.

1994년이래 약 6억불을 직접투자(모로코 3위의 투자국)하였으며, 아가디르 주 남부에는 10억불 규모의 대단위 관광휴양시설 건설 추진을 하고 있다. 트럼프 그룹(Donald Trump Group)은 탕제와 마라케시에 5억불을 투자하여, 관광단지 조성을 추진하고 있다. 그외 4천만불 규모의 첨단 산업용 가상 인큐베이터센터 건설을 추진하고 있다. 라바트 소재 USAID/Rabat와 기술원조자원봉사자(VITA)가 모로코의 미소기업에게 창업이나 확장자금을 빌려주는 일을 모로코의 알 아마나(AL-Amana)와 협력하여 시행하고 있다.

2. 튀니지

〈튀니지 농촌의 인공 수로〉

튀니지는 1956년 프랑스로부터 독립한 작으면서도 다양성을 지닌 국가이다. 독립 이후 일당체재에 의해 통치되어 왔다. 그 정부는 비교적 자유주의적이었기 때문에 외국과 빈번한 접촉 관계를 유지해 왔다. 그 결과 적어도 도시에 있어서는 국제화가 되어 있다. 튀니지인들 중에서 3분의 1은 근대화된 3분의 1은 과도기적인 나머지 3분의 1은 전통적인 성향을 지니고 있다고 흔히 묘사된다.

튀니지인들은 버버와 아랍의 혈통을 이어 받았으며, 모두가 아랍어를 사용한다. 튀니지 정부는 개인 기업을 장려하고 있으며, 그 결과 1976년 기준 약 40 퍼센트의 튀니지인들이 중상층 이상으로 분류되고 있다. 튀니지는 아랍국가들 중에서 전통적인 사회 가치를 자유화하고 있는 첨병국이기도 하다.

튀니지는 아랍국가들 중에서 비교적 정치적 안정을 보여 준 것은 사실이다. 이러한 이유로 이집트가 아랍연맹에서 탈퇴하였을 때 아랍연맹 본부가 튀니지에 수립된 것이다. 튀니지 정부는 아랍연맹 본부 건물을 새로 짓도록 적극 지원하여 영구히 아랍연맹 본부를 튀니지에 존속시키려는 속셈도 있었던 것 같다. 현재는 1989년 이집트의 아랍연맹 재 가입으로 연맹본부는 다시 카이로로 옮겨갔다.

1982년 8월 팔레스타인 해방기구가 레바논에서 축출되었을 때 정착한 곳도 튀니지이다. 이러한 이유로 이스라엘이 사이프러스 사건에 대한 보복으로 PLO본부를 폭격하는 사건이 있기도 했다. 이 PLO본부도 1994년 중동평화협정 체결 이후 자치정부 수립을 위해 팔레스타인 지역으로 옮겨갔다. 튀니지는 또한 리비아의 대외 출구로서도 중요한 역할을 하고 있다. 리비아는 록커비(The Lockerbie) 사건 연루로 인해 유엔으로부터 항공제재조치를 받았기 때문이다.

튀니지는 지정학적인 논리에 따라 아프리카권, 중동권, 지중해권등 3권에 공통적으로 외교적 정책을 수립해 나왔다. 1994년에서 95년까지 벤 알리 대통령이 OAU(The Organization of African Unity)의 의장이 되어 아프리카 평화와 안정화 노력에도 적극적으로 활동해 왔다. 이러한 균형정책의 견지에서 튀니지는 전통적으로 세 가지 국가적인 정책적 특성을 유지해 왔다고 볼 수 있다. 첫째는 서구에 대한 개방이며, 둘째는 아랍・이슬람 정체성 구축이며, 셋째는 튀니지화 작업이다. 지리적으로 유럽에 가까우며, 역사적으로도 유럽인들과 관계를 맺어 왔다. 근세기에는 프랑스의 압도적인 영향을 받아 왔다. 서구에 개방을 하면서도 서구화(Tamaghrub)에는 신중하자는 것이다. 튀니지는 아랍・이스라엘 분쟁과 관련하여 이 지역에 포괄적인 평화정착을 촉진하는데 노력을 기울여 왔다. 이러한 정신에 입각하여 마드리드 중동평화회의에 참석하게 되었다. 중동평화협상에 전적으로 지지하여 팔레스타인・이스라엘간의 협정에 찬성하고 있다. 그에 따른 다자간회의에도 적극적으로 참여하고 있다.

튀니지는 EU와 협정을 체결하였으며, 12년 동안 점차적으로 튀니지의 농산물을 EU 자유무역지대에 유통시킬 수 있게 하였다. 튀니지는 1995년 7월 17일 유럽 · 지중해 협정을 체결하였다. 이 협정을 통해 EU와 튀니지와 자유무역지대를 창설한다는 것이다.

튀니지는 대이스라엘 관계에 있어서도 실리적인 외교정책을 수립해 나갔다. 1994년 7월 다자간 중동평화회담의 일환으로 이스라엘 외무차관이 공식으로는 처음 튀니지를 방문한 적이 있었다. 이때부터 튀니지와 이스라엘간에 대표부 개설문제에 관한 논의가 시작된 것으로 알려지고 있다. 1994년 10월 1일 이들 양국은 공식적으로 외교관계 수립의 전 단계로 연락사무소를 개설한다고 발표하였다. 1996년 1월 22일에는 양국 간에 이익대표부를 개설키로 합의하게 되었다.

3. 알제리

〈알제리의 자연 전경〉

알제리는 천연 액화 가스의 최대 생산국이며, 또한 석유, 광물, 농업으로부터도 소득을 올리고 있다. 정부는 경제의 다변화와 산업화에 주력하고 있다. 알제리인들은 공손하나 보수적인 성향을 지니고 있다. 이들은 일반적으로 내부 지향적인 성향을 지니고 있다.

알제리는 국민투표에 의해 1962년 독립하였다. 알제리는 사회주의 혁명국가 유형에 속한다. 아랍화가 강력히 주창되어지고 있다. 이것은 부분적으로 프랑스 식민통치 경험과 1962년 독립 때까지 겪은 심한 고통의 결과이기도 하다. 프랑스어는 널리 사용되고 있다. 독립후 알제리는 군 세력을 등에 업은 민족해방전선(The National Liberation Front: FLN)에 의해 통치되었다. 이들은 일당체재를 1989년까지 유지하여 왔다. 알제리의 경제는 1980년대말 이후 거의 블랙홀 지경에 이르러 있었다. 이러한 상황을 타개하기 위하여 모로코 정부는 새로운 헌법을 제정하여 국민투표에서 통과되었다. 신 헌법에 의해 FLN의 일당통치체재는 막을 내렸으며, 의회가 구성되었다. 공화국 대통령이 국가수반이며, 정부와 군 통수권자가된 것이다. 이후 알제리는 경제 개방정책을 표방하게 되었다.

알제리는 소규모이기는 하지만 양질의 석유 자원을 보유하고 있으며, 사하라사막에 방대한 천연가스를 보유하고 있다. 부메디엔 정권 하에 국가경제 전략은 석유의존 산업이었다. 그러나 1979년 이후 정부는 급신장 보다 생산력 향상에 더 비중을 두었다. 이것은 철강, 기계, 화학, 석유화학, 시멘트, 조립, 전기제품, 텍스타일 등이다. 그럼에도 석유류가 실제 총 수출의 98% 정도를 차지하였다. 따라서 석유류 수출의 다변화를 위해 석유 산업 다변화 정책 수립에 주력하였다.

1985~9년 사이 경제개발계획은 농업생산을 증대하여 알제리의 식량 부족을 타개하려 하였다. 수도 공급, 댐, 관개 등 수자원 개발에 집중 투자를 계획하였으며, 농업부문의 민간기업을 장려하였다. 이러한 정책은 1970년대 일관된 사회주의적 정책의 큰 변화이었다.

1985년에 실업율이 16.9%로 발표되기도 하였지만, 실제 체감 실업율은 이보다 훨씬 높은 것으로 인지되었다. 알제리 정부는 해외 근로자와 관련 특히 프랑스의 이민 배척 분위기에 매우 민감하였다.

알제리의 인구의 연령층이 매우 낮으며, 증가율 또한 계속 높아지고 있다. 따라서 정부는 가족계획을 추진하였으며, 인구 이동을 조정하기 위해 내륙 산업발전 정책을 펴기도 하였다.

한편, 소련 붕괴 이후 이슬람구국전선(The Islamic Salvation Front: FIS)의 세력이 증대하여 갔다. 이러한 상황 속에서 알제리는 1991년 12월 26일 최초로 다당제 자유선거를 실시하였다. 이 선거에서 FIS는 압도적 승리를 거두게 되었다. 당시 FIS는 민족회의 의원 총수 430명 중 231석을 장악하였다. FLN의 정치적 예상이 완전히 빗나간 것이다. 결국 정부는 1992년에 예정된 민주선거를 취소하는 극단에 빠지게 되었다.

알제리의 개방정책은 제대로 실행되기도 전에 정치적인 대혼란에 빠지게 되었다. 이러한 정치적 상황은 모로코와 튀니지와는 달리 중동평화과정에 적극적인 참여를 하기 어렵게 만든 것이다. 알제리도 다자간중동평화협상 테이블에 참여하고 있지만 큰 역할이 예상되지는 않는다. PLO 본부가 튀니지에 있었던 1980년대 말에는 PLO의 PNC회의가 개최되기도 하였다.

4. 리비아

〈리비아의 수도 트리폴리 항구 전경〉

리비아는 북아프리카 지역에서 이탈리아의 식민정치를 경험한 유일한 국가이다. 리비아는 1951년 독립을 하였으며, 이후 정치적 혼란을 계속 겪게되었다. 오랜 정치 혼란을 거듭하면서, 1969년에는 까다피가 군사쿠데타를 성공하였다. 1977년 까다피는 새헌법을 공포하여 인민의 권한을 지방인민의회에 귀속시켰으며, 이 의회는 총인민회의의 위원을 선거하게 되는 것이다. 리비아는 국민들을 홍보하고 정치교육하는 강력한 정책을 펼쳐왔다. 정부는 인류평등주의와 인민에 의한 정치라는 이념에 입각하여 현재 뚜렷한 사회계층은 외형적으로 드러나지 않는다. 실제로는 권위주의적 통치로 이루어지고 있으며, 소수의 인민들이 최고 엘리트층을 형성하고 있다. 정부는 혁명정신과 연계한 이슬람 부흥을 고양하고 있다. 아랍민족주의와 범아랍주의가 배제되었으며, 서구생활양식은 퇴색되어 있다.

1992년 4월 유엔제재 조치로 리비아의 국제고립이 심화됨에 따라 까다피 정책에 대한 리비아인의 비난이 증가하는 듯하다. 그러나 반까다피 의견은 표면적으로는 매우 드물며 기회 있을 때마다 반정부 인사를 정치적 조치를 해오고 있다. 리비아의 정치 미래는 현재 국제제재의 고삐를 푸는데 달려있다. 공식적으로는 리비아가 이 어려움을 극복할 수 있으리라는 전망이 나오고 있다. 실제로는 석유수입에도 불구하고 국제경제 제재가 국내 산업에 잇달아 파급 효과를 주어 이미 경제적인 어려움을 겪어 온 것이 사실이다.

최근까지 대부분의 리비아인들은 농부나 단순 계층에 속하는 교육받지 못한 반 유목민 부족인들이었다. 이 나라는 옥토와 풍부한 자원을 갖지 못했다. 석유의 발견으로 1961년부터 경제적인 효과가 나타나기 시작했다. 1969년에는 1962년 대비 20배가 넘는 수입을 이루었다. 리비아는 복지국가 중 하나이다. 석유 수입으로 인해 서민층에게 골고루 혜택이 주어졌으며, 그 결과 생활 수준이 급속히 향상되었다. 의료, 국민 간강, 교통, 그리고 통신 등의 분야가 점진적으로 개선되어 나갔다. 리비아인들은 버버와 아랍계로 되어져 있으며, 모두 아랍어를 사용한다. 부족주의는 정체성에 있어서 특히 시골에서는 매우 중요한 역할을 한다. 정부는 인류평등주의와 인민에 의한 정치라는 이념에 입각하여 현재 뚜렷한 사회계층은 외형적으로 드러나지 않는다. 실제로는 권위주의적 통치로 이루어져 있으며, 소수의 인민들이 최고 엘리트층을 차지하고 있다.

리비아는 인구 밀도가 희박하며 단지 전국토의 10 퍼센트가 농경지에 적합하며 나머지 90 퍼센트는 사막이다. 그럼에도 불구하고, 70년대 말에 국민들의 80 퍼센트가 농업에 종사하고 있다. 시골에서 도시로의 이주현상이 일반적이다.

리비아의 경제적 회생은 거의 석유 수입에 의존해 있다. 그럼으로 많은 숙련된 기술 노동자가 필요하여, 리비아 내에는 상당수의 외국 근로자가 상주해 있다. 1970년대 이후 보통 교육이 가늠했으며, 현재 약 20 퍼센트의 국민들이 문명화되었다. 리비아는 약 10,000명의 해외 유학을 지원하고 있다. 그들 대부분은 미국에서 공부하고 있다.

리비아경제는 파탄일보 직전이다. 1993년 경제성장률은 1%를 밑돌고 있다. 국내선 항공기는 부품이 없어 운항을 전면 중단해야할 정도다. 리비아의 재정수입 80여억달러 중 77억달러가 석유수출로 들어온다. 그러나 기존 석유생산 시설이 낡아 산유량이 점점 줄어들고 있다. 미국이 생산을 독점하고 있는 부품을 조달할 방법이 없기 때문이다. 1993년 이스라엘과의 관계개선의 여지가 있었다. 까다피는 자국 성지순례단의 출국 허용하였으며, 이스라엘은 이를 받아들여 양국 간에 화해의 실마리가 나타나기도 하였다.

현재 리비아의 상황이 현실적으로 중동평화과정 참여 길을 막고있는 것이 사실이다. 까다피는 최근 미국과 관계개선을 위해 안간힘을 쓰고 있다. 경제제재조치를 풀어보려는 것이다. 1997년 6월 12일 리비아 까다피는 국제제재 속에서도 이집트 무바라크 대통령을 방문하였다. 이들은 자유무역지대 창설에 대해 논의했으나, 이 방문은 향후 리비아의 입지에 어떤 변화가 있을 수 있는 계기가 될 수도 있을 것이다. 리비아의 재등장은 중동평화과정과 결부되어 가능할 것이며, 이러한 돌파구를 어떻게 만들어 내느냐가 관건이 될 것이다.

제5절 이집트

〈이집트 아스완 전경〉

이집트는 아직 농업국가이다. 나일강을 중심으로 경작을 하며 이 지역 대부분은 세계에서도 비옥한 토지에 속하는 곳이다. 또한 이집트는 오랜 산업 전통의 역사를 가지고 있다. 시기적으로 19세기에 이르러 근대화 노력을 기울인 무함마드 알리 시대까지 거슬러 올라간다.

그러나 근래에 이집트는 해외 근로자들의 국내 송금, 석유수입, 수에즈 운하 통행세와 관광 등에 주로 국가 경제가 의존되어 있다. 농업 생산에서의 성장은 인구 증가율에 의해 상쇄되었으며, 국가 산업은 세계시장에 비효율적이며 경쟁력이 떨어져 있는 것이 현실이다.

19세기까지 이집트는 경작지 대부분에 면화를 재배하였다. 이 면화는 세계에서 최고의 품질을 자랑하였다. 1920년대에서 1930년대에 이집트 산업은 극적으로 발전하였다. 이에 주요한 역할을 한 기업은 미스르 그룹(Tala't Harbs Misr Group)이었다. 이 시기에 이집트는 유럽과 미국의 대공황으로 반사 이익을 얻었던 것이다.

1952년 혁명은 오랜 정치적 위기가 극에 달한 결과이었다. 그러나 경제적인 요소 또한 중요한 역할을 하였다. 당시 이집트는 국내 축적된 영농 자본을 산업 쪽으로 돌릴 필요를 느꼈다. 이는 잉여금을 산업에 투자하려 하지 않으려는 지주계급들에 대한 영향력 축소가 필요하였던 것이다. 1960년대에 미스르 그룹을 국유화하는 등 일련의 조치를 취함으로써 커다란 산업화 물결을 불러 일으켰다.

1960년대에는 소련의 지원으로 산업생산에 발전을 이루어 나갔다. 그러나 자본재에 대한 지출 증가는 오히려 무역 역조 현상을 일으켰다. 1967년 제3차 중동전쟁으로 경제를 더욱 어렵게 하였다. 전쟁으로 인해 수에즈 운하 통행세 수입이 중지되었기 때문이다. 또한 1960년대에 사회복지 제도를 도입하였으며, 정부는 대학 졸업생에게 취업을 보장하는 정책을 시행하였다. 이러한 정책으로 과다한 공무원의 양산과 함께 국가 재정 부담을 가중시켰다.

사회 정치적으로 지배하고 있는 소수 이집트인들이 상류 엘리트 계층에 속한다. 중산층도 급속히 늘어나고 있으나, 국민 전체 60 퍼센트는 농부나 시골 사람들이다. 집약 농업이 이집트 경제의 중추 역할을 하고 있다. 그러나, 국토의 5 퍼센트 만이 경작 가능하다. 나일강 계곡 양쪽으로는 사막으로 뒤덮여 있다. 정부는 철, 강철, 알루미늄, 비료 등의 산업 발전을 촉진시키고 있다. 국가의 주요 수입원은 석유, 면 그리고 농산물, 관광 수입들이 있다.

이집트 경제의 특징은 '중앙집권적인 계획경제'에 있다. 비교적 높은 교육수준, 비옥한 토지, 적절한 기후조건 및 원유를 포함한 광물자원을 가지고 있음에도 경제의 체질개선이 잘 이루어지지 못하는 배경에는 중앙집권적 계획경제가 자리잡고 있기 때문이다. 비능률적인 공공부문에 대한 국가경제의 의존도가 70%에 이르며, 민간부문의 활동을 저해하는 정부의 지나

친 간섭 등은 국가경제의 생산성을 저하시키고 있다. 따라서 공공부문의 독점적 지위 보장에 따른 경쟁력 상실, 민간의 외환규제 심화 및 높은 인플레 등으로 인한 물가불안 등이 이집트 경제의 해결하기 어려운 과제로 되고 있다. 아무튼 이집트는 심각한 도시집중현상(도시 인구증가율 3.3%)과 높은 실업율(14%)의 해결이 이집트 경제성장의 선결과제로 알려지고 있다.

1970년대 초 이집트는 민간부문에 제한을 완화하고 해외투자를 부양하기 시작했다. 이와 관련된 법은 1974년의 법43이다. 이 법은 외국인이 49% 이상 소유하지 않으면 합작회사 설립이 가능하도록 하였다. 이는 인피타(Infitah) 즉 개방정책의 신호이었다.

이는 해외 은행과 석유회사의 투자유치를 가능하게 하였다. 그러나 그 이외 부문에서의 해외투자 유치는 어려웠다. 오히려 국내 시장의 외부에 대한 노출과 수입 증가 등 부작용이 발생하였다. 이 인피타로 인해 많은 이집트 비즈니스인들이 부를 축적할 수 있게 되었다. 이들은 주로 수입을 통해서 과소비 등을 조장시켰으며, 반면에 이는 대다수의 생활수준을 향상시키지는 못했다. 이러한 현상은 사회적 갈등을 일으켰으며, 생계보조비 삭감에 대한 제안서에 대해 1977년 1월 분규를 발생시킨 하나의 원인이 되기도 하였다. 무바라크는 이러한 문제를 치유하려 하였으며, 생산과 관련된 곳에 해외 투자와 민간 부문 투자를 부양하였다.

1980년대 초 이집트는 유가 상승과 석유 생산량 증가 등으로 재정적인 혜택을 받았다. 경제 또한 해외 근로자들의 송금 증대로 촉진되었다. 1983년에는 무역 역조를 상쇄할 수 있을 정도의 송금이 이루어지기도 하였다. 미국은 2억 달러에 달하는 민간 및 군사 원조를 하여, 이집트의 재정 적자 부분을 상당히 보전시켰다. 그러나 생계비 증가는 지속되었으며, 산업과 농업생산율은 저조하였다. 정부 주도의 금융체제의 불합리성이 노정 되었다. 해외 근로자들의 국내 송금은 오히려 국내 블랙마켓의 규모를 확대시켰다.

1985년 말부터 유가하락으로 인해 이집트는 유가 수입이 절반 이하로 떨어져 재정적 어려움을 극심하게 겪게되었다. 이는 IMF(The International Monetary Fund)의 재정 지원을 요청하게 되었으며 현재 지속적인 경제 구조 개선과 성장을 이루어 나가고 있다. 그럼에도 이미 살펴보았듯이 이집트의 경제 발전에 가장 큰 장해 요인은 연 2.7%에 달하는 인구 증가율에 있는 것이다.

어떤 면에 있어서, 이집트의 상황은 터키의 경우와 유사하다. 국가에 종속된 순니 울라마, 정착 농민의 소작인으로의 전락, 토지에 사유재산권의 정리통합에 의한 임금 노동자들, 제한된 산업 발전이라는 측면에서 이다. 또한 종교적이고 윤리적인 동질성의 유사한 정도이다. 그러나, 두가지 중요한 차이성에 주시해야 한다. 첫째는 무함마드 알리의 통치 말기에 중앙 권위의 쇠퇴가 보다 강력한 명사계층을 만들었으며, 터키에서 존재하는 것 보다 약한 국가를 만들었다. 이것은 소규모 이집트 상업과 산업계층을 포함한다. 그리고 두 번째로 이집트의 전략적 위치는 재정 붕괴가 1882년에 영국 지배를 초래했다. 이러한 이유로서 명사층과 제국주의 통제는 제2차 세계대전 이후까지 지속할 수 있었다. 그러나 1952년에 반제국주의와 반지주제 혁명이 시작되어, 넓은 의미에서 이집트에서의 국가 형성 패턴과 수입대체 산업이 터키의 경험의 많은 모습을 반복하였다.

참고문헌

공일주, «아랍문화의 이해», 대한교과서, 1997.

김용선, «아랍문화사», 한국외대출판부, 1986.

김정위, «이슬람문화사», 문학예술사, 1981.

사니아 하마디, «아랍, 아랍인», 큰산, 1997.

서재만, "아랍 민족주의운동." «第3世界硏究 [I]» 硏究論叢 82~11. 서울: 韓國精神文化硏究院, 1982: 45~124.

손주영, 김대성 편, «음식으로 본 동양문화», 대한교과서, 1997.

외국학종합연구센터 편, «세계인의 의식구조Ⅱ», 한국외대 출판부, 1997.

유정렬, "마그레브 지역의 정치갈등과 분쟁." «아랍마그레브지역의 정치, 경제, 사회에 관한 연구», 연구논총 제10호 1990~1991, 서울: 한국외국어대학교 중동문제연구소, 1991.

유정렬, «현대중동정치», 서울: 박영사, 1997.

이규철, "아랍어 문어체와 구어체의 음운론적 연구", 서울대학교 대학원 박사학위 논문, 1991.

이규철, «아랍어말소리 연구», 부산외국어대학교 출판부, 1998.

이규철, «이집트문화의 과거와 현재», 부산외국어대학교 출판부, 2000.

이규철, 이성수, «중동지역학 총론», 부산외국어대학교 출판부, 1999.

이두선, 이규철, «종합아랍어» 제1권, 제2권, 송산출판사, 1986.

전완경, 공일주, «북아프리카사», 대한교과서, 1996.

전완경, «아랍의 관습과 매너», 부산외대출판부, 1999.

정보통신부, «한국의 대모로코 정보통신 기술 개발 협력과 연관효과에 대한 조사연구», 연구책임자, 서 재만, 2001.

최영길 역, «꾸란해설», 1988.

하병주, "중동평화와 국제질서: 북아프리카권의 기능과 역할." 한국외국어대학교 중동문제연구소, «중동연구», 제16권 제1호 1997, 서울, 1997.

한국외국어대학교 중동문제연구소, «연구논총: 국가연구: 이집트», 제9~1호 1989~1990, 서울, 1990.

한국외국어대학교 중동문제연구소, «연구논총: 아랍 마그레브지역의 정치, 경제, 사회에 관한 연구», 제10호 1990~1991, 서울, 1991.

한국외국어대학교 중동문제연구소, "냉전 종식 이후 아랍과 EU의 외교 관계." 한국중동학회논총 제18호, 1997: 521~32.

한국외국어대학교 중동문제연구소, "마그레브 지역의 정치환경." «아랍마그레브지역의 정치, 경제, 사회에 관한 연구», 연구논총 제10호 1990~1991, 서울: 한국외국어대학교 중동문제연구소, 1991.

한국외국어대학교 중동문제연구소, «중동: 정치와 그 현실», 서울: 어문각, 1985.

CD-ROM 타이틀 «두산세계대백과 엔싸이버», (주)두산동아, 1996.

Abd al Ati, Hammudah, *The Family Structure in Islam*, American Trust Publications, 1977.

Abu al-'Izz, M. S., *Landforms of Egypt*, trans. from Arabic, 1971.

Africa Contemporary Record (annual).

Ahmed, Leila, *Women and Gender in Islam*, The American Univ. in Cairo Press, 1993.

Al-Ahram [Egyptian Daily Newspaper].

Al-Aṭlas al-Jadīd lil-Ālam. Bayrūt: Dār al-Kitāb al-Lubnānī, 1983.

al-Rafaaii, Anwar, *Tarikh al-Fann*, Daral-Fikr, 1977.

Ammar, Abbas M., *The People of Sharqiya*, 2 vol., 1944.

Ammar, Hamid, *Growing Up in an Egyptian Village,* 1954, reissued 1973.

Anderson, John, William E. De Winton, and George A. Boulenger, *Zoology of Egypt*, 3 vol. in 4, 1898-1907, reprinted 1965.

Ayrout, Henry Habib, *The Fellaheen,* 1945, reprinted 1981; originally published in French, 1938.

Barakat, Halim. "Arab-Western Polarities: A Content Analysis Study of the Tunisian Journal *Al-Fikr*." *Contemporary North Africa: Issues of Development & Integration.* Edited by Halim Barakat. Washington, DC: Center for Comtemporary Arab Studies, 1985.

Berger, Morroe, *Islam in Egypt Today: Social and Political Aspects of Popular Religion,* 1970.

Blake, Gerald, John Dewdney, and Jonathan Mitchell (eds.), *The Cambridge Atlas of the Middle East and North Africa,* 1987.

Blake, Gerald, John Dewdney, and Jonathan Mitchell. *The Cambridge Atlas of the Middle East & North Africa.* Cambridge: Cambridge University Press, 1987.

Bowen, Donna Lee and Early, *Evelyn A., Everyday Life in the muslim M/E,* Indiana Univ. Press, 1993.

Braver, Moshe (ed.), *Atlas of the Middle East,* 1988.

Brett, Michael & Elizabeth Fentress, *The Berbers*, Blackwell Publishing Ltd, 1997.

Briggs, Lloyd Cabot, *The Living Races of the Sahara Desert,* 1958, reprinted 1969, and *Tribes of the Sahara,* 1960.

Chejne, Anwar G., *The Arabic Language: Its Role in History,* 1969.

Coon, Carleton S., *Tribes of the Rif,* 1931, reprinted 1970.

Damis, John. "The Western Sahara Dispute as a Source of Regional Conflict in North Africa." *Contemporary North Africa: Issues of Development & Integration.* Edited by Halim Barakat. Washington, DC: Center for Comtemporary Arab Studies, 1985.

Duvignaud, Jean, *Change at Shebika: Report from a North African Village,* 1970; originally published in French, 1968.

Eickelman, Dale F., *The Middle East: An Anthropological Approach*, 2nd ed., 1989.

Encarta Reference Library Premium DVD, Microsoft, 2005.

Encyclopaedia Britannica Ultimate Reference Suite DVD, 2005.

Entelis, John P. "Democratic and Republic of Algeria." *The Government and Politics of the Middle East and North Africa* David E. Long and Bernard Reich, ed. Second Edition, Revised and Updated. Boulder, Colorado: Westview Press, 1986.

Entelis, John P. and Mark A. Tessler. "Republic of Tunisia." *The Government and Politics of the Middle East and North Africa.* David E. Long and Bernard Reich, ed. Second Edition, Revised and Updated. Boulder, Colorado: Westview Press, 1986.

Entelis, John P. and Mark A. Tessler. "The Maghrib: An Overview." *The Government and Politics of the Middle East and North Africa.* David E. Long and Bernard Reich, ed. Second Edition, Revised and Updated. Boulder, Colorado: Westview Press, 1986.

Fakhry, Ahmed Fakhry, *The Oases of Egypt*, 2 vol., 1973.

Fernea, Robert A., *Nubians in Egypt: Peaceful People,* 1973.

Findlay, Anne and Allan Findlay, *The Geographical Interpretation of International Migration: A Case Study of the Maghreb,* 1982.

Fisher, W. B., *The Middle East: A Physical, Social, and Regional Geography*, 7th rev. ed., 1978.

Girgis, Monir S., *Mediterranean Africa,* 1987.

Goldschmidt, Arthur, *A Concise History of the Middle East*, Westview Press, Colorado, U.S.A, 1979.

Houston, J. M., *The Western Mediterranean World,* 1964.

Ions, Veronica, *Egyptian Mythology*, new ed., 1983.

Jabri, Mohamed Abed. "Evolution of the Maghrib Concept: Facts and Perspectives." *Contemporary North Africa: Issues of Development & Integration.* Edited by Halim Barakat. Washington, DC: Center for Comtemporary Arab Studies, 1985.

Jansen, G. H., *Militant Islam,* 1979.

Janson, H.W., *History of Art*, Harry N.Abrams, Inc., 1986.

Kay, Shirley, *The Egyptians: How They Live and Work,* 1975.

Knapp, Wilfrid, *North West Africa: A Political and Economic Survey*, 3rd ed., 1977.

Lawless, Richard and Allan Findlay (eds.), *North Africa: Contemporary Politics and Economic Development,* 1984.

Lindisfarne-Tapper, Nancy and Ingham, Bruce, *Languages of Dress in the M/E*, Curzon, 1997.

Little, Tom, *High Dam at Aswan: The Subjugation of the Nile,* 1965.

Marsot, Afat Lutfi al-Sayyid, *A Short History of Modern Egypt*, Cambridge University Press, 1994.

Meinardus, Otto F. A., *Christian Egypt, Ancient and Modern*, 2nd rev. ed., 1977.

Meinertzhagen, Richard, *Nicoll's Birds of Egypt*, 2 vol., 1930.

Mikhail, Mona, *Images of Arab Women*, Three Continents Press, Inc., Washington D.C., 1979.

More, Jasper, *The Land of Egypt,* 1980.

Mostyn, Trevor and Albert Hourani (eds.), *The Cambridge Encyclopaedia of the Middle East and North Africa,* 1988.

Nickerson, Jane Soames, *A Short History of North Africa*, The Devin-Adair Company, 1961.

Nyrop, Richard F. (ed.), *Egypt: A Country Study*, 4th ed., 1983.

Reich, Bernard and Sally Ann Baynard. "Socialist People's Libyan Arab Jamahiriya." *The Government and Politics of the Middle East and North Africa.* David E. Long and Bernard Reich, ed. Second Edition, Revised and Updated. Boulder, Colorado: Westview Press, 1986.

Reich, Bernard, ed. *Political Leaders of the Contemporary Middle East and North Africa: A Biographical Dictionary*. New York, N.Y.: Greenwood Press, 1990.

Rugh, Andrea B., *Reveal and Conceal*, The American Univ. in Cairo Press, 1986.

Rzóska, Julian, *The Nile: Biology of an Ancient River,* 1976.

Said, Rushdi, *The Geological Evolution of the River Nile,* 1981.

Said, Rushdi, *The Geology of Egypt,* 1962.

Schacht, J. and C. E. Bosworth, *The Legacy of Islam*, Oxford Univ. Press, 1974.

Sutton, Keith and Richard Lawless, "Progress in the Human- Geography of the Maghreb," *Progress in Human Geog- raphy*, 11(1):60105, 1987.

Täckholm, Vivi, Gunnar Täckholm, and Mohammed Drar, *Flora of Egypt*, 4 vol., 1941-69, reprinted 1973.

Tessler, Mark A. and John P. Entelis. "Kingdom of Morocco." *The Government and Politics of the Middle East and North Africa*. David E. Long and Bernard Reich, ed. Second Edition, Revised and Updated. Boulder, Colorado: Westview Press, 1986.

The Cambridge Encyclopedia of the Middle East and North Africa. Cambridge: Cambridge University Press, 1988.

The Middle East and North Africa (annual).

Vatikiotis, P. J., *The History of Egypt*, Weidenfeld and Nicolson, 1985.

Williams, Martin A. J. and Hugues Faure (eds.), *The Sahara and the Nile: Quaternary Environments and Prehistoric Occupation in Northern Africa,* 1980.

Worrell, William H., *A Short Account of the Copts,* 1945.

찾아보기

(ㅇ)

(ㅈ)

(ㅊ)

(ㅋ)